더 나은 나를 위한

# 하루 감각 사용법

# 더 나은 나를 위한 하루 감각 사용법

## Unlock your senses and improve your life

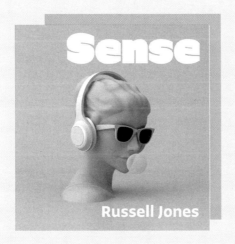

**Sense**

**Russell Jones**

러셀 존스 지음 | 김동규 옮김

: 일상의 구석구석 행복을 느끼는 사람들의 비밀

세종

라이너스에게

# 차 례

# 행복한 일상을 위한 감각의 재발견

## 프로방스 로제 와인의 역설

· · · · · 　　　　　　 **프랑스 남부에서 휴가를 보낸다고 상상해보자.**
우연히 들른 오래된 가게의 테라스에 앉아 점심 식사로 스테이크에 감
자 튀김을 곁들인 프랑스 요리인 스테이크 프리츠<sup>steak frites</sup>를 먹고 있다.
눈앞에는 라벤더 밭이 저 멀리까지 굽이치듯 펼쳐져 있다. 옆자리에서
프랑스어로 주고받는 낮은 목소리, 그리고 식기류와 와인 잔의 쨍그랑
거리는 소리는 그림처럼 완벽한 이 장면에 깔리는 잔잔한 배경 음악과
도 같다. 따스한 햇볕을 쬐고 있으니 몸과 마음이 모두 편안해진다. 웨
이터가 차게 식힌 로제 와인을 도자기 병에 담아 가져온다. 맛있다. 금
빛이 도는 담홍색 와인이다. 이 장소와 광경에 완벽하게 맞아떨어지는
반주다. 이토록 멋진 와인의 산지가 어디냐고 물어보니 바로 아랫마을

포도밭이란다. 숙소로 돌아가는 길에 잠시 들렀는데 놀랍게도 가격이 한 병에 단 2유로다. 당장 잔뜩 사서 휴가 내내 기분 좋게 마시기로 했다. 물론 한 박스 정도는 집에 돌아올 때 가져오는 것도 잊지 않았다.

이제 2월이 되었다. 다시 고되고 지루한 일상에 파묻혀 허우적대고 있다. 어둡고 비 내리는 추운 날씨가 이어지면서 몇 주 정도 어디론가 떠나고 싶은 마음이 간절하다. 일에 지쳐 우울한 기분이다. 그러나 오늘 밤에는 모처럼 오랜 친구들을 저녁 식사에 초대했다. 대화를 나누다 보니 지난해 여름에 프로방스로 휴가를 갔던 일과, 그곳에서 멋진 로제 와인을 찾아냈던 추억까지 이야기하게 되었다. 가격은 한 병에 겨우 2유로! 더구나 맛도 훌륭하다. 지금도 냉장고에 몇 병 들어있다. 손님들은 저마다 기대 어린 마음에 즐거운 탄성을 질렀고, 와인을 잔에 따르는 동안 그 영롱한 색깔에 다들 한마디씩 거들었다.

내가 먼저 한 모금 마셔본다. 이런, 역겨운 신맛이 난다. 전형적인 싸구려 포도주 맛이다. '맛이 가버렸어.' 거의 비명을 지르듯이 외친다. 너무나 안타깝다. 집으로 오는 길에 자동차 뒷좌석에 싣고 프랑스 시골길을 덜컹거린 데다 날씨마저 뜨거웠던 터라 맛이 상해버린 것 같다고 생각한다. 그러나 과연 그럴까? 사실은 '프로방스 로제 와인의 역설'에 사로잡혔을 뿐이다. 와인 자체는 그때나 지금이나 똑같지만, 나머지 모든 것이 달라졌다. 늦은 오후, 프로방스의 따사로운 햇살에 몸을 녹이며 느긋했던 그 기분과 지금의 기분은 완전히 다르다. 그때의 멋진 추억을 만드는 데 일조했던 주변의 소리와 향기, 그리고 색상이 여기에는 없다. 그 당시의 환경과 감정이야말로 와인을 그토록 맛있게 만든 요인이었다.

그러나 모든 것이 사라지신 않았나. 그 당시를 떠올리는 감각 환경을 재현할 수만 있다면 맛이 되돌아올 수도 있다. 라벤더 향 촛불을 켜면 그때 맡았던 아로마 향의 기억이 되살아날지도 모른다. 와인을 도자기 병에 따라보라. 붉은색과 흰색의 체크무늬 식탁보를 식탁 위에 깔아보라. 에디트 피아프Edith Piaf의 노래나 프랑스어로 왁자지껄 떠드는 소리를 틀어보라. 감각 환경을 재현하여 그때의 기억과 감정을 되살려주면 와인은 다시 한 번 내 입을 즐겁게 할 수 있다. 물론 그 프랑스 산장에서 느꼈던 것과 완전히 동일한 맛은 아니겠지만, 방금 느낀 싸구려 포도주 맛과는 분명히 다를 것이다.

지난 십여 년간 나는 중요한 회의를 시작할 때마다 이 이야기를 하면서 우리의 감각이 주변의 모든 환경에 지배받는다는 사실을 설명해왔다. 감각과 감정은 서로 긴밀하게 연관되어 있고, 우리가 세상을 경험하는 방식에 영향을 미친다. 어떤 한 가지 감각(위의 이야기에서는 미각)이 완전히 독립적으로 작동하며 항상 진실만을 말한다는 생각은 잘못된 것이다. 사실 어느 한 감각은 다른 감각 기관이 입수한 정보들이 어우러져 만들어낸 복합적인 산물이다. 거기에 우리의 감정이 색채를 덧칠한 것이다. 인간은 다양한 감각을 지닌 존재다. 그런데 우리는 한 번에 한 가지씩의 감각을 느끼고 생각하려고 한다. 그러나 그것은 감각의 속성을 오해한 데서 오는 태도다.

신경과학, 실험심리학, 그리고 행동심리학 분야의 연구를 통해 우리의 행동과 지각은 얼핏 아무 상관도 없을 것만 같은 주변의 다양한 요소로부터 영향을 받는다는 사실이 놀랄 만큼 자세하게 밝혀졌다. 마치 똑같은 커피를 마셔도 붉은색의 둥근 머그컵에 담긴 커피가 더 맛있게 느껴지는 것과 같다. 또, 푸른빛이 도는 방에서 느릿한 음악을 듣고 있으면 시간이 훨씬 빨리 흐르는 것처럼 느껴지기도 한다. 과거를 떠올리게 하는 냄새를 맡다 보면 새로운 아이디어를 찾기도 훨씬 쉽다. 날씨가 추워지면 물건을 살 때도 평소보다 훨씬 더 씀씀이가 헤퍼진다. 무거운 식기류를 쓰면 음식 맛도 11퍼센트 정도 더 맛있어진다고 한다. 화이트 와인을 마실 때 옆에 호감 가는 이성이 있으면 와인 맛이 15퍼센트 정도 더 신선해진다. 나는 최근에 이런 감각 연구 분야를 내가 하는 일에 적용하고 있다. 즉, 우리의 감각과 감정이 상호작용을 일으킨다는 신경과학적 연구 결과를 이용해 상품과 브랜드, 공간, 그리고 경험을 개선한다. 과학적으로 검증된 방식을 사용하는 것이다.

좋은 예를 하나 들어보자. 최근 세계적인 아이스크림 회사 하나가 우리 회사를 찾아와 가장 바삭한 콘 맛을 구현하는 프로젝트를 의뢰했다. 우리가 할 일은 바삭하다는 감각의 핵심 요소가 무엇인지 정의하고 개발팀에 연구 방향을 제시해주는 것이었다. 사실 어떤 프로젝트를 맡든 우리가 수행하는 프로세스는 대동소이하다. 먼저 문헌 조사를 통해 지금까지 연구된 내용을 검토하여 어디서 시작해야 할지를 파악한다. 그랬더니 과연 1970년대부터 1990년대 초까지 자타 비커스[Zata Vickers]라는 과학자가 바삭함이라는 성질을 철저하게 연구했다는 사실을 알게 되었다. 그녀가 내린 결론은, 바삭함이 결국 청각과 직결되는 성질이라는 것이었다. 다시 말해 바삭한 소리가 나지 않으면 바삭하지 않은 것이다. 비커스 연구팀은 또, 궁극의 바삭함은 뭔가를 깨물어서 나는 소리가 일정한 음역에 들어설 때 구현되며 그 이상으로 높아지면 너무 딱딱하게 들린다는 가설을 제시했다. 이 연구 결과를 바탕으로 우리는 몇 가지 아이디어를 시험해보았다. 고객사가 제공한 콘 씹는 소리를 재생해보면서 음높이를 다양하게 변주한 콘을 만들었다. 그런 다음 온라인에서 사람들에게 그 소리를 들려주며 콘이 얼마나 바삭한지 판단하고, 먹고 싶다는 생각이 얼마나 드는지 답해달라고 요청했다. 그 결과 고객사의 기존 콘은 씹는 소리가 너무 고음이라 딱딱하게 들린다는 사실을 알아냈다. 지금보다 약간 낮은 음역에 들어와야 사람들이 가장 먹고 싶다고 느끼는 것으로 밝혀졌다. 우리가 가장 바삭한 맛을 찾아낸 것이다. 다음으로는 런던대학교 감각 연구센터 소장인 배리 스미스Barry Smith 교수와 한 가지 실험을 고안해냈다. 피험자들에게 헤드폰을 쓰고 마이크 앞에서 아이스크림을 먹어보게 한 다음 그 소리를 컴퓨터를 거쳐 다시 헤드폰으로 들려주었다. 우리는 그들이 아이스크림을 먹는 소리가 자신에게 어떻게 들리는지 실시간으로 들려주며 조정했다. 음역을 높일수록 콘에서는 가볍고 바삭한 소리가 났다. 음역을 낮추면 콘이 눅눅해진 것처럼 느껴졌다. 소리가 '가장 바삭한' 범위에 들어서자 콘도 바삭해지면서 가장 맛있게 느껴졌다. 희한한 것은 이렇게 되자 아이스크림 맛도 더 진하고 풍부해졌다는 사실이다. 이른바 후광 효과halo effect가 작용한 것이다. 한 가지 감각이 만족스러워지자 다른 감각의 만족도도 따라서 올라간 것이다.

이런 결과를 바탕으로 우리는 새로운 콘의 개발 방향을 내놓았다.

과학자들은 실험실로 돌아가 씹는 소리가 우리가 제안한 것과 똑같은 콘을 개발했다. 우리는 이렇게 해서 탄생한 신제품을 가지고 다시 소비자 테스트에 나섰다. 사람들은 아이스크림이 더 바삭하고 크림 맛이 풍부해져서 품질이 훨씬 더 좋아진 것 같다며, 기존 제품보다 20퍼센트 정도 가격이 오르더라도 충분히 사 먹을 수 있다고 대답했다. 기존 제품과 달라진 거라곤 콘을 씹을 때 나는 소리였을 뿐인데 말이다.

이제는 여기서 그칠 것이 아니라 상품을 구매해서 먹기까지의 전체적 감각 경험을 연구해야겠다고 생각했다. 그래서 우리는 일단 광고와 포장지에 쓰일 단어에 주목했다. 상품을 묘사하는 단어는 사람들이 그 상품에 기대하는 맛에 어떤 영향을 미칠까? 짧고 날카로운 단어는 바삭한 느낌을 주고, 크림 맛을 강조한 단어는 느리고 부드러운 느낌을 준다. 그다음, 뜯을 때 바삭한 소리가 나는 여러 가지 포장지 소재를 찾아 시험해봤다. 그렇게 되면 먹기 전부터 바삭한 맛을 기대하는 데 도움이 될 것이다. 포장지를 뜯는 동작도 유심히 관찰했다. 소비자들의 동작도 어떻게든 맛에 영향을 미치는 것이 아닐까? 포장지를 뜯을 때 나는 소리는 바삭하겠지만 빙빙 돌리며 뜯는 동작은 크림 맛을 연상하는 데 도움이 될 수도 있다. 우리는 바삭함이 떠오르는 '연상 음향'(광고 마지막에 로고와 상품을 보여줄 때 나가는 음악)도 만들었다. 여기에는 스타카토 리듬의 바삭한 느낌이 나는 기타 연주 음악을 사용했다. 그리하여 소비자는 광고를 보고 듣는 순간부터 상품을 집어 들고, 포장지를 뜯은 다음 처음 한 입을 무는 순간까지 기대감이 점점 고조되는 일종의 감각 여정을 경험하게 된다.

이 모든 과정을 일종의 조작으로 여기는 사람이 있을지도 모른다. 그들은 '실제로 맛이 달라진 건 아니잖아!' 또는 '사람들에게 마치 상품이 개선된 것처럼 착각을 일으키는 것 아닌가?'라고 항의할 수도 있다. 그런데 생각해보자. 어쨌든 분명한 것은 상품이 개선되었다는 사실이다. 우리는 맛을 개선했고, 아이스크림을 더욱 맛있게 먹을 수 있게 만들었다. 우리가 한 일은 단지 인간이 모든 감각 기관을 총동원하여 세상을 경험하는 방식을 자세히 관찰한 것뿐이다.

우리는 이렇게 복합적인 감각, 즉 공감각을 활용하여 세상의 모든 일을 경험한다. 그러나 이런 사실을 알아차리는 사람은 거의 없다. 이것을 깨닫는다면 우리가 경험하는 모든 일은 틀림없이 풍성하게 다가올 것이다. 이른바 '감각 과학'은 연습과 수면, 일, 음식, 섹스 등을 개선하는 데 큰 도움이 되지만, 그것을 우리 생활에 적용하는 데는 특별한 기술이 필요하다. 특정 소리와 냄새, 색상, 그리고 질감이 함께 어우러질 때 어떤 반응이 나타나는지 알아야 하기 때문이다. 나는 오랫동안 아이스크림, 위스키, 맥주에서부터 고급 자동차와 백화점에 이르기까지 모든 분야에서 이 작업을 해왔다.

나는 내가 동원할 수 있는 기업 예산과 분명한 성과 목표를 바탕으로 학문적 연구 결과와 그것을 실제로 적용할 방안을 모색했다. 과학적 지식을 활용하여 실제 상황에 영향을 미치고 감각을 강화하는 방법을 찾아낸 것이다. 감각을 둘러싼 환경을 조금만 바꿔도 행동과 지각에 영향을 줄 수 있다. 사람들이 매장 직원에게 말을 걸게 하거나, 위스키 맛을 조금 더 감미롭고 풍부하게 만드는 등, 모든 일이 포함된다. 나는 직업을 하나 새로 만들어낸 셈이다. 아니, 하나의 산업을 발명했다고 할 수도 있다. 공감각이라는 관점으로 우리가 하는 모든 일을 새롭게 설계하는 방법을 창안해낸 것이다. 이 책은 여러분이 각자의 분야에서 그 방법을 적용해볼 기회를 제공한다. 과학적 진실과 여러분 각자의 감각을 인식함으로써 공감각을 즐기며 살아가는 방법을 배울 수 있다. 그 방법을 배우면 여러분의 삶은 더욱 밝고 대담한 공간으로 들어서게 된다. 마치 총천연색의 나라 오즈에 들어선 도로시처럼 말이다.

공감각의 세계를 경험하러 나서기 전에 먼저 감각이 어떻게 우리에게 깊은 영향을 미치는지 살펴보자. 감각은 두 가지 차원에서 작동한다. 하나는 감정과 기억의 차원이다. 우리는 이것을 프로방스 로제 와인의 역설에서 살펴본 바 있다. 또 다른 하나는 이른바 '상호 감각 전이cross-modal link'라는 뿌리 깊은 현상을 통해서 작동한다. 물론 이 두 가지 차원은 그리 뚜렷하게 구분되지 않지만, 지금부터 살펴볼 세계를 이해하는 데 유용한 개념이므로 익혀둘 필요가 있다. 먼저 기억과 감정을 좀 더 자세히 살펴보자.

## 인간은 감정 기계다

····· "우리는 감정을 느끼는 사고 기계가 아니라, 생각할 줄 아는 감정 기계다." 이 멋진 말은 미국의 신경과학자인 안토니오 다마지오Antonio Damasio 교수의 책《데카르트의 오류Descartes' Error: Emotion, Reason and the Human Brain》에 나오는 구절이다. 감각이 우리의 행동에 그토록

강력한 영향을 미치는 이유가 이 한마디에 집약되어있다. 인간은 자신을 심사숙고하여 현명한 결정을 내리는 이성적인 존재라고 생각하지만, 사실은 그렇지 않다. 우리는 감정의 기계다. 우리는 먼저 감정에 따라 결정을 내린 다음 그것을 합리화하는 존재다. 그리고 그 감정에 영향을 미치는 것이 바로 감각이다.

집을 사는 과정을 예로 들어보자. 우리는 먼저 합리적인 기준을 바탕으로 여러 가지를 조사한다. 학교나 전철역에서 멀지 않아야 한다거나, 일할 수 있는 방이 따로 있어야 한다는 등의 기준을 내세운다. 그러나 실제로 집을 보러 간 순간, 이런 모든 합리적인 기준은 온데간데 없이 사라진다. '바로 내가 생각했던 집이야.'라는 식의 감정이 모든 사고 과정을 삼켜버린다. 딱 꼬집어 말할 수 없는 뭔가가 엔도르핀 분비를 촉발하여 '바로 이 집'이라는 감정을 불러일으킨다. 그런 생각은 초감각적인 인지 작용이라기보다는 '공감각적 인지 작용'이라고 부르는 것이 더 정확하다. 즉, 여러 가지 요소가 한데 결합하여 나에게 '가정'이나 '가족'의 의미를 구현하는 순간을 말한다. 그런 요소 중에는 어떤 것을 연상시키는 냄새가 있을 수도 있고, 방 안을 가득 채우는 햇살도 포함될 수 있다. 부드럽고 조용한 소리 때문에 공간을 친숙하게 여길 수도 있다. 혹시 그 집 안에 있는 그림이나 장식이 행복한 가족과 영원한 사랑이라는 생각을 불러일으켰는지도 모른다. 어쨌든 그 공간에서 경험한 모든 감각이 서로 어우러져 그런 감정이 내 마음속에 일어난 것이다. 우리는 그렇게 해서 새롭게 조성된 감정을 합리화하기 위해 뒤늦게 이성적인 논거를 찾아낸다. 작업실로 쓸 방이 없는데도 정원 끝에 따로 사무실을 하나 지으면 된다고 생각한다. 게다가 공간이 집에서 떨어져 있으니 업무에 집중하는 데 더 도움이 될 것이라고 합리화한다. 전철역에서 조금 멀리 떨어진 위치도 상관없다. 매일 아침 오가는 거리가 좀 멀면 오히려 운동이 되는 셈이니까.

우리는 살아가면서 이 세상을 경험하고 기억을 형성하는 동안, 주변의 모든 감각적 요소로부터 다양한 감정을 익힌다. 예를 들어 선크림 냄새를 맡으면 기분이 좋아지는 이유는 그것을 사용할 때마다 늘 기분이 좋았기 때문이다. 또, 녹색을 보면 늘 자연을 떠올리면서 건강이라는 개념과 관련짓는다. 이런 냄새와 색상, 소리 등은 그것과 연관된 감정이나 의미를 떠올리는 방아쇠 역할을 한다. 항상 감정이 먼저 앞서고, 기억의 출처나 기억을 촉발한 요인을 깨닫는 것은 그 뒤에 따르는 일이다.

어릴 때 즐겨 듣던 음악을 어디선가 우연히 듣게 되었다고 해보자. 그 시절에 느꼈던 감정이 바로 느껴진다. 그런 다음 그때 옆에 누가 있었는지 기억해내려고 애쓰게 된다. 이렇게 감정과 연관성이 일단 겉으로 드러나면 우리 두뇌에서 의사결정을 책임지는 영역이 이를 포착하고, 따라서 다음에 선택의 상황을 맞이하면 사고 과정과 행동이 그 방향으로 향할 가능성이 커진다. 이런 상황을 두고 옛 속담에서는 '기수와 코끼리'라고 했다. 즉 기수는 두뇌의 이성적인 영역(전전두엽 피질)을, 코끼리는 감정의 영역(변연계)을 가리킨다. 변연계는 감각, 특히 소리와 향기에 관한 정보가 오가는 초고속 도로와 같은 역할을 한다. 코끼리가 자신의 관심을 끄는 뭔가를 포착하고 맘대로 폭주하면 기수는 전혀 손을 쓸 수 없다. 코끼리는 어린 시절의 기억을 떠올리게 하는 냄새를 맡으면 기억을 좇아 정글을 마구 누빈다. 어린 시설에 품었던 모험과 호기심의 감정이 되살아난 것이다. 이렇게 되면 기수는 그저 코끼리에 몸을 맡긴 채 하염없이 따라가는 것 말고는 할 수 있는 일이 없다. 만약 코끼리의 행동을 유발하는 감정이 어떤 것이며, 특정한 사고나 행동을 촉발하는 감각이 무엇인지 알 수 있다면, 기수는 다시 코끼리의 행동을 통제할 수 있을 것이다.

예를 들어 뉴질랜드의 한 연구진은 식품을 구매하면서 건강에 좋은 것과 그렇지 않은 것을 선택하는 데 영향을 미치는 감각 자극 요소는 어떤 것인지 조사했다. 피험자들에게 컴퓨터상의 '가상의 슈퍼마켓'에서 3일간 먹고 지낼 장을 보도록 했다. 여러 그룹의 피험자들이 이 실험을 수행하는 동안 신선한 허브 향이나 맛있는 빵 굽는 냄새가 방 안에 풍기게 해놓았다. 단, 사람들이 이 냄새를 거의 알아차리지 못할 정도로 조절했다(피험자 중 냄새를 알아차린 비율은 5퍼센트에 불과했다). 허브 향을 맡은 그룹은 건강식품을 선택하는 경향이 높았다. 그들은 빵 굽는 냄새를 맡은 그룹에 비해 유기농 식품을 더 많이 샀다. 아주 약한 냄새가 났을 뿐이지만 피험자들은 신선함과 녹색 허브, 자연 등의 개념을 뇌리에 떠올리고 건강식품에 손이 가게 된 것이다.

그렇다면 이런 감정 반응을 유익하게 이용할 수는 없을까? 어떻게 하면 코끼리를 통제할 수 있을까? 우리가 선택한 감각 자극은 기억과 감정을 촉발하고 이것은 다시 우리의 행동과 인식에 곧바로 영향을 미친다. 그러므로 우리는 주어진 환경의 모든 요소를 이용해서 원하는 결과를 얻을 수 있도록 노력해야 한다. 환경 요소는 특정 행동을 유발할 수도 있고, 어떠한 방향으로 생각을 집중하게 할 수도 있으며, 로제 와인을 더 맛있게 느끼게 만들 수도 있다.

## 공감각적 사고

····· 세상을 경험하는 감각에는 또 다른 차원이 존재한다. 이는 우리 존재의 가장 심층부에서 일어나는 여러 감각의 교차 현상을 보여준다. 이것이 바로 공감각적 사고다. 다시 말해 우리는 모든 감각적 특성을 서로 연결하여 인식한다. 이 교차 감각의 세계를 탐구하기 위해 간단한 질문을 던져보겠다. 깊이 생각하지 말고 떠오르는 대로 대답해보기 바란다. 레몬 맛은 느린가, 빠른가?

가장 먼저 어떤 생각이 떠오르는가? 거의 누구나 똑같이 내놓는 대답은 레몬 맛이 빠르다는 것이다. 약 200명 정도가 참여한 강연장에서 이 질문을 던졌더니 마치 합창이라도 하는 것처럼 '빠르다'라는 대답이 돌아왔다. 왜 그렇게 생각하느냐고 다시 물었더니 그들은 '레몬 맛은 즉각 느낄 수 있기 때문'이라거나 '싱싱한 맛이기 때문'이라는 등의 꽤 합리적인, 또는 최소한 수긍할 만한 대답을 내놓았다. 물론 다소 엉뚱한 대답도 있었다. 예를 들면 '레몬이 어뢰처럼 생겨서'라든가 '레몬의 노란색이 스포츠카를 연상시키므로'라는 등이었다. 여기서 핵심은 사람들은 합리적인 대답을 하나도 내놓지 못했지만, 그 대답 자체가 우리의 기이하고도 본능적인 교차 감각을 보여주고 있다는 사실이다.

또 다른 예도 있다. 아래의 두 그림을 보자. 하나는 뾰족한 형상이고 나른 하나는 둥글둥글한 모양이다. 둘 중 이느 쪽이 레몬 맛에 가까운 가?

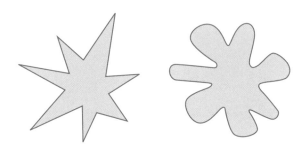

여러분이 어떻게 답했는지 이미 알 것 같다. 레몬 맛은 날카롭고 뾰족한 형상과 비슷하다고 답했을 것이다. 밀크 초콜릿은 어느 쪽과 가깝냐고 물었다면 어떤 답이 나왔을까? 또 어느 쪽이 더 신선한가? 좀 더 활동적인 쪽은 어디인가?

우리가 거의 모든 맛과 향, 감각, 그리고 느낌을 이 두 형상 중 어느 하나로 구분할 수 있다는 것은 놀라운 일이다. 여기에는 질감과 무게, 색상, 그리고 음높이도 포함될 수 있다. 한 감각이나 특성에서 경험한 특징을 전혀 다른 감각과 즉각 연결할 수 있다는 사실은 인간의 경험이 가지는 또 다른 차원을 보여준다. 즉 우리는 자신의 지각과 행동을 인식하는 데만 그치지 않고 그것을 형성하고 규정한다. 그리고 우리 모두는 어떤 대상과 무엇이 어울리는지에 대한 같은 감각을 가지고 있다. 세계 어디에 사는 사람이든 레몬 맛이 빠르고 날카로우며, 고음과 밝은 색상에 가깝다는 느낌에 동의할 것이다.

이런 현상을 일컬어 낮은 단계의 공감각이라고 한다. 또는 '공통 인식 joined perception'이 작용한다고 설명할 수 있다. 극단적인 공감각을 보유한 사람은 인구의 약 250분의 1 정도라고 한다. 이런 수준에 도달한 사람은 여러 가지 감각을 완전히 현실처럼 느낄 수 있다. 음악을 들으면 온갖 종류의 색상이 눈에 보이는 사람이 있다. 또는 거꾸로 다양한 색상이나 그 조합을 지켜보면서 여러 음역이 들린다는 사람도 있다. 공감각을 지닌 사람은 어떤 말을 할 때마다 마치 실제로 맛을 보듯 입에서 어떤 향기가 난다고도 한다. 제이미 워드 Jamie Ward의 책《소리가 보이는 사람들 The Frog Who Croaked Blue》에는 '파리 Paris'라는 단어를 발음할 때마다 딸기 맛을 느끼고, '테디 베어'라는 단어를 입에 올릴 때마다 연유 맛이 난다는 사나이가 등장한다. 그런 그에게 '파리 테디 베어'라는 말을 하면 딸기와 크림 맛이 동시에 나느냐고 물어보았다. 그래서 그가 그 단어를 발음해보았지만 콕 쏘는 듯한 전혀 다른 맛이 났다고 한다.

예술가와 음악가를 비롯한 수많은 창의적인 인물이 공감각적 재능을 지닌 것으로 알려졌다. 그들이 하는 일의 특성상 독특한 세계관을 지닌 데서 온 결과인 것으로 보인다. 러시아의 화가 바실리 칸딘스키 Wassily Kandinsky는 여러 가지 색상을 보면 음악이 들리고, 반대로 음악을 들으면 색상이 보였다는 것으로 유명하다. 그는 바그너 Wagner의 오페라 〈로엔그린 Lohengrin〉이 연주되던 도중 공감각을 강력하게 체험한 후 화가가 되기로 결심했다고 한다. 나중에 그는 자신의 인생을 바꿔놓았던 그 순간을 이렇게 설명했다. "눈앞에서 온갖 색채가 살아 숨 쉬듯이 생생하게 보였습니다. 그 색들이 마치 미친 듯이 제 앞에서 춤추고 있었지요." 미국의 재즈 피아니스트 겸 작곡가인 듀크 엘링턴 Duke Ellington 과 미국의 지휘자, 작곡가 겸 피아니스트인 레너드 번스타인 Leonard Bernstein 도 음악을 듣거나 연주할 때, 또는 작곡할 때 여러 색상이 눈에 보였다고 한다. 번스타인은 마치 팔레트 위에 여러 색의 물감을 풀어놓고 고르듯이 오케스트라에 맞는 음색과 조화를 선택했다고 한다. 그래서 한 곡 한 곡을 연주할 때마다 음영과 '음악적 색채'가 균형 잡힌 한 폭의 풍경화를 그리듯이 마무리할 수 있었다고 한다. 마릴린 먼로 Marilyn Monroe 역시 음악과 색깔을 혼동하는 공감각의 일종인 색환각 chromesthesia 을 겪고 있었다고 알려졌다. 미국의 소설가 노먼 메일러 Norman Mailer 는 먼로가 앓고 있던 문제가 '다른 사람들이 약물을 복용할 때 앓게 되는 감각 질환'이라고 쓴 적이 있다.《롤리타 Lolita》를 쓴 러시아 태생의 미국 소설가, 번역가 겸 곤충학자인 블라디미르 나보코프 Vladimir Nabokov 는 소위 '문자-색상 공감각 grapheme-colour synaesthesia '을 지닌 인물이었다. 그는 글씨를 소리 내어 읽는 동안 색상을 경험할 수 있었다. 그는 '파란색' 계열을 설명하면서 'x는 강철, y는 먹구름, k는 월귤나무의 열매 색과 비슷하고, q는 k보다 더 갈색이 진하며, s는 c만큼 밝은 하늘색은 아니지만, 하늘색과 진주 광택이 섞인 흥미로운 색깔이다.'라고 말했다. 공감각을 보유한 창의적인 인물은 이외에도 수없이 많다. 빈센트 반 고흐 Vincent van Gogh 는 물론이고 호주 배우 제프리 러시 Geoffrey Rush, 미국의 뮤지션인 빌리 조엘 Billy Joel, 메리 J. 블라이즈 Mary J. Blige, 그리고 카녜이 웨스트 Kanye West 까지 모두 포함된다.

이렇게 여러 감각이 뒤섞이는 현상이 어떻게 가능하며, 그 원인이 무엇인지에 대해서는 뚜렷한 해답이 없는 것이 현실이다. 다만 그들은 주위를 둘러싼 세상과의 상호작용을 통해, 그리고 우리가 사용하는 언어로부터 그런 능력을 얻게 되었다고 설명할 수 있다. 붉은색이 진한 과일이 맛도 더 달다는 것을 경험으로 알 수 있듯이, 다른 향기보다 오히려 색상을 보고 단맛을 인지하게 되었다는 논리가 성립된다. 우리가 흔히 하는 말 중에도 '요란한 색채'나 '강렬한 맛', 또는 '달콤한 음악'이라는 표현이 있다. 혹시 우리는 이런 말에 길들여진 나머지 여러 가지 감각을 서로 연결하게 되었고, 나아가 감각적 연결 관계를 우리 존재의 일부로 여기는 데까지 진화한 것은 아닐까? 독일 연구자들은 침팬지도 이와 유사한 공감각을 지니고 있음을 발견했다. 침팬지들은 높은음을 흰색 사각형과, 그리고 낮은음을 검은 사각형과 관련지었는데, 이는 사람을 상대로 한 실험과 정확히 일치하는 결과였다. 과학자들은 침팬지가 높은음과 밝은 색을 관련지을 만한 이유를 자연 상태에서는 찾지 못했을 것이라고 주장했다. 다시 말해 이런 감각적 관련성은 인간과 침팬지가 진화과정에서 분화되기 이전에 이미 형성되어 내재해 왔음을 증명한다는 것이다.

중요한 점은 우리 인간은 누구나 이런 감각적 연결을 경험한다는 사실이다. 그리고 이런 '공감각적 경험'을 통해 교차 감각을 계속해서 활용하다 보면 여러 가지 감각이 서로 상승작용을 일으켜 높은 효과를 발휘할 수 있다. 이것이 바로 초능력Super-additive 효과다. 레몬 향이 나는 음료를 각진 모양의 유리잔에 담아 마시면 레몬 맛을 좀 더 생생하고 뚜렷하게 느낄 수 있다. 둥그스름한 가구와 따뜻하고 달콤한 향이 나는 방에서 지내는 것보다 네모난 모양의 물건과 강렬하고 날카로운 향이 충만한 방에서 지내는 편이 좀 더 적극적이고 예민한 사고를 할 수 있다.

나는 이 모든 요소를 다루고 조합하는 데 꽤 익숙한 편이다. 이 책을 통해 여러분도 그 방법을 익힐 수 있을 것이다. 이 책에서 우리는 여러 가지 교차 감각 사이의 연관성과 기억과 감정이 우리의 행동과 지각에 미치는 영향을 파악하고, 색상과 빛, 소리, 그리고 냄새가 우리에게 미치는 심리적 영향을 살펴본다. 나아가 하루 동안 일어나는 우리의 생리적 사이클을 살펴보고, 우리가 특정 행동이나 생각을 좀 더 쉽게 받아들이는 때는 언제인지도 파악할 것이다. 그리고 이 모든 사실을 바탕으로 이른바 '감각 처방'이라는 개념을 소개하고자 한다. 이것은 우리가 시도하고, 느끼며, 경험하고자 하는 이상적인 환경을 구현하는 데 필요한 감각적 요소가 무엇인지를 모두 밝혀준다.


## 감각 처방

••••• 　　　　　　이 책을 쓰기 시작하던 무렵, 나는 영국의 고급 백화점 존 루이스John Lewis의 프로젝트를 진행하고 있었다. 나는 동업자인 조Jo와 함께 각 백화점의 가구매장에 설치될 특별 공간의 설계 작업을 돕고 있었다. 고객들이 색상표와 자재, 가구, 조명, 그리고 장식 등을 고르며 인테리어를 구상할 수 있는 공간이었다. 고객들은 이 공

간에서 각자의 감각과 창의성을 마음껏 발휘할 수 있어야 했다. 그러면서도 편안하게 필요한 물건을 고르고, 상품과 자재 샘플을 만지며, 직원들과 대화를 나누는 등 주변 환경과 자유롭게 소통할 수 있어야 했다. 원래 영국인들은 쇼핑할 때 말이 별로 없는 편이다. 마치 미술관에라도 간 것처럼 아무것도 만지지 않고 목소리도 나지막하게 유지해야 하는 줄 아는 것이 영국 사람들이다.

조와 나는 늘 그래왔던 것처럼 일을 시작했다. 먼저 이 공간의 목적에 부합하는 행동과 감정을 끌어내는 데 필요한 감각 요소가 무엇인지 밝혀내려고 했다. 예컨대 막 잘라낸 싱싱한 풀 냄새처럼 향수를 자극하는 '체험형' 아로마는 '근접 동기 행동approach-motivated behaviours'을 유발한다. 이런 냄새를 맡으면 우리는 새로운 시도와 아이디어를 추구할 가능성이 커진다. 우리는 천장이 높고 조명 위치가 낮은 곳에서는 훨씬 더 자유로워지며 창의력도 더 많이 발휘할 수 있다. 장난기는 원래부터 밝은 색상과 밀접하게 관련되며, 미니멀리즘 설계나 단순한 그림보다 복잡하고 추상적인 이미지를 보는 편이 재미있는 발상을 떠올리는 데 더 유리하다. 부드러운 질감과 따뜻한 소재는 협력을 촉진한다. 머리를 약간 식혀주면서 창의성을 싹틔우는 최적의 소음 수준이 존재한다. 이보다 더 시끄러우면 귀에 거슬리고, 너무 조용하면 자의식에 빠져든다. 이런 지혜를 종합하면 창의성과 탐구심, 그리고 협동심을 유발하는 감각적 지침을 만들 수 있다. 우리는 이렇게 해서 만들어낸 '감각 처방'을 함께 일하던 설계팀에 넘겨주었다. 우리의 제안을 한마디로 요약하면, 밝은 색조의 추상화 작품을 설치하고 조명을 낮은 높이로 유지하며 내부 공간을 부드러운 소재로 마감한 후 향수를 불러일으키는 아로마에 잔잔한 배경 음악을 곁들이면 쇼핑객들이 영국인 특유의 과묵함을 벗어던지고 자연스럽게 창의적인 사고를 하는 데 도움이 된다는 내용이었다. 구체적인 내용과 과학적 배경지식은 이 책의 후반부에 자세히 나온다!

'감각 처방'은 의사들이 쓰는 용어에서 착안한 것이다. 그들이 약품과 식이요법, 휴식, 그리고 적절한 운동을 조합해 환자에게 최적의 솔루션을 처방하듯이, 우리도 특정 문제 해결을 위해 소리와 색상, 그리고 냄새를 조합하여 최적의 환경을 처방할 수 있다는 생각이다. 실제로 우리 제안을 의약적인 목적으로 활용한다면, 이 용어는 더할 나위 없이 적절한 의미를 가질 수 있다. 우리 제안은 심리적 효과뿐만 아니라 생리적인 효과도 기대할 수 있다. 1990년대 중반 스웨덴의 한 병원에서 '감각 처방'을 실제로 시험해본 적이 있었다. 심장 수술을 받은 환자들을 바닐라 향이 나는 병동에서 회복 치료를 받게 했다. 바닐라 향에는 진정 효과가 있다고 알려져 있다. 이 병동에는 향기뿐만 아니라 스트레스와 공격성의 감쇄 효과가 입증된 이른바 '베이커 밀러 핑크Baker-Miller Pink'라는 색조를 띤 조명이 설치되어 있었다. 이 조명은 원래 난동을 피운 군인을 감금하여 진정시키는 용도로 쓰이던 것이었다. 마지막으로 큰 파도 소리를 배경 음악으로 틀어놓아 심장박동과 스트레스 지수를 낮추는 효과를 더했다.

이 실험을 통해 드러난 긍정적인 효과는 상당했다. 환자들은 진통제를 훨씬 적게 쓰고도 고통과 스트레스가 훨씬 줄어들어 결국 더 빨리 퇴원할 수 있었다. 병원 환경은 대체로 감각적인 측면에서 섬세하게 관리되지 않는 것이 현실인데, 이 방법이 왜 세계적으로 널리 확대되지 않는지 참 이해하기 어렵다. 병원에서 환자를 대할 때 오로지 의학적인 치료에만 의존할 것이 아니라 신체와 정신이 골고루 회복될 수 있도록 배려하는 태도가 필요하다.

감각 처방이 병원에서 널리 사용되는 날이 오기를 바란다. 환자들이 마치 호텔에서 사용되는 것과 비슷한 카드 열쇠를 받아든 다음 병실(또는 회복실!) 문을 열고 슬롯에 꽂으면 개개인에 맞춰진 색조와 조도의 조명이 켜지고, 특정 음악과 향기가 퍼지는 광경을 그려본다. 모두 그 환자의 회복을 위해 가장 적합한 처방에 따라 설계된 것들이다. 이런 방법이 옳다는 것은 충분히 검증되었다. 올바른 감각 처방이 얼마나 큰 효과가 있는지를 보여주는 연구 결과는 무수히 많다. 그런 날이 오기 전까지 우리는 집이나 사무실, 그리고 일상의 환경에 좀 더 주의를 기울일 필요가 있다. 우선 주변에서부터 시작하는 것이다.

이 책은 우리가 하루에 흔히 경험하는 일을 중심으로 구성되었다. 그렇게 구성하는 것이 우리가 일상생활에서 마주치는 많은 일을 다루기에 적합하다고 생각했다. 아침에 눈을 떠서 아침밥을 먹고 운동하는 것에서부터, 일과 중에 생산성과 창의성을 향상하는 방법까지 두루 다루었다. 다양한 감각을 활용하여 주거 환경과 식사, 섹스, 그리고 수면 생활을 개선하는 방법을 제시했다.

우리는 감각 지능을 지금보다 훨씬 더 개선해야 한다. 나는 이런 지식을 널리 알리는 일을 언제나 즐겁게 여겨왔다. 내가 하는 일에 관해 질문하는 사람들은 대체로 내 이야기에 큰 흥미를 보였다. 내 말을 처음 듣는 사람들은 전혀 뜻밖으로 여기지만, 들어보면 사리에 맞을 뿐만 아니라 본능적으로도 옳다는 것을 알아챈다. 일상생활의 모든 영역에 본능과 경험을 적용한 결과, 이제 나는 사람들이 나의 지식을 각자의 삶에 실제로 적용할 수 있는 방법을 찾아냈다고 자부한다.

《더 나은 나를 위한 하루 감각 사용법<sup>Sense</sup>》 웹사이트 <sup>www.sensebook.co.uk</sup>(이하 센스 웹사이트)에는 하루 중 많은 순간에 적용할 수 있는 소리와 음악, 그리고 영상이 올라와 있다. 모두 내가 찾거나 만든 것들이다.

이 책에는 많은 정보가 포함되어있다. 아주 조금씩만 사용해도 여러분의 삶에서 마주치는 매 순간이 개선된다는 것을 피부로 느낄 수 있을 것이다. 앞으로는 전혀 어울리지 않는 음악을 들으면서 와인을 마시지 않을 것이고, 밝은 조명 아래 말끔한 책상을 앞에 놓고 브레인스토밍을 하는 일도 없을 것이다. 이제 여러분은 여러분이 사는 공간을 감각적으로 더 자극되고 조화로운 곳으로 만들 지식과 능력을 소유하게 될 것이다. 앞으로 이 능력을 현명하게 사용하기를 바란다.

본문에서 소개하는 센스 웹사이트는
QR코드를 통해 확인하실 수 있습니다.

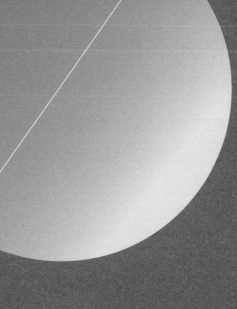

**CHAPTER
01**

# 아침

*Sense*

　　**이 책의 내용은 평범한 우리의 일상 중 어느 하루에, 아침부터 밤에 잠자리에 들 때까지 시간 순서에 따라 일어나는 일을 가정하여 구성되었다.** 따라서 챕터 1은 아침으로 시작한다. 지난밤에도 편안하게 푹 잘 자고 일어난, 여느 날과 다름없는 아침이라고 상상해보자. 이 책을 다 읽고 배운 내용을 연습하고 나면 생체 시계를 일상생활에 맞춰 다시 평안한 밤을 맞이할 수 있게 될 것이다.

　　이 책에는 생체 시계<sup>internal body clock</sup>, 또는 '생체 리듬<sup>circadian rhythm</sup>'이라는 말이 자주 등장하는데, 이 개념이 아주 중요하기 때문에 여기서 잠깐 보충 설명을 하고 넘어가는 것이 좋겠다. 생체 리듬이란 미생물이나 곰팡이에서 인간에 이르는 모든 생물에 존재하는 생리 작용이 24시간 동안 순환하는 과정을 말한다. 즉, 수면이나 기분, 인지 능력 등을 조절하는 데 필요한 호르몬 생산, 세포 재생, 그리고 뇌파 활동과 같은 기능의 일정한 패턴을 가리키는 말이다. 두뇌 중심부의 시교차 상핵 super-chiasmatic nucleus이라는 아주 작은 영역이 관장하는 생체 시계는 지구의 자전 주기에 맞춰 매일 재설정을 반복한다.

생체 리듬은 이런 천문학적 관계 외에도 이른바 차이트거버 Zeitgeber 라는 외적·환경적 요소에도 영향을 받는다. 차이트거버란 독일어로 시간 제공자라는 뜻으로, 빛, 기온, 또는 하루 중에 일어나는 감정의 변화 등과 같이 생체 리듬에 영향을 주는 외적 요소를 가리키는 말이다. 독일의 생리학자이자 시간생물학의 아버지라 불리는 유르겐 아쇼프 Jürgen Aschoff가 창안한 개념이다. 따라서 공감각의 관점에서 보면 주변 환경은 생체 시계를 일상생활에 맞춰 리듬을 유지하여 일과를 마친 후에 숙면을 누리고, 다시 아침에 기분 좋게 일어나 활기차게 하루를 시작하는 데 매우 중요한 역할을 한다고 볼 수 있다.


## 쉽게 일어나려면


아침에 일어나 최고의 컨디션을 유지하는 법에 관해서는 역시 잠을 깨우고 생체 시계를 작동하는 신체 기관이 지닌 다양한 감각의 관점에서 이해해야 한다. 수면 중에 작동하는 가장 중요한 감각은 시각과 청각이다. 한편, 평소 늘 작동한다고 여겨지는 후각은 여기에서 제외된다.

연구 결과 두뇌는 수면 중에도 향기를 기억하지만 잠에서 깨어나게 할 정도는 아니라는 것이 밝혀졌다. 그렇다면 잠에서 깨어나게 하는 시각과 청각은 어떤 것이냐 하는 질문이 남는다.

## 은은한 빛

⬤⬤⬤⬤⬤ 　　　　　　 생체 리듬 중에서 잠을 깨우는 가장 효과적인 시스템, 즉 최고의 '차이트거버'는 바로 빛이다. 날이 밝으면 잠에서 깨어 인식과 원기를 발휘하고, 밤이 되면 휴식과 회복을 추구하는 것은 진화를 통해 우리 두뇌에 각인된 하나의 리듬이다. 매일 아침 아름답고 푸른 하늘 아래에서 잠을 깰 수 있다면 우리는 훨씬 좋은 신체 컨디션을 유지할 수 있다. 콜로라도대학교 수면 연구소가 로키산맥 야영객을 대상으로 그들의 생체 리듬과 수면 호르몬인 멜라토닌 수치를 조사한 적이 있다. 그들은 전기 불빛으로 가득한 집에서는 아침에 늦게 일어났을 뿐 아니라, 보통 수면 중에 일어나는 호르몬 분비 현상인 '멜라토닌 개시'가 기상 후 2시간 사이에 발생하는 바람에 아침에 일어나고도 1~2시간 동안은 정신을 제대로 가누지 못하는 일을 자주 경험했다. '수면 관성 sleep inertia'이라 불리는 이 증상이 꽤 심각한 수준에 이른 사람들도 있을 정도였다. 그런데 이런 사람도 야외에서 야영하는 동안에는 평소보다 2시간 일찍 잠에서 깼고, 따라서 멜라토닌이 분비되는 현상도 기상하기 1시간 전에 일어났다. 즉 제 시간을 맞춘 것이다. 자연광에 노출되는 시간이 길어지면서 호르몬 분비 활동과 수면 패턴이

일치되었고, 따라서 생체 리듬과 생체 시계도 정상을 회복한 것이다.

그러나 현대인이 정상적인 일상을 유지하는 한 언제나 밤하늘의 별빛 아래에서 잠이 들 수는 없는 노릇이다(그러기를 원치 않는 사람도 많다). 그렇다고 밤마다 커튼을 열어둔 채로 잘 수도 없는 것이 이른바 도시의 빛 공해라든가, 시끄러운 이웃들의 관음증을 부추길 위험 등이 있기 때문이다. 어쨌든 우리가 늘 아침에 햇빛을 보면서 깨어날 수는 없다. 특히 겨울에는 아직 어두운 시간에 눈을 떠야만 한다. 그러나 빛에 기반을 둔 알람을 사용하면 진짜에 가까운 효과를 누릴 수 있다. 햇빛을 본떠서 만든 '인공 새벽' 알람 시계를 사용하면 매우 긍정적인 효과를 누릴 수 있다는 연구 결과가 있다. 네덜란드 연구자들은 수면 관성으로 고생하는 사람들을 대상으로 다양한 감도의 인공 햇빛 알람 시계를 사용하여 실험해보았다. 그 결과 그들의 호르몬에 자연광이 미치는 영향만큼 효과적이지는 않았지만 피험자들의 수면 관성 증상이 현저하게 줄어들었고, 아침에 일어났을 때도 훨씬 더 긍정적이고 활기찬 기분을 느낀다는 결과가 나왔다. 햇빛을 모방한 이 실험에서 색온도가 6,500K(캘빈kelvin, 빛의 색깔을 나타내는 빛의 온도 단위-옮긴이)인 밝은 청백색 광원을 사용할 때 가장 우수한 효과를 얻을 수 있다는 사실이 여러 차례에 걸쳐 검증되었다. 그러나 같은 피험자들을 대상으로 네덜란드에서 실시한 또 다른 연구에서는 이보다 조도가 더 낮고 따뜻한 색상의 빛이 더 긍정적인 효과를 보인 적도 있다. 이 연구진은 16명의 여성을 대상으로 아침에 일어날 때 각각 다른 빛 자극을 준 결과, 앞선 실험보다 좀 더 어두운 2,700K 광원에 가장 짧은 반응 시간을 보였다는 결과를 얻었다. 2,700K는 60와트 전구와 같은 색온도에 해당한다. 이 사실이 전해주는 중요한 의미는 아침에 활기찬 기분으로 일어나는 것보다 밝은 형광 불빛에서 느끼는 불쾌한 기분이 훨씬 더 큰 비중을 차지한다는 것이다. 마치 이미 상영이 시작된 극장에 뒤늦게 들어가는 것과 같다고 할까.

그러므로 아침에 일어나기에 가장 좋은 빛을 색상과 밝기로 표현하면, 약간 밝으면서도 은은하고 따뜻한 빛이라고 할 수 있다. 후천적인 연관성과 감정을 고려하면 부드러운 붉은 계통의 색상이 좀 더 신선하고 긍정적인 하루를 시작하는 데 더 적합하다. 봄에 피는 꽃이 연상되기 때문이다. 그러나 결국 가장 좋은 하루를 보내는 데는 햇빛보다 나은 것이 없다. 그렇게 생각하면 야외 활동이야말로 밤에 숙면하고 수면과 기상의 조화를 달성하는 데 절대적으로 필요한 일이라는 것을 알 수 있다. 하루에 최소한 2시간 정도만이라도 야외에서 자연광을 쬘 수 있다면 확실한 효과를 볼 수 있다. 도저히 그럴 수 없는 환경이라면 광원을 이용한 알람 시계를 사용하는 것이 수면 관성을 완화하고 밝은 기분을 유지하는 데 분명히 도움이 된다. 여기에 적절한 음향을 갖춘다면 더할 나위 없을 것이다.

## 조용하고 자연스러운 소리

• • • • • 　　　　　　알람 시계의 엄청난 굉음을 듣고 마치 긴급 상황이 벌어진 것 같은 기분으로 눈을 뜨는 것은 새로운 하루를 시작

하는 좋은 방법이 아니다. 인간이 본능적으로 두려움을 느끼는 대상이 두 가지 있다고 하는데, 하나는 실패고 또 다른 하나가 시끄러운 소리다. 아침에 일어나자마자 진화과정에서 각인된, '투쟁 도피 반응fight-or-flight mechanism(싸우느냐 달아나느냐의 양자택일 상황에서 보이는 반응--옮긴이)'을 경험하는 것은 결코 좋은 일이 아니다. 오히려 이것은 매우 위험한 일이다. 코네티컷대학교 고혈압 임상약학과 학과장인 윌리엄 화이트William B. White 박사의 논문에 따르면 인간의 혈압은 수면 중에 평소보다 약 30퍼센트 정도 낮아졌다가 아침에 일어날 때 정상 이상으로 급등할 수 있다고 한다. 그가 말하는 '기상 후 혈압 상승'이 일어나면 아침에 눈을 뜨고 1~2시간 이내에 심장마비 발병 위험이 있다. 잠을 깨기 위해 충격적인 소리를 듣는 것이 좋은 방법이 아닌 이유가 바로 이것이다. 특히 이것이 월요일 아침이라면 더욱 그렇다! 일본의 한 연구에 따르면 도쿄 외곽 농촌 지역에 사는 175명의 혈압을 측정한 결과, 월요일 아침이 가장 높고 토요일에 가장 낮다는 결과가 나왔다. 이 결과는 월요일에 심혈관 질환이 가장 많이 발병한다는 통계 수치와도 일치한다. 그러니 시끄러운 알람 시계 소리에 잠을 깨는 것보다 더 나쁜 일이 또 있겠는가?

수면 중에도 청각은 살아있다. 저명한 수면 과학자 찰스 체이슬러Charles Czeisler에 따르면 한밤중에 들려오는 아주 작은 소리조차 우리 정신에 영향을 미쳐 낮은 수면 상태를 만든다고 한다. 우리는 이 점을 이용할 수 있다. 깊은 잠에 빠져 있다가 갑자기 깨어나면 정신이 몽롱한 상태가 되므로, 수면 상태를 우선 낮은 단계로 바꾸었다가 자연스럽게 깨어나게 만드는 것이 가장 좋은 알람 소리라고 할 수 있다. 따라서 알람 시계 소리는 조용하게 시작했다가 점점 소리가 커져서 편안하게 들리는 편이 좋다.

인공적이고 기계적인 소리에 잠을 깨다 보면 좀 더 감성적이고 의미 있는 일로 하루를 시작할 기회를 놓치게 된다. 소리의 힘을 이용하면 좋은 감정을 불러일으켜 깊이 숨어있던 연상 작용을 촉발할 수 있다. 생체 리듬상 하루의 시작과 새벽의 여명이 어떤 역할을 하는지 살펴볼 수도 있다. 인간이 진화과정에서 아침에 들리는 소리로부터 무엇을 배웠는지 알 수 있을지도 모른다. 그리하여 가장 바람직한 소리는 부드러운 새소리와 같은 신선함과 자연, 재생 등과 연관된 최적의 소리임을 알아내는 것이다. 그런 감정을 떠올리면 숙면에서 일어난 것처럼 기분과 정신이 한층 고양된다. 그런 맥락에서 또 다른 신선한 자연의 소리, 예를 들면 북풍이나 부서지는 파도 소리 등을 사용할 수도 있다. 물론 이런 소리를 들으며 일어나다가는 얼어붙을 듯이 춥거나 심지어 잠자리가 축축한 느낌이 들 수도 있을 것이다. 그래서 새소리가 가장 무난한 선택인 것 같기도 하다.

가장 좋은 방법은 부드러운 새소리와 목소리를 약 20분에 걸쳐 서서히 키워가며 약한 수면 상태에 도달할 때까지 듣는 것이다. 차임벨 소리도 기분을 좋게 하는 데 도움이 된다. 사람들이 분주히 움직이는 소리에 더해 기분 좋은 종소리가 조금만 더 크게 들리면 비로소 잠에서 확실히 깰 수 있다. 이렇게 하는 편이 훨씬 더 고상하고 기분 좋게 잠에서 깰 수 있는 음향 요법이라고 할 수 있다. 아침의 밝은 빛과 생체 리듬과도 완벽하게 어울리며, 산뜻하고 기분 좋게 하루를 시작하는 방법이기도 하다. 이 소리에 로즈가든 알람이라는 이름까지 붙여서 센스 웹사이트에 올려두었으니 관심이 있는 분은 한번 시험해보면 좋을 것 같다(www.sensebook.co.uk).

이제 새소리가 지저귀고 방 안에는 여명이 어슴푸레 비치기 시작했다. 그러나 아직 눈을 뜰 필요는 없다. 지금은 신체의 모든 감각을 아침 운동 삼아 깨우기 시작하기만 하면 된다. 서서히 의식을 깨우면서 하루 내내 모든 감각을 충분히 발휘하기 위해 '닌자 훈련'을 할 때인 것이다.


## 감각 훈련

· · · · ·        어렸을 때 우연히 도서관에서《닌자 훈련 안내서 Ninja Training Handbook》라는 책을 빌려 보고 마음에 깊이 남아, 이후 평생 시간 날 때마다 연습하는 계기가 되었던 일이 기억난다. 그 책의 핵심 내용이 바로 감각 훈련이었다. 매일 아침 눈을 뜨기 전에 온몸의 감각에 집중하여 주변을 꼼꼼히 느끼는 법이 자세히 나와 있었다. 굳이 닌자가 되기 위해서가 아니라도 충분히 훈련할 가치가 있는 내용이었다. 감각 훈련은 정신집중과 인지행동 치료 cognitive behavioral therapy, CBT를 비롯한 기타 행동 요법에 널리 적용되는 방법이다. 감각에 몰입하는 것은 지금 이 순간 자신에게 집중할 수 있는 매우 효과적인 방법이다.

침대에 누운 채로 바깥 날씨가 어떤지 느끼려고 해보라. 멀리서 어떤 소리가 들려오는가? 냄새나 맛은 어떤가? 이불보의 느낌은 이떻고 지금 내 팔다리는 어떤 상태인가? 다른 사람들은 벌써 다 일어났는가? 그들은 아직 집 안에 있는가, 아니면 이미 문을 나섰는가? 모든 감각을 총동원해서 이런 것들을 느낀 다음에 일어나면 훨씬 더 맑은 정신과 향상된 집중력으로 하루를 시작할 수 있을 것이다. 감각 훈련을 계속 할수록 판단력도 점점 증대될 것이다. 이런 식으로 딱 30초만 감각 훈련에 시간을 낸 다음에 잠자리에서 일어나면 된다.

---

### 공감각 알람 시계를 위한 감각 처방

가장 좋은 기상 방법은 처음에 아주 약하게 시작한 빛과 소리가 약 20분 동안 점점 강해지게 만들어서 일어나는 것이다.

✦ 빛: 알람 기능이 있고 광량을 조절할 수 있는 램프를 사용해서 밝아오는 여명의 효과를 연출한다. 만약 빛깔도 선택할 수 있다면 분홍빛이 약간 섞인 흰색이 새벽하늘의 차고 깨끗한 느낌과 가장 가깝다.

✦ 소리: 새소리가 점점 크게 들리게 맞춰놓는 것이 좋다. 여기에 감성이 풍부하고 감각적으로도 어울리는 조명을 추가하면 하루를 새로 시작하는 신선한 느낌을 줄 수 있다.

✦ 감각에 집중하기: 잠에서 깬 다음에도 바로 일어나지 말고 오 감을 총동원해서 주변을 느껴보는 시간을 잠시 가진다.

소리와 빛을 이용한 알람은 얼마든지 가능하다. 이미 그런 제품도 있고, 정 구하기가 힘들면 두 가지를 합해서 사용하면 된다. 예를 들어 광량 조절 기능이 있는 조명이 있다면 기상 시간에 맞춰 점점 밝아지게 해놓고 휴대 전화 알람도 이 시간에 맞춰놓으면 된다. 소리는 센스 웹사이트에 올라와 있는 '로즈가든 알람<sup>Rose Garden Alarm</sup>'을 사용한다. 빛과 소리가 시너지 효과를 내면서 깊이 잠들었던 우리 뇌가 얕은 수면 상태로 옮겨갔다가 밝고 신선한 기분으로 눈을 뜰 수 있다.

잠을 깬 다음에는 청색광과 LED 불빛을 봐도 괜찮다. 그것은 멜라토닌을 억제하고 코르티솔을 촉진한다. 즉 스트레스 호르몬이 신속하게 분비되어 투쟁 도피 반응에 필요한 에너지를 공급하는 것이다. 그러니 아침에 눈을 뜬 다음에는 휴대 전화를 켜고 이메일이든 소셜미디어든 마음껏 확인해도 좋다. 현대인은 다 그렇게 산다. 우리는 하루 평균 3시간 반 정도를 휴대 전화를 들여다보는 데 쓴다. 그러다가 정말 좋은 것이 눈에 띄면 그것이 바로 아침에 해야 할 가장 중요한 일이 되는 셈이다. 이는 본격적으로 정신을 차리는 데도 도움이 된다. 물론 어떤 내용을 보느냐에 따라 다르다. 오히려 아침부터 스트레스를 안고 시작할 수도 있다!

# 슈퍼맨 티셔츠를 입어라

아침에 무슨 옷을 입을 것인지는 그날 할 일에 따라 달라진다. 우리의 행동과 사고는 입고 있는 옷을 따라간다. 특히 제복과 같이 특수한 역할과 행동에 어울리는 옷을 입을 때는 더욱 그렇다. 이런 현상을 통칭하여 '제복 효과enclothed cognition'라고 한다.

이 용어를 처음 사용한 사람은 노스웨스턴대학교의 하조 애덤Hajo Adam과 애덤 갈린스키Adam Galinsky였다. 그들은 2011년에 사람들이 실험실 가운을 입었을 때, 그 옷을 입지 않거나 혹은 입더라도 덧옷쯤으로 생각하고 입었을 때보다 집중력을 더 많이 발휘했다는 연구 결과를 발표했다. 실험실 가운은 전문성과 정밀성, 세부 사항에 대한 집중력 등을 상징하므로 그 옷을 입는 것 자체가 피험자들의 정신 자세에 영향을 미쳤다. 실험실 가운을 입었을 때는 그렇지 않았을 때보다 실수를 저지르는 빈도가 절반으로 줄었다.

하트퍼드셔대학교 카렌 파인Karen Pine 교수도 이와 비슷한 연구를 수행했다. 파인 교수는 학생들을 대상으로 평소에 늘 입고 다니던 티셔츠를 입은 그룹과 슈퍼맨 티셔츠를 입은 그룹으로 나눠 정신력을 테스트했다. 평소처럼 입은 그룹의 평균 점수는 64퍼센트였던 반면, 가슴에 'S'자 로고가 새겨진 티셔츠를 입은 그룹은 74퍼센트를 기록했다. 슈퍼맨 티셔츠를 입은 그룹은 실제로 자신이 신체적으로 강해진 것 같다고 말했으며, 사회 비교 척도상 다른 사람보다 더 많은 호감과 우월감을 차지할 수 있었다.

이 분야의 진정한 전문가가 있다면 그것은 바로 어린이들이다. 아이들은 어떤 일을 하든 거기에 어울리는 옷을 입을 줄 안다. 여섯 살짜리 아들 라이니스는 벽에 그림 거는 일을 도울 때도 안전모와 작업 벨트를 챙기고, 숲속에 놀러 갈 때는 꼭 로빈후드 복장을 차려입는다. 이런 귀여운 습관을 우리는 어른이 되면서 어쩔 수 없이 잃어버린다. 어떤 일을 할 때마다 꼭 그에 맞춰 옷을 갈아입자고 말하는 것이 아니다. 슈퍼맨 티셔츠처럼 한 가지 옷만 바꿔 입어도 기분 전환에 특효약이 되는 경우가 있다.

평소에 입는 옷에 숨겨진 무늬나 장식물을 추가하는 작은 변화만으로도 똑같은 효과를 낼 수 있다. 이스탄불대학교 응용과학대학의 패션학 박사과정 학생들은 중세 오스만 제국의 두 왕의 의복에서 찾아낸 이슬람식 '루미Rumi' 무늬가, 이 의복을 입은 사람에게 특정한 정신 자세를 자극하기 위한 목적으로 새겨진 것이라는 추론을 내놓았다. 옷에는 코란에 나오는 단어나 구절이 짤막하게 새겨져 있기도 했다. 그 내용은 실제로 옷을 입은 왕 외에는 아무도 알아차리지 못할 정도로 작고 짤막했다. 그들은 이것이 왕들이 매일 닥치는 힘겨운 상황 속에서도 침착함을 유지하는 데 도움이 되었다고 설명했다. 이것은 제복 효과가 먼 옛날부터 존재했고, 가장 작은 형태로도 충분히 효과를 발휘한다는 것을 보여주는 증거였다. 요컨대 제복 효과는 옷을 입는 당사자에게 어떤 의미가 있는가가 중요하다.

따라서 오늘 어떤 일을 잘하고 싶다거나, 어떻게 행동하겠다고 마음먹었다면 그에 어울리는 옷이나 장식물을 착용하는 것이 노움이 된다. 예를 들면 다음과 같다.

## 자신감

····· 1980년대풍의 정장을 입으면 확실히 자신감을 얻을 수 있다. 아니면 그저 검은색의 옷을 입는 것만으로도 도움이 된다. 한 온라인 쇼핑몰에서 1,000명의 고객을 대상으로 설문조사를 실시했더니 검은색은 자신감과 지성, 그리고 섹시함을 연상시킨다는 결과가 나왔다. 자신감과 관련된 색상으로 두 번째로 많은 사람이 언급한 색상은 빨간색이었다. 단, 이 색상은 오만함과 관련이 깊다는 대답도 상당수 나왔다.

어떤 종류의 자신감을 추구하느냐에 따라 선택할 수 있는 장식품도 약간씩 다르다. 자신감 넘치는 태도를 원한다면 해골 목걸이를 착용하는 것도 도움이 될 수 있다. 자신에게 특별한 의미를 지닌 장신구를 선택할 수도 있다. 어른스러운 느낌을 원한다면 아버지의 시계를 찰 수도 있을 것이다(내 아버지가 이 글을 읽으신다면, 롤렉스를 벗어주실지도 모른다. 만약 실제로 그렇게 하신다면, 내 의도가 맞아떨어진 셈이다).

## 꼼꼼함

····· 하나하나 꼼꼼히 처리해야 할 일이 쌓였다면

보통의 회사원들처럼 입으면 된다. 즉, 안경을 쓰거나 실용적인 옷을 입는 것이다. 극도의 정밀함과 주의 집중이 필요한 일이라면 실험실 가운을 선택할 수도 있다.

## 창의성

· · · · · 　　　　이젤을 꺼내 대작을 그릴 생각이라면 헐렁한 작업복에 베레모를 쓰는 것이 좋다. 혹은 굳이 다른 옷을 찾아 입고 싶지 않다면, 그냥 입고 있던 옷을 조금 풀어 헤치는 것만으로도 충분하다. 형식과 속박에서 약간 벗어난 옷차림새를 하면 사고방식도 딱딱한 형식과 제약에서 조금 벗어날 수 있다.

## 미팅

· · · · · 　　　　많은 사람을 만나는 자리에 나갈 때는 다른 사람의 눈에 따뜻하고 개방적인 이미지를 주는 옷을 입는 것이 좋다. 누군가로부터 선물받은 옷이나 다른 사람의 좋은 점을 떠올릴 수 있는 옷을 선택할 수도 있다.

## 건강

· · · · · 　　　　활동적인 일을 하는 날이라면 운동복을 입는

것이 좋다. 화려한 스판덱스 레깅스에 집업 상의를 입으면 뭔가 몸에 좋은 일을 하는 것 같은 느낌이 든다. 실제로는 운동을 하지 않더라도 기분이 좋기는 마찬가지다. 또 이런 옷을 입은 상태로는 케이크나 햄버거를 마구 먹는 행동은 자연히 삼가게 된다.

## 여유

‥‥‥　　　　　　　하루쯤 마음껏 빈둥대기로 작정한 날에는, 조깅할 때 입는 헐렁한 바지에 오래된 티셔츠를 입으면 두뇌도 그에 걸맞게 긴장을 풀게 된다.

살다 보면 위에서 말한 각각의 경우에 어울리는 옷이 쌓이게 된다. 중요한 일을 성공한 다음에 어떤 옷을 샀다면, 이제 그 옷만 보면 강한 성취감을 떠올릴 수 있을 것이다. 피아노 연주처럼 창의성이 필요한 일을 할 때마다 입는 옷이 있다면 그 옷은 창의적인 사고와 긴밀히 연결된다. 개별 물건에 대해 부여하는 의미가 어떤 것이든 그것은 나에게 유리하게 작용할 수 있다. 그 효과는 단지 기분 전환에 그치는 것이 아니라 사고방식을 강화하여 나를 더 나은 사람으로 만들어준다.

# 향수 뿌리기

아침에 일어나 좋아하는 향수를 뿌리는 행동은 그 역사가 굉장히 오래되었다. 고대 로마의 자연철학자 플리니우스<sup>Pliny the Elder</sup>에 따르면 향수를 가장 먼저 애용한 사람들은 페르시아인이었다. 그들은 몸에 밴 때와 먼지의 냄새를 없애기 위해 향수를 몸에 듬뿍 뿌렸다고 한다. 이후 오랫동안 향수는 불쾌한 냄새를 가리거나 사회적 신분을 드러내기 위한 용도로 사용되어왔다. 최근에는 후각연구소와 〈뉴욕타임스<sup>The New York Times</sup>〉가 공동으로 진행한 설문조사에서 사람들에게 향수를 사용하는 이유를 물어본 적이 있다. 그 결과 남성은 주로 타인에게 매력적인 모습을 보이기 위해서라는 대답이 가장 많았던 반면, 여성은 스스로 기분이 좋아지거나 자신감이 향상되기 때문이라는 답변이 많았다.

그 두 가지 효과에는 모두 과학적인 근거가 있다. 첫째, 향수에는 자신감을 증진하는 효과가 있다. 일본의 연구자들은 여성이 향수를 뿌렸을 때 그렇지 않았을 때보다 자신의 몸짓에 대해 더욱 큰 자신감을 보였다고 한다. 이 연구에는 총 31명의 여성이 인터뷰에 응했고, 인터뷰를 진행한 사람은 과학자들과 함께 일하는 또 다른 여성이었다. 인터뷰가 절반쯤 진행되었을 때 그들에게 향수를 좀 뿌려달라고 요청했다. 이 장면을 동영상으로 찍어 18명의 다른 사람에게 보여주었는데, 그들에게 보여준 영상에는 음성이 빠져있었기 때문에 어떤 대화가 오가는지는 알 수 없었다. 인터뷰에 응하던 여성들은 향수를 뿌리고 나자 자신감이 향상된 모습을 보였다. 미소도 더 많이 지었고, 인터뷰 진행자와 눈을 마주치는 빈도도 증가했다.

부정적인 몸짓을 보여주는 빈도도 낮아졌다. 앉은 자리를 이리저리 옮기거나 얼굴이나 머리카락을 만지는 횟수가 부쩍 줄어든 것이었다. 그 여성들이 스스로 말한 바에 따르면 향수를 뿌린 다음부터는 긴장이 풀리고 '우월감'을 느꼈다고 한다.

둘째, 좋은 냄새를 풍기는 사람은 더 매력적으로 보인다. 또 다른 연구에서 리버풀대학교에 재학 중인 35명의 남학생에게 '새로 나온 탈취제'를 건네주고 매일 사용해달라고 요청했다. 이 제품은 아무런 브랜드도 인쇄되지 않은 용기에 담겨 있었다. 그러나 그중 절반에게 제공된 제품은 어떠한 향기나 탈취 성분도 없는 것이었다. 며칠 후, 한 여성 그룹을 대상으로 피실험자인 남성들의 사진과 동영상을 보여주며 그들의 매력도를 평가해달라고 요청했다. 그 결과, 정지 화면으로 보았을 때는 그 남성들의 매력도가 모두 엇비슷했다. 그러나 동영상에 비친 모습으로는 탈취제를 뿌린 남성의 매력도가 훨씬 더 높았다. 여성들의 눈에는 그들의 자신감 넘치는 행동이 더 매력적으로 비쳤다.

아침에 일어나 몸에 뭔가를 뿌리는 행동의 동기가 무엇이든, 향수를 뿌리면 당사자나 주변 사람에게 그날 내내 지속되는 엄청난 효과를 발휘한다. 사람마다 사용하는 향수가 모두 다르겠지만 모든 향기는 제각각 다른 효과를 발휘한다. 향수 제조업체와 유통업자들이 사용하는 가장 일반적인 분류 방법은 프레시fresh, 오리엔탈oriental, 플로럴floral, 그리고 우디woody의 네 가지 계열로 나누는 것이다. 물론 이들 사이에는 미묘한 차이가 있고 다양한 조합도 가능하지만, 이 네 가지 계열은 향기의 기본적인 특징을 파악하는 유용한 기준이다. 각각의 향기가 당사자와 주변 사람에게 어떤 영향을 미치는지 그 특징을 살펴보고 매일 가장 적합한 향수를 선택하는 데 참고하도록 하자.


## 프레시

・・・・・ 　　　　　프레시 계열로 분류되는 향수로는 녹색의 자연 향과 오렌지 계통에 속하는 향기들이 있다. 사람들에게 좋은 인상을 주고 싶다면 오렌지 향이 약간 포함된 것을 선택하면 된다. 사람들에게 여러 종류의 향기를 조금씩 맡게 하면서 사진에 보이는 사람의 매력도를 평가해보라는 실험을 한 적이 있다. 레몬 향을 맡았을 때 피험자들은 사진 속의 사람들이 더 잘생기고 말을 붙이기 쉽게 보인다고 평가했다. 이 경우 연구자들은 레몬 향이 거의 사라지다시피 했을 때 효과가 가장 크다는 사실을 발견했다. 따라서 아침에 뿌린 향수가 거의 사라질 정도가 되었을 때 만나는 사람은 모두 마음에 들거나 잘생기게 보일 것이라고 가정할 수 있다.

프레시 향은 또 우리 정신에 긍정적이고 힘을 북돋우는 효과를 미치기도 한다. 실제로 이것은 수치로 확인될 정도의 정신력 증진 효과를 보인다. 600명의 독일 여성에게 네 가지 계열의 향수 중 좋아하는 것을 고르게 한 후 각자의 성격 유형과의 관계를 살펴본 결과, 프레시 향을 선택한 사람들은 대개 외향적인 성격을 지닌 것으로 나타났다.

프레시 계열의 향수를 뿌리면 다른 사람에게 활기차고 적극적인 이미지로 보일 수 있고, 다른 외향적인 성격의 사람들이 나에게 매력을 느낄 가능성이 크다. 오늘 만날 사람이 누구인지, 내가 사용하는 향수가 그 사람의 성격에 맞는지 검토해볼 필요가 있다. 그러는 편이 그와 좋은 관계를 유지하는 데 도움이 될 것이다.

## 오리엔탈

· · · · · 　　　　　오리엔탈 향은 바닐라와 호박, 또는 시나몬과 카다멈과 같은 우디향을 원료로 한다. 앞에서 언급한 독일 여성 대상의 설문조사에서 오리엔탈 향은 내성적인 성향의 사람들이 주로 선택한 것으로 나타났다. 이 연구를 진행한 학자는 요아힘 멘싱 Joachim Mensing 과 크리스타 벡 Christa Beck 이었다. 사람들은 오리엔탈 향을 뿌리는 것을 개성과 내적 자신감의 표현으로 인식했다. 단, 냉담함이나 편협함과는 상관이 없었다.

오리엔탈 향은 따뜻한 이미지를 부여하며 이런 특징은 당사자에게 깊은 영향을 미친다. 이 책에는 '감각적인 따뜻함'(따뜻한 냄새, 따뜻한 온도, 따뜻한 물체 등)과 '감정적인 따뜻함'(친절하고, 개방적이며, 호감을 주는 성격)이 서로 중첩된다는 내용이 많이 등장한다. 따뜻하다는 느낌은 사람이나 장소에 대한 호불호에 큰 영향을 미친다. 오늘 만나기로 한 사람의 성격이 '따뜻하다'거나 '차갑다'는 말을 들었을 때, 어떤 인상이 떠올려지는지 한번 생각해보자. 그러므로 다른 사람에게 긍정적인 인상을 주고 싶다면 따뜻하다는 이미지를 주는 편이 좋다. 그러기 위해서는 따뜻한 향이 엄청난 도움이 된다.

## 플로럴

·····　　　　　　　플로럴 향은 스트레스 감소와 창의적인 사고에 도움이 된다. 플로럴 계열의 향은 '복합적 감정'을 불러오며 이는 창의적인 사고로 이어진다. 워싱턴대학교 연구팀은 복합적 감정을 느낄 때 다양한 개념들 사이의 특이한 관계를 알아차리거나 어떤 문제에 대한 대안적 해결책을 찾아내는 능력이 향상된다는 연구 결과를 내놓았다. 플로럴 향은 가벼운 감정을 불러일으키고, 여기서 혁신적인 아이디어가 나올 수 있다.

플로럴 향은 심리적 안정을 불러오기도 한다. 한 연구에서 여성들에게 여러 종류의 향을 맡게 한 결과, 플로럴 향을 맡았을 때 스트레스와 불안이 대폭 감소하고 긴장이 풀리면서 기분이 좋아졌다고 한다.

## 우디

·····　　　　　　　우디 향을 뿌린 사람은 안정적이고 실용적이며 내면에 조용히 자신감을 품고 있다는 인상을 준다. 우디 계열의 향에도 심리적 안정 효과가 있다. 일본에서 진행된 한 연구에 따르면 삼목나무 오일이 스트레스와 불안감을 감소했다고 한다. 삼나무, 베티베

르, 파촐리 등으로 대표되는 우디 향은 네 가지 계열 중에서 가장 남성적인 향기에 속한다. 그렇다고 우디 향이 남성의 독점물이라는 것은 아니다. 나는 그동안 수제 맥주 가게나 자동차 대리점 등과 같은 소매 유통 매장에 수제품과 정통성의 이미지를 강조하기 위해 우디 향을 사용해왔다. 우디 향은 '럭셔리'한 이미지를 높여주고 고객들이 매장 안에 머무르는 시간을 늘려준다. 사람에 대해서도 마찬가지 효과를 낸다. 우디 향을 뿌리면 차분한 자신감과 진실성, 따뜻한 감성 등의 이미지를 풍길 수 있다.

어떤 향을 사용할 것인지는 개인의 선호와 기분에 따라 달라지겠지만 하루의 선택이 감정과 심리, 그리고 신체에 미치는 깊은 영향을 고려해볼 필요는 있다. 향수를 뿌리는 행동은 다른 사람이 나를 얼마나 사교적이고, 자신만만하며, 재미있는 사람으로 보는지에 큰 영향을 미친다는 사실은 이미 여러 연구 결과를 통해 입증되었다. 심지어 이것은 다른 화장품보다도 효과가 더 크다고 한다. 향수를 써서 나의 기분이 좋아지고, 나에 대한 다른 사람의 감정도 개선하는 것은 오랜 역사를 통해서도 검증되어온 관행이다. 즉, 이것은 감각을 활용하는 또 하나의 기술인 셈이다.

# 아침 식탁의 비밀

근사한 옷을 차려입고 몸에서 좋은 향기가 나는 것도 좋지만 주방에서도 뭔가 좋은 의도를 가지고 할 수 있는 일이 있다. 우리는 먹는 것과 행동하는 것에서도 건강을 추구할 필요가 있고, 도움이 될만한 일이 있다면 최대한 이용할 줄 알아야 한다. 집 안에서도 행동의 품위를 높이기 위해 할 수 있는 일이 있다. 예컨대 찬장을 채울 식기류를 어떻게 선택하느냐에 따라서도 식탁의 풍미가 눈에 띄게 달라진다. 먼저, 더 건강한 방식으로 생활하기 위한 감각 처방이 어떤 것인지 살펴보자.

## 밝은 조명

..... 가장 먼저 할 일은 조명을 밝게 켜는 것이다. 그런 다음, 추운 겨울이 아니라면 커튼을 활짝 열고 햇살을 최대한 집 안으로 끌어들인다. 밝은 빛을 쬐면 음식을 선택할 때도 더 건강한 쪽으로 관심이 기울어진다. 어느 식당에서 후덥지근하고 어두운 조명부터 햇빛을 이용한 밝은 조명으로 바꿔가며 조사한 결과, 사람들은 밝은 조명 아래에서는 단 한 번의 예외도 없이 건강식을 주문했다. 사우스플로리다대학교 다이파얀 비스와스 Dipayan Biswas 교수는 이 분야를 깊이 연구해온 학자다. 비스와스 교수팀은 세계 23개국에 약 1,200개 매장을 보유한 것으로 알려진 한 '대중식당' 체인을 상대로 연구를 수행

했다. 어느 날 미국에서 매장 두 곳은 조명을 어둡게 하고, 또 다른 두 매장은 조명을 밝게 한 후 고객들에게 어떤 음식을 먹었는지, 또 주의력 면에서는 어떤 기분이 들었는지 질문했다. 밝은 식당에 있던 손님들은 정신이 맑았다고 답했으며, 튀긴 음식이나 쇠고기, 돼지고기 등보다는 채소나 생선 구이, 닭 요리 등을 선택했다는 비율이 높았다. 어두운 조명에 있던 손님들이 선택한 음식은 칼로리가 훨씬 더 높은 것으로 나타났다.

연구팀은 학교에서 같은 조사를 한 번 더 했는데 결과는 역시 같았다. 실험 내용은 조명을 밝게, 또는 어둡게 한 상태에서 일반적인 오레오 쿠키와 초콜릿을 입힌 오레오 쿠키, 두 가지 음식 중 하나를 선택하는 것이었다. 실험에 참여한 학생은 모두 135명이었는데, 조명이 밝을 때 과반수가 더 '건강한' 쿠키를 선택했다.

## 프레시, 기운을 돋우는 향

‥‥‥　　　들어가는 글에서 소개한 뉴질랜드 연구진의 조사에서 참가자들이 신선한 허브 향을 맡았을 때 유기농 식품을 더 많이 샀다는 이야기를 기억할 것이다. 앞에서 언급한 사우스플로리다 대학교의 연구에서도 레몬 향이 실험 조건에 포함되어 있었다. 연구자들이 사람들에게 치즈 케이크와 과일 바구니를 내밀며 둘 중 하나를 선택하라고 하자, 조명만 조절했을 때보다 더 뚜렷한 결과가 나왔다. 밝은 조명과 레몬 향을 함께 사용했을 때 건강식을 선택한 비율이 더

높아진 것이다. 이 결과를 바탕으로 연구진은 정신적으로 각성한 상태에서는 건강에 관한 관심이 더 높아지는 경향이 있다는 가설을 제시했다. 또 밝은 조명과 레몬 향을 조합했을 때 활력을 북돋우는 효과를 발휘한다고 했다. 이런 현상은 감각이 서로 조합될 때 상승작용을 일으킨다는 교차 감각의 관점과도 완벽히 부합한다. 즉 밝은 조명은 더욱 밝게, 레몬 향은 더 강하게 느껴진다.


## 소리는 조용하게

• • • • •                          활기차고 시끄러운 음악이 밝은 조명이나 신선한 향과 어울린다고 생각할지도 모른다. 이런 환경에는 아무래도 활기찬 곡조가 어울릴 것 같지만, 사실은 최대한 조용히 하는 편이 더 좋다. 이 분야를 깊이 연구한 사람도 역시 다이파얀 비스와스 교수다. 그의 연구팀은 식당에서 여러 종류의 음악을 다양한 음량으로 틀어놓고 사람들이 어떤 음식을 선택하는지 살펴보았다. 팝, 재즈, 클래식, 메탈 등 다양한 장르의 음악을 틀었는데도 결과는 마찬가지였다. 그러나 사람들은 음량이 낮을 때 건강식을 더 많이 선택했다. 그들은 연구실에 돌아와 같은 실험을 반복했다. 과일 샐러드와 초콜릿 케이크를 제시하며 골라보게 한 결과, 사람들은 음악 소리가 클 때 케이크를 선택하는 비율이 더 높았다. 중요한 것은 음악의 종류가 아니라 오직 음량이었다.

물론 자신을 유혹하지 않는 게 좋을 것이다. 비스와스 교수의 연구를 재현한다고 과일 샐러드와 초콜릿 케이크를 두고 어느 쪽에 손이

을 더 강하게 느낄 수 있다. 모양과 질감은 향기를 더욱 강하고 진하게 해준다.

　최근 네덜란드 트벤테대학교 연구팀은 맛의 차이를 시험하기 위해 3D 프린터를 사용해 모양은 똑같고 질감이 다른 머그컵 두 개를 만들었다. 둘 중 하나는 표면을 볼록볼록한 구슬 모양으로 뒤덮었고, 나머지 하나는 딱딱하고 각진 질감으로 처리했다. 그런 다음 슈퍼마켓에서 연구진이 가짜로 만든 신제품 음료(커피와 핫초코 등)로 시음회를 열었고, 여기에 참가한 사람들에게 단맛과 쓴맛, 그리고 맛의 강도와 선호 여부를 질문했다. 그 결과, 같은 음료인데도 둥근 표면의 머그컵에 담겼을 때 단맛이 평균 18퍼센트 정도 더 강하게 느껴졌고, 각진 표면의 머그컵에 담겼을 때는 쓴맛이 27퍼센트 더 강해졌으며 맛도 훨씬 더 진하다는 대답이 나왔다. 당분 섭취를 줄이려고 마음먹었다면 거칠거나 각진 질감의 머그컵 사용은 피하는 편이 좋다. 둥근 모양이나, 가능하면 부드럽고 둥근 질감의 머그컵을 사용해야 똑같은 음료라도 더 달게 느껴진다.


## 빨간색 그릇

ㆍㆍㆍㆍㆍ　　　　　　　집에서 간단하게 해볼 수 있는 실험이 있다. 커피를 넉넉한 양으로 내린 다음 여러 색깔의 머그컵을 준비한다. 가능하다면 빨간색과 노란색, 그리고 푸른색의 머그컵을 준비한다. 그런 다음 각각의 컵에 커피를 따라 눈앞에 놔두고 하나씩 맛을 본다. 커피

맛이 모두 같은가? 실제로 실험해보지 않은 채 이 글만 읽으면 당연히 맛이 모두 똑같다고 생각할 것이다. 물론 실제로 맛은 똑같다. 그러나 지금까지 읽어온 독자라면 여기서 말하는 맛이 혀끝에서 느껴지는 감각과는 좀 다른 것이라는 사실을 이해할 것이다. 우리의 미각에는 다른 요소가 개입된다. 어쩌면 교차 감각과 관련된 속임수가 우리의 정신과 미각에 영향을 미치는지도 모른다. 색상이 미각에 미치는 영향을 조사한 몇몇 연구에 따르면 음식을 빨간색 그릇에 담았을 때 훨씬 더 맛이 달고 풍미가 짙어졌다고 한다.

사실 나 역시 BBC 라디오 제4방송에 출연해서 이것과 똑같은 내용을 실험해본 적이 있다. 그 방송은 우리가 정치인에게 투표할 때 그 결정이 모종의 상징, 예컨대 정치인이 입고 있는 셔츠의 색상 같은 것에 무의식적으로 영향을 받을 수 있다는 점을 다루는 프로그램이었다. 진행자들의 질문 역시 우리가 어떻게 그런 요소에 영향을 받는가 하는 것이었다. 진행자는 음향실에 앉아있었고 나는 옆방에서 빨강, 노랑, 파랑, 그리고 검은색의 머그컵에 코코아를 따랐다. 그 전에 나는 이미 진행자가 틀림없이 빨간색 머그컵을 선택할 것이라고 방송에서 공언한 상태였다. 나는 그 머그컵 네 개를 쟁반에 받쳐 들고 진행자에게 다가가 맛을 보고 맛과 품질을 평가해달라고 부탁했다. 그녀는 먼저 노란색 머그컵을 골라 마셔보더니 약간 묽은 맛이 난다고 대답했다. 파란색은 약간 더 맛있다고 했다. 빨간색 머그컵에 담긴 코코아가 훨씬 더 풍부한 단맛이 난다고 했고, 검은색 머그컵이 가장 쓰고 맛이 없었다고 답했다. 어느 것이 가장 맛있었느냐고 물었을 때, 그녀가 선택한 것은 내가 예상한 그대로 빨간색 머그컵이었다. 그녀는 빨간색 머그컵에 담긴 코코아가 가장 진하고 풍부한 맛이 났으며, 품질도 가장 좋은 것 같았다고 말했다.

이런 결과를 잘 이용하면 소화가 잘되고 건강에 좋은 음식을 더 달콤하고 맛있다고 생각하게 할 수 있을 것이다. 시리얼에 꿀을 첨가하거나 커피에 설탕을 더 넣지 않아도 된다. 감각 처방을 이용하면 칼로리 수치를 높이지 않고도 더 풍부한 맛의 아침 식사를 즐길 수 있다.

**더 달콤하고 맛있게 식사하는 법**

- 색상: 빨간색(흐릿한 파스텔 색조보다는 깊고 진한 색)
- 모양: 둥근 모양
- 질감: 부드럽고 올록볼록한 느낌
- 무게: 무겁게

아침 식사를 마치면 속이 든든하고 밝은 기분으로 집 밖에 나서고 싶을 것이다. 그다음에 해야 할 일은 약간의 운동이지만 그 전에 먼저 감각을 하나씩 살펴볼 필요가 있다.

# CHAPTER
## 02

# 시각
## : 우리는 보는 대로 느낀다

*Sense*

　　**이 책에는 바쁜 일상에서 잠시 벗어나 우리의 감각을 하나씩 집중적으로 들여다볼 수 있는 여백이 군데군데 마련되어있다.** 이를 통해 개별 감각이 지닌 놀라운 특성과 공감각적 인식 속에서 그 하나하나가 발휘하는 역할을 살펴볼 것이다. 그중에서도 가장 먼저 살펴볼 것은 아리스토텔레스의 말처럼 모든 감각 중에서도 최고라고 할 수 있는 '시각'이다.

　　시각은 향기와 소리, 맛, 그리고 촉각을 다루는 대목에서는 다소 공격을 받을 수도 있는데, 그것은 우리가 시각에 비해 다른 감각을 간과하는 경향이 있기 때문이다. 일상생활의 대부분에서 시각과 사물의 겉모습은 거의 언제나 가장 우선되며, 사실상 모든 감각 중에서도 가장 먼저 고려하는 것이라고 할 수 있다. 집과 사무실, 병원, 갤러리, 공공장소, 마을과 도시 등에서 우리가 주목하는 대상은 사실상 겉모습이

거의 전부나 마찬가지이며 소리나 냄새에 관심을 기울이는 경우는 극히 드물다. 영화 산업에서도 시가 효과에는 수천만 달러의 예산을 편성하지만, 음향과 음악 분야에 배정되는 돈은 그보다 훨씬 적다. 물론 미국의 영화감독 데이비드 린치David Lynch는 듣는 것의 중요성이 보는 것의 50퍼센트는 넘는다고 말했지만 말이다. 식당도 실내 장식을 꾸미는 데는 수백만 달러를 쓰지만 음악에 관해서는 그저 지배인의 재량에 맡겨버린다. 어떻게 보면 이 책 자체가 시각 이외의 감각에 더 관심을 기울여야 한다는 내용이지만, 우리의 행동과 인식에 가장 중요한 감각은 역시 시각이라는 점은 결코 무시할 수 없다.

아리스토텔레스는 감각의 중요도를 시각, 청각, 후각, 미각, 그리고 촉각의 순서로 나열했다. 그로부터 수천 년 후, 네덜란드의 델프트대학교 산업디자인학과 교수진은 소비자를 상대로 주전자에서 세제에 이르는 마흔다섯 가지 상품을 평가하는 연구를 수행하면서 그들에게 어떤 감각을 가장 중요하게 생각하느냐는 질문을 던졌다. 그 결과 감각의 중요도는 시각, 촉각, 후각, 청각, 그리고 미각의 순서로 나타났다. 아리스토텔레스가 매긴 것과 약간 다르지만 1위가 시각이라는 점에서는 같았다.

인간은 신체 구조상 시각이 가장 중요할 수밖에 없다. 우선 우리 눈은 두뇌의 맨 앞에 자리하고 있다. 우리는 빛을 '본다'. 즉, 눈에 보이는 것을 두뇌가 우리에게 알려주는 것이 바로 '시각'이다. '보는' 행위는 눈이 감지하는 신호로부터 모종의 의미를 끌어내는 과정을 말한다. 그런 점에서 시각은 매우 독특한, 학습된 감각이다. 공기 중의 분자와 같은 물리적 실체가 냄새로 변하고 진동이나 압력의 변화를 소리로 인식하는 데 비해, 시각은 여러 가지 기술과 신경 작용이 복잡하게 얽혀 구현되는 산물이다. 인간은 태어나자마자 어른이 듣는 것과 같은 종류의 소리를 모두 들을 수 있다. 냄새를 맡는 능력도 마찬가지다. 그러나 시각은 다르다. 갓 태어난 아기는 사물이 눈앞에서 20센티미터 정도만 떨어져도 볼 수 없고, 인식할 수 있는 색상도 흑백이 전부다. 수백만 가지의 색상을 판별할 수 있는 원뿔형의 망막은 태어난 후 몇 달이 지난 후에야 발달하기 시작한다. 그러나 일단 시각이 발달하면 우리 눈은 엄청나게 정교한 감각 수용체가 된다. 인간의 인식 과정 중 80퍼센트는 시각을 통해 주변 환경을 처리하는 데 소요된다는 것이 학계의 중론이다.

예컨대 우리가 음식을 먹을 때는 미각이 가장 활발하게 작용하는 것 같지만, 심지어 이럴 때조차 인식 대상에 막대한 영향을 미치는 것이 바로 시각이다. 옥스퍼드대학교 공감각 연구실이 수행한 '칸딘스키의 맛A Taste of Kandinsky'이라는 연구가 있다. 이 실험에 참여한 피험자는 모두 60명으로, 이들에게 음식을 각각 한 접시씩 제공했다. 음식의 종류는 모두 같았으나 차려진 방법이 달랐다. 일반적인 방식과 단정한 방식, 그리고 예술적인 방식으로 제공되었다. '일반적인' 차림은 모든 음식을 접시 한가운데에 섞어놓은 것이었다. '단정한' 차림은 각각의 음식을 접시 위에 깔끔하게 나열한 방식이었다(특별히 식욕을 돋우는 방식이 아니라 그저 각각의 음식을 뚜렷이 구분할 수 있을 뿐이었다). 마지막으로 '예술적인' 차림은 음식을 마치 칸딘스키의 〈작품 번호 201Painting

Number 201〉처럼 보이게 연출한 것이었다. 총 60명의 피험자를 20명씩 나누어 이 세 가지 차림의 음식을 제공했으며, 다른 사람들이 자신과 다른 방식으로 차린 음식을 받는다는 사실은 아무도 모르게 했다.

식당 측에는 피험자들이 식사하기 전과 후에 음식의 차림새와 맛에 대한 기대, 그리고 얼마나 맛있게 먹었는지를 묻는 설문을 해달라고 부탁했다. 결과는 세 종류에 따라 극명히 다르게 나타났다. 예술적으로 차린 음식을 맛본 사람들이 가장 맛있다고 답했고, 심지어 더 높은 가격도 기꺼이 치를 만하다고 했다. '일반적인' 차림의 음식이 그 뒤를 따랐고, '단정한' 차림새가 3위를 차지했다. 음식 맛에 대한 기대와 식사 후 평가가 엇갈린 것도 흥미로운 대목이었다. 칸딘스키 작품과 닮은 음식을 대접받는 사람들은 눈으로 보는 것만으로도 정말 맛있어 보인다고 말했고, 식사 후에는 기대했던 것보다 훨씬 더 맛있었다고 답했다. 반면 '일반적인' 차림의 음식은 식사 후의 평가가 오히려 떨어졌다. '단정한' 차림의 음식은 식사 전후의 평가가 정확히 일치했다.

칸딘스키 차림새의 시각적 아름다움에는 음식 맛을 더해주는 요소가 있다. 인간은 누구나 예술 감각을 지니고 있음을 시사한다. 이로부터 연구진은 다음과 같은 결론을 조심스레 제안했다. "예술적인 차림새의 음식은 칸딘스키가 캔버스에 그림을 그릴 때 의도했던 메시지를 먹을 수 있는 형태로 표현한 것이다."

이 연구로부터 두 가지 사실을 알 수 있다. 그중 하나는 시각이 미각에 영향을 미치며, 나아가 사물의 미적 가치가 우리의 미각세포를 자극한다는 사실이다. 또 한 가지는, '단정한' 차림새의 음식 사례에서

드러났듯이 우리가 음식 재료를 눈으로 보고 인식하면 그것이 어떤 맛일지 알 수 있다는 사실이다. 시각은 과거의 경험을 근거로 두뇌 속에 모종의 기대를 형성한다. 우리는 우리가 보는 대로 느낀다. 심지어 실제와 다르더라도 말이다. 다시 말해, 우리가 어떤 사물을 보고 생각한 내용이 실제와 달랐다 하더라도 시각적 경험이 그런 차이를 무시하여 두뇌는 눈이 말하는 대로 믿게 된다는 뜻이다.

이와 비슷한 사례가 또 있다. 와인 전문가들이 화이트 와인에 붉은 색소를 첨가한 것을 레드 와인으로 착각한 사례다. 2001년 보르도대학교에서 박사학위를 준비하던 프레데릭 브로셰Frédéric Brochet는 45명의 와인스쿨 재학생에게 똑같은 화이트 와인을 두 잔씩 제공했다. 그런데 둘 중 하나는 아무 맛도 나지 않는 붉은 식용 색소를 첨가한 것이었다. 학생들은 흰색 화이트 와인의 맛을 '플로랄', '허니', '복숭아', '레몬' 등으로 묘사했다. 그런데 그들은 나머지 잔을 맛본 후에는 똑같은 화이트 와인에 붉은 색소만 첨가했을 뿐인데 '산딸기', '체리', '향나무', '치커리' 등과 같이 붉은색과 관련된 용어로 설명했다. 이 실험을 토대로 브로셰는 〈더타임스The Times〉에 다음과 같은 기사를 기고했다. "그들은 레드 와인 맛이 날 것으로 생각했고 실제로 그렇게 느꼈다. 화이트 와인 맛을 알아챈 사람은 2~3퍼센트 정도에 불과했고, 그들은 모두 와인 문화를 별로 경험하지 못한 사람들이었다. 전문 감정인 중에는 성공한 사람이 아무도 없었다. 교육을 많이 받을수록 오히려 오류를 저지를 확률이 압도적으로 높아진다. 그들은 와인의 색상에 강한 영향을 받기 때문이다."

색상은 주변의 모든 사물이 특정한 성격을 띨 것이라고 생각하게 만든다. 이는 우리가 각각의 색상에 특정한 의미를 부여하기 때문이다. 이런 생각은 전 세계인이 보편적으로 공유하고 있는 개념이다. 가장 흔한 예를 들어보자. 빨간색과 노란색 중에 어느 쪽이 더 무거운 느낌이 드는가? 거의 모든 사람이 빨간색이라고 대답할 것이다. 레몬을 떠올리면 빠르다는 생각이 드는 것처럼 말이다. 이것이 바로 우리가 교차 감각의 세계를 일상적으로 경험하고 있다는 사실을 보여주는 가장 흔한 예다. 그러나 시력을 잃은 상태로 태어나서 색상이라고는 한 번도 본 적이 없는 사람 또한 빨간색이 노란색보다 무겁다고 말할 것이다.

이탈리아와 벨기에의 연구자들이 정상 시력을 가진 46명과 어려서 시력을 잃은 46명을 대상으로 교차 감각과 관련된 질문을 던져보았다. 질문 내용은 예컨대 '레몬은 빠른가, 느린가?', '빨간색과 노란색 중 어느 쪽이 무거운가?', '바위는 단맛인가, 신맛인가?'와 같은 것이었다(마지막 질문에 대한 대답은 신맛일 것이다). 색상은 오직 시각을 통해서만 경험할 수 있으므로, 빨간색-노란색 질문이 바로 이 두 그룹을 구분하는 것이라고 할 수 있다. 정상 시력을 가진 피험자의 90퍼센트는 빨간색이 더 무겁다고 답했고, 시력을 잃은 사람의 70퍼센트도 똑같이 대답했다. 이 결과는 들어가는 글에서 언급한 감각 인식에 관한 중요한 질문을 상기시킨다. 즉, 이런 연관관계가 언어와 경험으로부터 습득된 것인가, 아니면 인간이라면 누구나 지닌 공감각이 두뇌에 각인된 결과인가라는 의문 말이다. 그러나 연구 결과는 두 가지 주장을 모두 뒷받침하는 것으로 나타났다. 단지 사안을 바라보는 관점에 따라 달라질 뿐이다. 어려서부터 시력을 잃은 사람은 빨간색을 한 번도 본 적이 없지만, 그 단어가 상징적으로 사용된 것과 묘사된 것을 들은 적은 있다. 더구나 그들은 색깔을 시각적으로 경험한 적은 없으나 그들의 두뇌에 간직된 공감각은 빨간색을 무겁다고 인식하고 있으며, 빨간색에 관한 우리의 언어와 감정이 그런 연관성을 반영하며 발달되어왔을 수도 있다.

시각은 다양한 상황에서 가장 중요한 역할을 하는 감각이며 다른 감각들과 언제나 완벽한 연관성을 지니고 있다. 색상이 특정한 감각을 연상시키는 현상에서부터, 시각이 청각에 비해 절대적인 우위에 있다는 이른바 맥거크 효과<sup>McGurk Effect</sup>에 이르기까지 다양한 근거가 존재한다. 관련 영상만 찾아봐도 충분히 수긍할 수 있는 일이나. 이런 현상은 1976년에 해리 맥거크<sup>Harry McGurk</sup>와 존 맥도날드<sup>John MacDonald</sup>라는 연구자가 유아의 언어발달에 관해 연구하다가 우연히 발견했다. 그들은 누군가가 카메라를 향해 말하는 장면을 촬영하면서 다른 음향을 함께 녹음했다. 영상에 등장하는 사람은 계속해서 '파, 파, 파'라는 발음의 입모양을 하고 있었지만, 거기에 맞춰 들리는 음성은 '바, 바, 바'였다. 그 과정에서 놀라운 현상을 관찰했다. 서로 일치하지 않은 두 가지 감각 정보를 접수한 두뇌는 어느 쪽을 받아들여야 할지 결정해야 했다. 그리고 그 답은 시각이었다. 두뇌가 인식한 '파, 파, 파'였다. 실제로 귀에 들린 소리는 '바, 바, 바'였지만 두뇌는 눈에 보이는 쪽을 선택했다. 눈을 감고 들으면 '바'라고 들리지만, 화면을 바라보면 '파'로 들리는 것이다. 말도 안 되는 일이지만, 이런 사실을 다 안다고 해도 우리로서는 도저히 막을 방법이 없다.

우리가 다른 사람의 얼굴을 바라보면서 얼마나 그들에 관한 정보를 많이 알아낼 수 있는지 생각해볼 필요가 있다. 우리 두뇌에는 심지어 얼굴을 판별하기 위해서만 존재하는 시각 피질 영역이 따로 존재한다. 어린아이에게 사람의 얼굴은 다른 어떤 것보다 더 눈에 띄는 존재다. 더구나 우리는 몸을 움직일 수 있게 되자마자 어두운 표정보다는 환하게 미소 짓는 얼굴을 향해 기어가도록 진화되었다. 우리는 사람들의 얼굴을 보는 것만으로 불과 0.1초 만에 성격을 판단할 수 있다.

프린스턴대학교 심리학자 재닌 윌리스 Janine Willis와 알렉산더 토도로프 Alexander Todorov는 어떻게 이런 순간적인 판단이 장기간에 걸친 평가와 항상 일치하는지를 밝혔다. 그들은 사람들에게 다양한 인물의 얼굴 사진을 0.1초에서 1초 정도만 보여주고 여러 가지 질문에 신속히 답변해달라고 했다. 사진에 보이는 사람이 능력이 있어 보이는지, 호감이 가는지, 혹은 매력이 있는지와 같은 질문이었다. 그리고 다른 한 그룹에는 같은 사진을 보여주되 시간을 제한하지 않았다. 그랬더니 0.1초만 본 그룹과 시간 제한을 두지 않은 그룹의 판단이 정확히 똑같다는 결과가 나왔다.

사람들이 다른 사람의 얼굴을 보고 가장 자신 있게 말할 수 있는 특성은 '신뢰감'이었다. 사람들은 둥근 얼굴과 커다란 눈, 그리고 아이 같은 표정에 더 신뢰감을 느꼈다. 총 506건의 소액재판 심리를 연구한 어떤 연구진은 원고와 피고를 불문하고 동안이나 매력적인 외모를 지닌 쪽이 승소할 확률이 훨씬 더 높다는 사실을 밝혀냈다. 배심원들이 소송 당사자를 직접 눈으로 보는 한 시각적 편견이 작용하기 때문에 공정한 재판이란 사실상 존재하지 않는다는 것이었다. 마찬가지 이유로 사각형의 얼굴과 날카로운 턱을 가진 사람은 우월하고 유능한 사람으로 보인다.

2005년, 미국 총선이 열리기 전에 사람들에게 상원의원 출마자들의 사진을 보여주고 어떤 후보가 가장 유능하다고 생각하는지 질문했더니, 실제 선거 결과와 70퍼센트나 일치했다는 연구 결과가 있었다. 인상만으로 유능하다고 평가받은 후보들이 실제로 선거에서도 이길 확률이 높은 것은 나중에 다른 문화권에서도 똑같이 입증된 경향임이 밝혀졌다.

우리는 어쩌면 사람들에 대한 감정과 판단에 영향을 미치는 얼굴 인식이라는 시각 언어를 개발해왔는지도 모른다. 심지어 그것이 무엇을 의미하는지 깨닫기도 전에 말이다. 더구나 이것은 진화를 통해 우리 속에 각인된 본능이기 때문에 이를 멈출 수도 없다. 인간은 사회적 동물이라는 말처럼, 누군가가 친구인지 적인지를 재빨리 판단할 줄 알아야 한다는 점을 생각하면 이것은 충분히 이해할 수 있는 현상이다. 그러나 문제는 그런 순간적인 판단이나 편견이 잘못될 수도 있다는 것이다. 날카로운 턱을 지닌 사람이 언제나 유능하지는 않으며, 얼굴이 둥글다고 해서 모두 믿을 수 있는 것도 아니다. 프린스턴대학교 알렉산더 토도로프Alexander Todorov 교수는 현대인은 다른 사람의 얼굴을 너무나 많이 목격하므로 시각 피질이 사람들의 얼굴을 성격별로 크게 구분짓는 방향으로 진화했지만, 그 결과 우리는 시각적 단순화라는 최악의 오류를 쉽게 범하게 된다는 가설을 제시했다. 이와 관련해 우리가 할 수 있는 일은 가능한 한 다양한 외모의 사람을 많이 만나는 것밖에 없다. 인종과 신념, 피부색, 얼굴 형태와 특징을 초월해서 말이다. 아울러 그런 경험에서 얻은 지식을 바탕으로 자신의 순간적인 판단에 의문을 품는 등의 방법으로 시각적 편견을 고치려는 노력을 기울여야 한다.

시각은 어떤 사람이나 사물과 처음 마주치는 순간에 큰 영향을 미친다. 시각은 다른 감각을 동원하기 전에 미리 형성되어 이후 모든 과정에 영향을 주는 역할을 한다. 그러나 다른 감각도 여전히 존재하며 서로 이런저런 정보를 주고받는다. 아리스토텔레스는 우리의 감각이 모두 제각각 분리되어있다고 말했지만, 그 말은 틀렸다. 우리가 경험하는 모든 것은 공감각적이다. 감각이 개별적으로 작동한다는 가정하에 설명하는 내용은 모두 처음부터 잘못된 것이다. 모든 감각을 통해 받아들이는 정보들이 서로 일치할 때 그 효과가 증폭되고 즐거움도 더해진다는 사실을 이 책을 통해 깨닫기를 바란다. 음식을 준비하거나 사무실과 거실을 꾸밀 때마다 상황에 맞는 올바른 색상과 모양, 조명, 기타 시각적 장치를 갖춘다면 그 효과는 막대할 것이다. 앞으로도 이와 관련된 구체적인 사례를 가능한 한 많이 다루겠지만, 우선 일상생활에서 몇 가지를 연습해보기로 하자.

# 운동 시간

*Sense*

　　　　　　　　　하루 중 공감각과 관련된 연습을 하기
에 적당한 시간은 오전 7시에서 8시 사이, 그리고 오후 1시부터 4시까지다.
이 시간에 운동하는 습관을 들인다면 생체 시계를 좀 더 자연의 리듬
에 맞추는 효과를 얻을 수 있다. 이것은 챕터 1에서 로키산맥 야영객
들이 야외에서 자면서 생체 리듬을 교정했다는 이야기와 일맥상통한
다. 이런 '분위기 전환' 효과, 그리고 하루 중에도 운동 효과가 극대화
되는 시점이 따로 있다는 것이 비교적 최근에 밝혀졌다. 2019년 애리
조나대학교와 캘리포니아대학교의 과학자들이 이와 관련된 연구를 수
행했다. 그들은 다양한 연령대에서 총 100명의 피험자를 모집하여 하
루 중 특정 시간대(오전과 오후 각각 1시, 4시, 7시, 10시)에 1시간씩 러
닝머신에서 달리도록 했다. 연구진은 피험자들이 운동하기 전과 후에
그들의 멜라토닌 수치를 측정했다. 오전 7시와 오후 1시, 4시에 운동

한 사람들은 멜라토닌 개시(수면 유발 호르몬이 기상 후에도 신체에 영향을 미치는 현상)가 기상 시각보다 몇 시간 앞서 일어나, 기상 후 찾아오는 졸음을 이겨내는 힘을 기를 수 있었다.

오후 7시부터 10시 사이, 즉 저녁 늦게 운동한 사람들은 멜라토닌 개시가 더 늦게 일어나는 정반대의 효과를 경험했다. 이것은 표준적인 생활 리듬을 가진 사람에게는 부정적인 효과겠지만, 야간에 일하는 사람에게는 유리하게 작용할 수 있다. 저녁에 운동을 먼저 한 다음 일을 시작하면, 낮에 일하는 사람에게는 부자연스러운 시간을 오히려 생체리듬에 맞춰 활용할 수 있다.

아침 7시에서 8시 사이에 운동하기 어려운 사람은 오후 시간을 이용하는 편이 쉬울 것이다. 즉 주말 오후 1시부터 4시 사이에 운동하면 이른바 '사회적 시차증social jetlag'을 극복하는 데 도움이 된다. 이것은 일주일 내내 정상적인 생활 리듬을 유지하다가 금요일 자정을 넘겨 새벽 2시까지 일하는 사람이 겪는 증상이다. 그런 사람은 토요일 오전에 11시까지 늦잠을 자게 되고, 그러면 월요일 아침에는 또다시 일찍 일어나지 못해 고생한다. 주말에 늦잠 자는 것은 어쩔 수 없고 다음 주의 일상만이라도 정상적으로 시작하고 싶은 사람이라면 토요일과 일요일은 오후 1시부터 4시 사이에 억지로라도 운동해볼 것을 권한다. 월요일 아침에 기분이 가뿐하고 정신이 상쾌해지는 것을 경험할 수 있을 것이다.

그러나 하루를 잘 지내기 위해서라면 운동은 오전에 하는 것이 좋다. 감각의 관점에서 보면 운동이란 주변의 모든 일을 나의 정신 상태와 감정, 그리고 활동에 맞추기 위해 기울이는 노력이다. 운동을 하고 나면 적극적인 기분이 들고, 의욕이 충만해지며, 자신감이 생긴다. 아울러 이런 기분에 걸맞은 감각적 장치를 주변에 갖춰두면 그런 행동이 나오는 데 도움이 될 것이다.

# 탈의실을 나서기 전

체육관에 가서 탈의실에 들러 운동 준비를 한다고 생각해보자. 혼자 달리기나 단체 운동, 또는 스포츠 경기를 하는 상황일 수도 있다. 이럴 때 탈의실이나 체육관 등의 환경은 어떻게 할 수 없지만, 입는 옷이나 용품 등은 분명히 내가 통제할 수 있다.

### 기하학적 무늬의 각진
### 밝은색 옷을 입는다

・・・・・ 　　　　　　스타일을 따지자면 무조건 '활발한 옷'이 좋다. 화려한 무늬와 색상의, 이른바 야한 옷이 정답이다. 이런 '패션 테러'를 저지를 만한 충분한 명분이 있다. 시각적인 대상에 적극성이라는 개념을 관련지으면 뾰족한 모양과 밝은 색상이라는 결론이 나올 수

밖에 없다. 뾰족한 모양은 역동성을 상징하며 행동과 정밀성, 공격성 등을 표현할 때 사용된다. V자 형상은 회난 얼굴을 상징한다는 것이 여러 연구를 통해 밝혀졌으며, 각종 시각 디자인에도 많이 등장하고 있다. 우리는 위험을 감지하도록 진화되었기 때문이다. 여기서 옷이 착용자에게 어떤 영향을 미치는지를 생각해볼 수 있다. 활기찬 기분과 또렷한 정신을 원한다면 밝은 색상에 날카롭고 뾰족한 무늬의 옷을 입는 것이 좋다.

## 경기에 나설 때는 빨간색 옷을 입는다

••••• 스포츠 경기에서는 통계상 빨간색 옷을 입을 때 경기력이 향상된다. 한 연구진이 2004년 올림픽에서 복싱, 태권도, 그레코로만, 그리고 자유형 레슬링 종목의 경기 결과를 살펴보았다. 시합 전에 선수들은 빨간색과 파란색 중 어느 쪽을 입을지 동전을 던져 무작위로 정했다. 실험 결과 빨간색 경기복을 입은 선수가 이길 확률이 75퍼센트에 달하는 것으로 나타났다. 총 21번의 시합 중 빨간색 쪽이 이긴 경우가 무려 16번이나 되었다. 이런 효과는 선수들의 경기력이 비슷한 경우에 더욱 두드러졌다. 경기복의 색깔이 승패를 좌우한다는 결론이 나온 것이다.

색상과 관련된 심리적 효과가 영향력을 발휘한 것은 일대일 격투 종목만이 아니었다. 연구팀은 2004년 UEFA 챔피언스 리그에 참가한 축구팀들도 살펴보았다. 그들은 빨간색을 주요 색상으로 삼는 다섯 개

팀이 흰색이나 파란색 옷을 입은 상대 팀과 치른 경기를 조사했다. 다섯 개 팀 모두 빨간색 경기복을 입었을 때 골을 넣은 횟수나 이긴 경기가 더 많았다.

연구팀이 내린 결론은 다음과 같았다. 즉, 상대 팀의 관점에서는 빨간색 경기복을 입고 뛰는 선수들은 더 위협적이고 강하게 보인다는 것이었다. 반대로 흰색이나 파란색 경기복을 입은 선수들은 상대적으로 약해 보이므로 두 팀 간에 힘의 균형이 무너지게 된 것이다.


## 옷에서 나는 소리도 중요하다

••••• 귀에 들리는 모든 소리는 감정과 행동에 영향을 미친다. 그런데도 우리는 주변의 사물이나 상품, 옷에서 나는 소리를 무시한다. 적어도 우리는 평소 하는 일에서 소리의 이점을 제대로 활용할 줄 모른다는 사실은 인정해야 한다. 한 예로 최근에 나는 전동칫솔 회사의 프로젝트를 진행한 적이 있다. 이 제품을 만드는 사람들은 소리의 중요성을 인식하지 못하고 있었는데, 우리는 그들에게 모터 소리를 부드럽고 조용한 것보다는 약간 시끄럽게 만들면 사용자들이 잇몸에 닿는 칫솔의 감촉을 더 강하고 부드럽게 느낀다는 사실을 보여주었다. 그 결과 전동칫솔의 소리가 외관 못지않게 중요하다는 인식이 정착되었다.

사람들은 보통 옷에서 시끄러운 소리가 나는 것을 별로 좋아하지 않지만, 운동복에서 나는 소리는 경기력 향상에 도움이 될 수도 있다.

운동복 상의의 여밈이 스냅단추로 된 경우와 벨크로인 경우를 비교해 보라. 격렬한 동작을 취할 때 스냅단추는 볼품없게 톡 하는 소리를 내며 열릴 것이고, 벨크로는 박력 있고 기분 좋게 쫙하는 소리를 내며 찢어질 것이다. 크고 거친 소음을 들으면 에너지가 솟구쳐 승리를 향한 의욕을 내는 데 도움이 된다.

몸을 움직일 때 소리가 별로 나지 않고 촉감이 부드러운 옷을 입으면, 번쩍이는 합성소재에서 나는 고음의 소리를 들을 때보다 활력을 느끼기가 쉽지 않다. 전자의 경우는 일정한 리듬을 유지해야 하는 활동(장거리 달리기나 사이클, 조정 등)에는 도움이 되지만, 급격하게 에너지를 분출하는 동작에는 합성섬유에서 나는 바스락거리는 소리가 더 적합하다. 운동복을 선택할 때는 이런 요소도 고려해야 한다. 경기력을 향상하기 위해 어떤 정신 상태를 갖춰야 하는지, 거기에 도움이 될 만한 소리는 어떤 것인지 고려하는 게 좋다.


## 물병

요즘은 운동하는 내내 물병을 차고 다니는 사람들이 많다. 따라서 활동의 성격이나 주변 환경과 어울리는 디자인을 고르는 데에도 감각 처방의 원리를 적용할 필요가 있다. 에너지를 분출하는 활동 사이에 물병을 들었다 놓았다 하는 경우라면 무거운 제품을 선택하는 것이 좋다. 묵직한 느낌은 힘과 자신감을 안겨주기 때문이다. 무거운 식기에 담긴 아침 식사나 보석의 묵직한 느낌처럼 무게는 품질과 강인함, 견고함 등의 개념을 상징한다.

소재는 차갑고 신선한 느낌을 주는 금속이 좋다. 이런 감각은 활력을 느끼게 해준다. 겉이 푹신하고 아늑한 재질로 된 따뜻한 물병과는 정반대의 느낌이다. 아울러 모양도 각진 것을 선택해야 역동적인 느낌이 들고 음료의 신선한 맛을 강조하는 효과를 낸다.


## 박하 향 음료

⬤⬤⬤⬤⬤　　　　　　　마시는 물에 박하를 몇 방울 떨어뜨리면 혈압이 감소하고 호흡률과 폐활량이 늘어나 운동 효과가 증대된다고 한다. 이린의 스포츠과학자들은 남학생들을 대상으로 매일 500밀리리터의 물에 박하 정제유를 0.05밀리리터 첨가해서 마시도록 했다. 그런 다음 학생들의 체력과 러닝머신 달리기 성적을 측정해본 결과, 불과 열흘 만에 달리기 성적과 폐활량이 개선되었다. 피로를 느끼는 시간도 늦춰졌으며, 달리기가 끝난 후 심박수도 낮아지는 결과를 얻었다.


## 운동할 때 레몬 향 한두 방울

⬤⬤⬤⬤⬤　　　　　　　운동 전에 의욕을 돋우기 위한 향수 원료가 여러 가지 있다. 향수 제조사들은 이런 원료를 사용해 원기를 회복하는 '최고 수준'의 향수를 만들어낸다. 천연재료인 레몬그라스나 인공 향기 물질인 '알데히드'가 바로 그런 원료들이다. 향수에 이런 원료를 첨

가하면 처음 냄새를 맡을 때 자극이 더해진다. 저 유명한 샤넬 No.5가 바로 이 원료를 처음으로 사용한 향수다. 이런 종류의 향기는 활기와 에너지를 더해주며 레몬그라스는 그 효과가 특히 더 뛰어나다. 지금까지 우리가 구축해온 감각 세계에 완벽하게 들어맞는 신선하고 강렬하며 생기 넘치는 향이기 때문이다. 준비를 모두 마치고 탈의실을 나서기 전에 이런 향수를 공중에 몇 방울 뿌리면 활기찬 마음 자세를 갖출 수 있다.

---

### 운동 전 감각 처방

✦ 색상: 경기에 나서거나 자신감과 활력을 느끼고자 할 때는 빨간색 옷을 입는다. 밝은색 옷은 에너지를 북돋워 준다.

✦ 무늬: 화려하고 뾰족한 무늬의 옷을 입으면 그에 걸맞은 제복 효과로 인해 적극성과 활기가 고조된다.

✦ 소리: 옷에서 나는 소리까지 고려해서 내가 할 활동의 성격에 맞는 옷을 고른다.

✦ 모양: 운동할 때는 물병을 포함한 모든 소지품을 각지고 단단하며, 날렵한 형태인 것을 선택한다.

✦ 맛: 마실 물에 박하 정제유, 또는 신선한 박하 잎을 넣으면 심리적으로 유리하다.

✦ 향: 레몬그라스 등의 활력이 넘치는 향을 사용하는 것도 도움이 된다.

# 운동할 때

운동할 때 감각적으로 가장 중요한 보조 수단은 음악이다. 실제로 헬스클럽마다 신나는 곡을 틀어서 활력이 넘치는 분위기를 연출하고 있다. 음악은 실내외를 막론하고 운동 효과를 높이는 데 엄청난 효과를 발휘한다는 사실이 밝혀졌다. 나에게 가장 잘 맞는 음악이 어떤 것인지에 관해 몇 가지 입증된 사항을 살펴보자.

## 체육관에서 틀어주는 것보다는
## 내가 좋아하는 음악을 듣는다

• • • • •　　　　　　거의 모든 헬스클럽에서 한결같이 사용되는 댄스팝 풍의 음악을 특별히 좋아하지 않는다면, 다른 사람이 틀어주는 것보다는 자신이 좋아하는 음악을 듣는 편이 더 좋은 결과를 낼 수 있다.

텍사스A&M대학교 학생들이 2.4킬로미터 직선구간 달리기를 한 결과, 자신이 좋아하는 음악을 들은 학생들이 더 우수한 기록을 보였다. 캘리포니아주립대학교 행동인지신경학과에서 수행한 또 다른 연구에서도 이와 유사한 결과가 나왔다. 남성들은 자신이 선곡한 음악이 실내 스피커를 통해 울려 퍼지는 것을 들으며 스쿼트 점프를 했고, 과학자들은 이때 그들의 도약 속도를 측정했다. 피험자들은 자신이 선곡한 곡이 흘러나오기 시작하자 점프 속도가 빨라졌고, 뛰는 힘도 더 세

졌으며, 스스로도 의욕이 더 샘솟는다고 말했다! 그러나 점프 높이에
는 변함이 없었다.

자신이 좋아하는 음악을 듣는 것이 더 좋은 이유는 매 순간 운동에
집중하느라 애쓰지 않아도 자신도 모르게 몰입할 수 있기 때문이라고
설명할 수 있다. 물론 좋아하는 음악을 들으면 기분이 좋아지고 긴장
이 풀어지기 때문에 근육이 이완되고 혈류량이 상승하는 효과도 있다.
그 결과 이른바 '정신생물학적'인 효과가 발생해 운동능력이 향상되는
것이다.


## 빠르고 시끄럽게, 또는 천천히 조용하게

····· 　　　　　　　영국의 한 연구팀은 운동할 때 듣는 음악으로
운동 성과를 극대화하려면 어느 정도의 박자와 음량이 가장 적합한지
를 찾아내고자 했다. 피험자들은 한 번에 10분씩 운동했다. 처음 10분
간은 음악 없이, 그다음에는 느리고 조용한 음악으로, 다음에는 느리
고 큰 소리가 나는 음악, 빠르고 조용한 음악, 마지막으로는 빠르고 큰
음악의 순서로 들으며 운동했다. 종류에 상관없이 음악을 들으며 운동
했을 때의 성과가 더 나았고, 빠르고 큰 소리의 음악을 들었을 때 달리
기 성적이 가장 우수했다.

그러나 여기서 한 가지 흥미로운 사실을 발견했다. 피험자들은 빠
르고 큰 소리의 음악이나 느리고 조용한 음악을 들었을 때는 러닝머신
의 속도를 더 높이는 등 자신의 한계에 도전하는 태도를 보였지만, 빠

르고 조용한 음악이나 느리고 큰소리가 나는 음악을 들을 때는 그렇게 행동하지 않았다. 다시 말해 느린 음악을 좋아하는 사람은 조용하게 들을 때 더 좋은 성과를 내며, 빠른 음악을 선호하는 사람은 큰 소리를 좋아한다는 것을 알 수 있다. 즉, 느린 속도와 조용한 음량, 빠른 속도와 큰 음량이 각각 한 쌍이라는 것이 가장 타당한 설명이라고 할 수 있다. 즉, 우리는 높은 에너지와 높은 음량을 동일시하는 경향이 있다. 곡의 속도와 음량이 일치할 때, 우리의 마음은 어색한 불일치 상황을 어떻게 해석해야 할지 고민할 필요 없이 운동에 전념할 수 있다. 즉 감각 자극을 온전히 받아들여 위에서 언급한 모든 좋은 점을 누릴 수 있다. 주의를 환기하고 기분이 좋아지는 것이다.

그러므로 더 빨리 달리고 싶다면 빠른 음악을 크게 틀어라. 느린 속도와 심박수가 낮은 것이 좋은 사람이라면 약간 느린 음악을 낮은 음량으로 듣기를 권한다.


## 저음은 거칠게, 고음은 맑고 산뜻하게

..... 음악에는 운동능력을 강화하는 데 도움이 되는 특성이 있다. 우리 업계에서는 이를 '음악 지침sonic brief'이라고 부른다. 즉 어떤 브랜드가 자신의 가치와 성격을 알리기 위해 음악에 적용하는 지침이라는 뜻이다. 만약 '운동'을 하나의 브랜드라고 생각하고 여기에 감각 처방을 적용한다면, 우리가 알리고자 하는 성격은 자신감과 강인함이 될 것이고, 운동의 이점은 적극성과 신선함, 활력 등을 느

낄 수 있다는 점이 될 것이다. 따라서 운동의 음악 지침은 다음과 같을 것이다.

- 풍부한 저음을 통해 힘과 자신감을 북돋운다.
- 저음은 조화를 추구하여 자신감과 공손함을 전달해야 한다.
- 고음은 맑고 산뜻하고 분명한 소리로 신선함을 구현해야 한다.
- 음악에는 울림이나 빈틈을 주지 말고 꽉 채워야 한다.
- 스타카토를 살린 강한 음악으로 활발하고 날카로운 느낌을 유지해야 한다.

운동 환경에서 가장 골치 아픈 문제는 땀 냄새다. 그래서 헬스클럽마다 사용하는 향기가 따로 있으며, 쉽사리 그것을 바꾸려 하지 않는 데에는 그럴 만한 이유가 있다. 우리 중에는 땀내가 나는 섬유와 살균한 와이프(유리 닦기용 합성섬유 걸레의 이름-옮긴이)가 섞인 냄새가 이미 뇌리에 각인되어, 그런 냄새가 풍기자마자 운동 의욕이 샘솟는 사람이 많을 것이다. 그것은 그리 기분 좋은 냄새는 아니겠지만, 거의 신선한 커피나 갓 구운 빵에 버금갈 정도로 기억을 촉발하는 역할을 한다.

주변에 향기를 피우는 것도 음악처럼 격렬한 운동 중에 기분을 전환하는 효과가 있다. 즉 한층 더 힘을 내는 데 도움이 된다. 어떤 연구에서 사람들의 코끝에 향수 종이를 놔둔 채 그들의 악력을 측정해본 적이 있다. 통제 그룹은 향수 종이 없이 똑같은 테스트를 수행했다. 그 결과 향기를 맡은 사람들이 악력을 더 오랫동안 지속하는 것이 관찰되었다. 그들은 시간의 흐름이나 압박을 견디는 것에 신경이 덜 쓰였다고 말했다.

## 박하 향

ㆍㆍㆍㆍㆍ 위 실험에 사용된 향기는 라벤더와 박하 향이었다. 두 가지 모두 효과가 있었으나 운동에 가장 좋은 것은 역시 박하 향이었다. 운동할 때 수건이나 몸에 박하 향을 살짝 뿌리면 된다. 앞에서 설명했듯이 이 향이 체내에 흡수되면 폐활량을 증가시켜 운동 성과를 극대화하는 데 도움이 된다. 이 냄새를 맡을 때 느껴지는 시원한 기분은 호흡을 원활하게 하며 몸과 마음을 식혀준다.

박하 향은 정확성을 향상시키는 효과도 있다. 필리핀의 한 연구에서는 박하 향을 맡으며 다트 게임을 한 사람들이 훨씬 더 정확한 성적을 보여주었다고 한다. 사실 다트는 운동이라고 할 만한 것이 아니다. 이 연구에서는 평소 다트 게임을 별로 즐기지 않는 학생 100명에게 몇 분간 앉아 쉬면서 라벤더 또는 박하 정제유를 적신 탈지면의 냄새를 맡게 했다(통제 그룹은 2분간 자리에 앉아 아무것도 하지 않으며 시간을 보내도록 했다). 학생들은 그런 다음 다트 게임을 했는데, 박하 향을 맡은 쪽의 성적이 더 정확했고, 결과가 꾸준했으며, 불안감도 덜 느낀 것으로 나타났다. 다소 엉뚱한 발상의 연구였지만 이 결과는 박하 향을 맡은 후에 링을 던지거나 테니스 서브를 날리면 더 좋은 성과가 날 수 있다는 점을 시사한다.

향기를 이런 용도로 쓸 때 주의할 점은 운동할 때마다 향을 계속 사용해야 한다는 것이다. 특정한 향기와 운동 성과 사이에 연관성이 한번 성립되면 그 냄새를 조금만 맡아도 바람직한 감정이 형성되기 시작한다. 그렇게 되면 필요할 때마다 향기를 이용해 올바른 정신 자세를 가다듬을 수 있다. 의지력을 발휘하기 어렵다고 느낄 때는 언제든지 나만의 향기를 슬쩍 맡는 것만으로 큰 효과를 볼 수 있을 것이다.


## 나보다 멋진 사람들과 운동하라

····· 운동은 혼자보다는 단체로 하는 경우가 더 많다. 자전거 타기, 몸매 가꾸기, 크로스핏 외에도 여러 종목이 그렇다. 단체 운동에는 뚜렷한 장점이 있다. 우리는 다른 사람의 시선에 노출되면 더 열심히 하게 마련이고, 혼자 알아서 할 때보다 일찍 포기할 확률도 낮아진다. 인간은 본능적으로 남에게 인정받기 위해 애쓴다. 즉, 우리는 항상 무리에 뒤처지지 않기 위해 최선을 다한다는 것이다. 이런 현상을 가리키는 용어가 바로 '사회적 비교이론social comparison theory'이다. 미시간주립대학교 연구진은 이것이 운동 의욕에 영향을 미친다는 연구 결과를 내놓았다. 그들은 먼저 피험자에게 혼자 플랭크 운동을 해보라고 한 다음, 스크린에 비치는 '가상의 파트너'를 보면서 똑같은 운동을 해보라고 했다. 가상의 파트너는 피험자들보다 플랭크를 훨씬 더 잘하는 것으로 설정했다. 그 결과 스크린에 비친 가상의 경쟁자를

보면서 운동한 피험자들이 평균 24퍼센트 정도 더 나은 성적을 보여주었다.

그런데 이것이 유리하게 작용하는 것이 아니라 오히려 부정적인 효과를 발휘할 때도 있다. 주변 사람들의 능력이 우리보다 낫든 못하든, 우리는 그들의 수준에 맞춰 적응하려는 성향이 있다. 연구진이 파트너 역할을 맡은 사람에게 월등한 운동능력을 보이거나 고의로 형편없는 실력을 보여주라고 미리 안내했을 때, 피험자들은 자신도 모르게 더욱 힘을 내거나 반대로 노력을 덜 기울이는 모습을 보여주었다. 이런 결과로부터 우리는 나보다 실력이 우수하거나 더 열심히 하는 사람을 파트너로 삼아 운동해야 한다는 사실을 알 수 있다.

## 동료들과 하이파이브를 나누라

●●●●● 스포츠에서 터치는 팀의 성과를 위해서든 개인 성적을 위해서든 매우 중요한 역할을 한다. 팀 경기, 또는 단체 운동을 할 때는 하이파이브나 주먹 인사를 많이 할수록 좋다. 캘리포니아대학교 버클리캠퍼스 연구진은 미국 NBA 2008-9시즌 경기를 분석하여 경기 중에 각 팀이 얼마나 터치를 많이 했는지 조사했다. 그 결과, 시즌 초반부터 스스럼없이 터치하며 감정을 표현한 팀은 예외 없이 우수한 성적을 거둔 것으로 밝혀졌다. 시즌이 끝나고 보면 개인 성적이든 팀 성적이든 이들이 늘 앞섰다. 물론 시즌 도중에도 서로 터치를 많이 하는 선수들의 성적이 압도적으로 더 나았다. 연구진은 터치

가 팀 스포츠에 필수적인 유대감과 협동 정신을 증대하는 역할을 한
다고 결론지었다. 그뿐만 아니라 티치를 통해 선수들은 지부 심과 함께
동료들로부터 따뜻함과 신뢰를 느꼈다고 한다.


## 녹색의 자연경관을 보라

• • • • •                           스포츠과학자들은 자연환경 속에서 하는 운동
을 '녹색 운동'이라고 부르는데, 최근 들어 녹색 운동이 신체와 정신에
안겨주는 이점이 큰 주목을 받고 있다. 심지어 에섹스대학교 생물학과
에서 수행한 연구에 따르면 굳이 운동까지 하지 않더라도 그저 자연을
바라보는 것만으로도 야외에 나가 운동하는 것에 버금가는 효과를 거
둘 수 있다고 한다.

연구진은 자전거를 타고 숲속을 돌아다니며 촬영한 일인칭 시점 동
영상을 확보한 다음, 이를 세 가지 종류로 만들었다. 즉 흑백 영상과
여기에 붉은 색조를 입힌 것, 그리고 우거진 녹색 숲이 그대로 보이는
원본 영상이었다. 그런 다음 실내 운동용 자전거 앞에 걸린 화면에 영
상을 재생해서 피험자들이 나무가 늘어선 숲속 길을 자전거로 달리
는 것처럼 느끼게 했다. 한 그룹은 세 가지 영상을 각각 5분씩 보면서
일정한 속도로 페달을 밟았고, 그동안 각자 심박수를 측정했다. 그들
은 '감정 상태 개요'라는 설문에 답하는 방식으로 자신의 감정을 기록
했다. 이 설문은 '활기', '적극적', '분노', 또는 '혼란' 등과 같은 단어에
'전혀 아니다'부터 '매우 그렇다'까지 나눈 척도로 자신의 감정을 표현

하는 것이었다.

　원본 그대로의 '천연색' 영상을 보며 달린 피험자들은 탁월한 성적과 감정 상태를 나타냈다. 더구나 그들은 훨씬 덜 힘들었다고 대답했다. 피로도 적게 느꼈으며, 그러면서도 달린 거리는 더 멀었다. 반대로, 흑백과 적색의 영상은 피험자들의 감정에 부정적인 영향을 미쳤다. 특히 적색 영상을 본 사람들은 분노의 감정이 일어났다. '녹색 운동'의 효과를 극대화하기 위해서는 실제 자연환경에 나가서 달리거나 자전거를 타는 것이 가장 이상적이다. 그럴 형편이 안 된다면 실내에서 창밖의 나무를 최소한 한 두 그루 바라보면서 운동하는 편이 나을 것이다. 혹은 작은 화면이라도 일인칭 시점의 자연환경을 켜둔 채 달리도록 애써보라. 평소 사이클링을 즐기고 관련 장비를 많이 사는 사람이라면 시야를 완전히 둘러싼 선글라스, 그중에서도 붉은 색조의 제품은 결코 권장할 만한 것이 못 된다. 그런 제품을 쓴 채 달리면 역효과가 나서 운동을 마친 후에 오히려 스트레스만 쌓이게 된다.


## 햇빛

**・・・・・** 야외에 나갔을 때 보이는 것은 녹색만이 아니라 햇빛도 있다. 야외에서 몸을 활발하게 움직이고 햇볕을 쬐면 유산소 능력이 증대된다는 연구 결과가 있다. 그뿐만 아니라 서두에서 다루었던 생체 리듬의 관점에서 생각해봐도 햇빛을 보며 운동하는 것은 야외에서 아무것도 하지 않는 것보다(물론 이것도 계속 실내에서 지내는

것보다는 낫지만) 신체의 균형을 유지하는 데 더 도움이 된다.

한국의 스포츠과학자 세 명이 이 짐을 명확히 입증하기 위한 연구를 수행한 바 있다. 그들은 피험자들에게 한 번에 닷새씩 서로 다른 일과를 보내고, 각 기간 사이에는 생체 시계를 제자리에 돌리기 위해 일주일간의 휴식기를 두도록 요청했다. 일과의 내용은 다음과 같았다.

1. 매일 30분씩 야외에서 시간을 보내되 운동은 하지 않는다.
2. 매일 실내에서 30분씩 유산소 운동을 한다.
3. 매일 야외에서 30분씩 유산소 운동을 한다.
4. 실내에서 운동하지 않고 지낸다.

누구나 예상할 수 있듯이 네 번째 지침을 따른 피험자들은 수면 불안을 겪었다. 그들은 취침 시간이나 기상 시간이 모두 늦었고, 일어나서도 몽롱한 상태로 지내야 했다. 1번과 3번에 따라 야외 활동을 한 피험자들은 수면의 질이 향상되는 것을 경험했다. 그중에서도 야외에서 운동한 경우, 즉 3번이 최상의 결과를 나타냈다. 그들은 가장 빨리 잠들었고, 수면 중(기상 후가 아니라) 멜라토닌 수치도 가장 높았으며, 7시간 30분이라는 최상의 수면 시간을 확보하여 매일 아침 푹 잤다는 느낌을 내내 유지했다.

안타깝게도 매일 바깥에 나갈 형편이 안 되는 사람이 많다. 심지어 창밖으로 공원을 내다볼 여유마저 없는 사람도 있다. 그런 사람들은 주로 실내 헬스클럽에서 운동하는 것으로 만족할 수밖에 없다. 그러나 여유가 있는 사람이라면 동네 공원에 나가 운동하는 편이 가장 좋다. 자연광, 녹색환경, 그리고 운동은 그야말로 삼위일체라고 부를 만한 조합이다.


## 밝은 빛

..... 시각적 요소와 관련하여 거의 모든 헬스클럽이 제대로 하는 일이 있다. 실내 조명을 환하게 유지하는 것이다. 헬스클럽에는 거의 예외 없이 밝은 형광등이 빽빽이 달려있다. 자연광을 쬘 수 없다면 밝은 조명이야말로 훌륭한 대체 수단이 된다. 연구자들이 다양한 조건에서 사람들의 운동능력을 측정해본 결과, 색온도가 약 5,000K 정도일 때가 최적인 것으로 나타났다. 즉 밝은 백색광이지만 너무 눈부시지 않은 정도의 빛이다. 일본에서 진행된 이 연구에서 사람들은 실내 운동용 자전거로 15분간 운동한 후 20분간 쉬기를 반복했고, 그럴 때마다 조명 밝기를 다르게 설정했다. 아울러 운동하는 동안 뇌전도 탐지기를 사용하여 뇌파를 측정했고 각자 느낌을 말했다. 약간 어두운 조명에 해당하는 3,000K(60와트 전구의 불빛에 해당)에서는 피험자들의 집중력과 주의력이 다소 낮아졌다. 청백색을 띠는 7,000K로 올라가면 빛이 너무 밝아 불편함과 피로를 느꼈고 회복에 필요한 시간도 길어졌다. 피험자들은 순백색 광원에서 의욕이 최고조에 도달했다.

## 운동 성과를 높이는 감각 처방

✦ 음악: 가능한 한 좋아하는 음악을 들어야 주의가 전환되고 기분이 좋아진다. 빠른 음악을 들으면 빨리 달리는 데 도움이 되지만, 이때는 소리도 크게 키워야 한다. 느린 음악을 듣는 것이 좋다면 볼륨을 낮게 유지하는 편이 좋다. 중후하며, 소리는 또렷하고 산뜻하게 들리는 음악을 선택해야 한다.

✦ 향기: 운동하기 전에 수건이나 몸에 박하 향을 조금 뿌린다.

✦ 시각: 실제든 가상이든 자연경관을 보는 것이 좋다. 여건이 안 된다면 실내 운동용 자전거 앞에 태블릿 기기를 켜서 자연경관을 통과하는 일인칭 시점 영상을 보기만 해도 된다.

✦ 조명: 햇빛이 가장 좋지만 실내에서 운동한다면 백색광, 즉 5,000K 조명이 신체와 마음에 가장 좋은 영향을 미친다.

✦ 사람: 될 수 있는 한 나보다 몸매가 멋진 사람과 함께 운동한다. 동기부여가 될 만한 사람을 찾거나, 나보다 운동을 잘하는 사람들 틈에 끼여 단체 운동을 하는 것이 좋다.

✦ 터치: 단체 운동을 할 때 하이파이브나 주먹 인사를 하면 누구나 기분이 좋아진다.

✦ 기타: 가능한 한 야외에서 운동한다. 자연환경과 운동, 그리고 햇빛이 선사하는 유익은 이루 말로 다 할 수 없다.

# 운동 후, 감각도 회복이 필요하다

어떤 운동이든 마친 후에는 회복이 중요하다. 우리는 운동 후에 스트레칭하고 물을 마셔야 한다는 것 정도는 알지만, 그 못지않게 감각에도 회복이 필요하다는 사실을 알아야 한다. 운동한 후에는 코르티솔(스트레스 호르몬) 수치가 정상을 웃도는데, 이는 소염 작용과 근육 회복을 촉진하는 역할을 한다. 따라서 운동이 끝난 후에도 빠른 몸동작을 약 3분 정도 지속할 필요가 있다. 그런 다음에는 코르티솔 수치를 떨어뜨려야 한다. 그렇지 않으면 신체가 투쟁 도피 상황에 너무 오래 노출되어 피로와 스트레스를 유발할 수 있다. 그럴 때는 신체의 리듬을 바꿔야 한다.

## 느린 음악

•••••        회복이 끝나면 훨씬 더 느린 음악으로 바꿔야 한다. 브루넬대학교 연구팀은 피험자들이 운동을 마치고 20분에서 30분 정도 매우 느린 음악, 즉 약 70bpm 정도의 음악을 들었을 때 코르티솔 수치가 정상으로 돌아오는 속도와 스트레스가 풀리는 속도가 더 빨라진다는 사실을 밝혀냈다. 반대로 빠른 음악을 들었을 때는 코르티솔 수치와 스트레스 정도가 오히려 더 올라갔다. 이 연구의 책임자였던 코스타스 카라고르기스 Costas Karageorghis 교수는 운동할 때는 빠른

음악을 듣더라도 끝난 후에는 점점 템포가 느려지는 음악으로 바꿔 듣는 것이 좋고, 옷을 갈아입고 일상으로 돌아갈 때까지 이런 부드러운 분위기를 계속 유지하는 것이 바람직하다고 제시했다.

한 곡당 연주 시간이 긴 음악이 좋다. 한 곡이 끝나고 다음으로 넘어갈 때 리듬이 끊어지는 빈도를 조금이라도 줄일 수 있기 때문이다. 카라고르기스 교수는 부드러운 음을 내는 악기, 예컨대 목관악기나 호른 소리를 최고로 꼽는다. 하루를 시작하면서 새 지저귀는 소리를 듣는 것도 마음속 자연의 본능을 일깨운다는 점에서 매우 좋다.

## 어두운 조명

<small>•••••</small> 운동한 후 옷을 갈아입을 때 부드러운 음악을 듣는다면, 조명도 그에 맞춰 바꾸는 것이 가장 좋다. 앞에서 언급한 조명 관련 연구에 따르면, 약 3,000K(일반적인 가정의 조명과 유사한 수준)에 해당하는 따뜻한 분위기의 어두운 조명이 운동 후 회복에 가장 좋다고 한다. 운동하기 전과 후에 사용하는 탈의실이 따로 있다면 더할 나위 없는 꿈의 환경이 될 것이다. 운동을 준비할 때는 밝은 조명을 틀어 동기부여를 할 수 있고, 끝난 후에는 따뜻하고 어두운 조명 속에서 신속하게 회복할 수 있을 테니 말이다.

## 유칼립투스

· · · · · 운동 후에 체온을 낮추면서 박하를 물병에도 조금 넣고 수건에도 뿌리면 호흡을 원활하게 하고 혈압을 낮추는 효과가 있어 도움이 된다. 유칼립투스는 소염 및 진통 작용을 하는 향이다. 캘리포니아의과대학 신경과학자들이 아로마테라피의 진통 작용에 관해 발간한 보고서에 따르면 유칼립투스가 통증과 혈압을 낮추고 근육의 긴장을 풀어주는 데 탁월한 효능을 발휘한다고 한다. 샤워할 때 유칼립투스 오일을 한 병 가지고 들어가서 비누에 한두 방울 묻혀 사용하거나 아예 이 성분이 함유된 바디워시 제품을 사서 쓰면 된다.

---

### 운동 후 회복을 위한 감각 처방

✦ 음악: 느린 음악(약 70bpm)으로 바꿔서 코르티솔 수치를 낮추되, 운동 후에 신체가 정상으로 돌아온 다음에 바꿔야 한다.

✦ 조명: 운동 후에는 약 3,000K 정도의 어둡고 따뜻한 조명 아래에서 회복한다. 60와트 전구를 사용해도 똑같은 효과가 난다.

✦ 향기: 샤워할 때 유칼립투스 오일을 사용하면 기도가 열리고 근육이 진정되는 효과가 있다.

---

이제 의욕이 충만하고 산뜻하며 회복된 기분으로 헬스클럽을 나설 수 있게 되었다. 그러면서 아직 귀로는 느린 음악을 듣고 있을 것이다.

이제 일상에서도 공감각을 발휘하며 하루를 보내야 한다. 그런데 아직 한 가지 김긱을 빌휘해야 힐 일이 님있다.

# 청각

## : 익숙한 소음 다시 듣기

*Sense*

 **나는 오늘날 청각의 가치가 충분히 인정되고 있다고 생각하지 않는다.** 1800년대에는 청각이 인류의 기적이라고 일컬어지며 온 나라 안에 이를 칭송하는 조각상이 건립되기도 했지만, 지금은 아니다. 다시 말해 현대 사회는 뭐니 뭐니 해도 시각을 중심으로 구성되어 있고, 소리가 우리 삶에 미치는 영향력은 과소평가되고 있다.

 그것은 어쩌면 우리 주변에 소리가 너무 많기 때문인지도 모른다. 현대인은 끊임없이 들리는 온갖 종류의 모터와 엔진 소리, 웅성거림, 전화벨, 경고음 및 각종 소음에 익숙해져 있다. 따라서 우리가 주변의 모든 소리에 귀를 닫고 지내게 된 것도 결코 놀랄 만한 일이 아니다. 만약 우리가 그런 모든 소리에 귀를 기울여야 한다면 아마도 미쳐버릴 것이다. 청각을 연구하는 학자와 철학자들, 그중에서도 머레이 셰퍼[R]

Murray Schafer와 장 프랑수아 오고야드 Jean-François Augoyard는 우리를 둘러싼 소음을 '음향 환경 soundscape'이라고 불렀고, 이것은 각 시대를 대표하는 기록으로 보존해야 하는, 살아 숨 쉬는 유기체라고 말했다.

1800년대에 음향 환경이 급격하게 달라진 요인은 바로 산업혁명이었다. 그전까지 농촌과 시가지는 말발굽 소리와 시골 아낙네들이 목청 높여 빵을 파는 소리로 채워졌었다. 그러나 증기기관이 무시무시한 굉음을 내기 시작하면서 소음의 크기가 100데시벨 decibel, dB이 넘어가자 세상은 과거로 돌아갈 수 없을 정도로 달라졌다. 사람들은 처음으로 목청 높여 큰 소리를 질렀고, "미안합니다. 못 알아들었어요."라고 말하기 시작했다. 그리고 오늘날, 하늘에는 언제나 비행기가 날고, 자동차는 끊임없이 돌아다니며, 어디를 가도 냉장고와 세탁기, 식기세척기에서 나오는 각종 소음에 익숙해진 시대가 되었다.

우리는 비록 주의를 기울이지 않지만, 그런 소리는 우리의 마음과 행동에 지대한 영향을 미친다. 배경 소음은 편안할 수도, 거슬릴 수도, 심지어 업무 성과에 도움이 될 수도 있지만 너무 시끄러운 음향 환경에서는 우리의 감각이 무뎌질 수도 있다. 예를 들어 배경 소음이 일정 크기를 넘어가면 우리는 짠맛이나 와인 맛을 감지하는 능력이 급격히 감퇴하는 것을 경험한다. 대표적인 예가 항공 여행을 하는 상황이다. 기내식은 이런 소음 영향을 고려해서 지상에서 준비하는 음식보다 더 짜게 요리한다. 기내식을 집에 가져와서 먹는다면 아마 엄청나게 짤 것이다.

그뿐만 아니라 주변이 시끄러우면 생산성과 창의성이 저하되고 사회적 책임감도 약해진다. 2018년 세계보건기구[WHO]는 소음공해가 건강과 행복에 영향을 미치는 가장 중요한 환경 위협이라고 인식했다. 과도한 소음은 스트레스 호르몬 분비와 투쟁 도피 반응을 유발하여 신체의 항상성에 영향을 미친다. 덴마크 오르후스대학교 티머 헤너[Timo Hener] 교수의 연구에 따르면 공공장소에서 소음의 크기가 1데시벨 높아질 때마다 낯선 사람들 사이에 물리적 폭력이 빚어질 확률이 2.6퍼센트씩 증가한다고 한다. 헤너 교수는 소음이 1데시벨 낮아지면 매년 미국과 유럽에서 미연에 방지될 폭력 사건이 약 1만 8,000건에 달할 것으로 추정한다.

그러나 소음이 너무 없으면 오히려 불안감을 느낄 수 있다. 우리는 언제나 어떤 종류든 소리가 나는 환경에서 산다. 집 안에서도 온갖 가전 설비에서 나오는 낮은 소음이 끊임없이 귓전을 울린다. 우리는 소리가 멈추고서야 비로소 그 존재를 알아차린다. 평소에 전혀 인식하지 않던 소리가 사라지는 것만큼 귀에 번쩍 뜨이는 것도 없다. 사실 냉장고나 보일러가 잠깐이라도 작동을 멈추면 그 정적은 자동차 경적만큼이나 크게 두드러진다.

흔히들 '침묵은 금'이라는 말을 많이 하지만, 진정한 침묵은 끔찍하리만큼 무서운 일이다. 방이 스프링에 매달려 있고 녹음실에서 사용되는 고성능 방음 발포제로 벽이 덮인 '무반향실'이라는 곳이 있는데, 이곳은 지구상에서 가장 조용한 공간이다. 외부 소음은 완벽하게 차단되며 내부에서 발생하는 소리는 둔탁하고 답답하게 들린다. 잠깐만이라도 이 방에서 지내보면 공간 감각이 사라지고 신체 균형을 잃어버리는 경험을 하게 될 것이다. 여기서 조금 더 시간이 지나면 체내에서 일어나는 일들이 소리로 전달된다. 목과 귀 주변에서 발생하는 맥박이 먹먹하게 들릴 것이다. 이런 극단적인 사례로부터 우리 주변에는 언제나 모종의 소리가 존재한다는 사실을 알 수 있다. 집중과 이완을 위해 인위적으로 배경 소음을 만들어 사용하는 분야도 있다. 음소거 라디오 등과 같은 모든 주파수의 음파를 발산하는 백색소음 장치는 사무실에서 주의가 산만해지는 것을 방지하고 생산성을 높이는 수단으로 활용된다. 온천 휴양시설들은 고객들이 긴장을 푸는 데 도움이 되도록 고래 울음소리가 지닌 진정 효과를 이용하기도 한다.

기능적이고 포괄적인 소리가 사용되는 것과 별개로 우리의 감정과 밀접하게 연관된 소리를 사용하는 것에는 훨씬 더 큰 잠재력이 포함되어 있다. 인간은 결국 '감정의 동물'이므로 감정과 기억을 건드림으로써 엄청난 효과를 낼 수 있다. 긴장을 풀고 편안한 상태에서 들려오는 소리나, 음향 환경이 공감을 불러일으켰던 과거의 기억을 떠올려보라. 그런 소리를 사용하면 마음의 상태를 바꾸거나 정신을 산만하게 하는 요소를 쫓는 데 큰 효과를 볼 수 있다. 나는 어릴 때부터 배를 타면 바람이 불 때 돛대에서 나는 댕그랑 소리가 너무 좋았다. 그런 소리를 들을 때마다 아버지의 배가 떠 있던 영국 남부 해안과 부두에서 게를 잡던 행복한 시절이 생각난다. 그래서 지금도 그 소리를 들으면 곧바로 심신이 안정되곤 한다. 물론 이런 효과를 내는 소리는 사람마다 모두 다르다. 누군가에게는 새소리나 교통 소음이 그런 역할을 할 것이다. 차가운 백색소음보다는 냉장고나 보일러 배관 소리가 차라리 정적을 깨뜨리면서도 '따뜻한' 감성을 자극하는 훌륭한 수단이 될 수 있다. 이런 소리가 들리면 사무실이 아니라 '집'에 있다는 느낌이 들기 때문이다.

〈미드나잇 가든 Midnight in the Garden of Good and Evil〉이라는 영화에서 존 쿠삭 John Cusack이 연기한 존 켈소가 미국 남부의 작은 도시 사바나를 방문할 때, 뉴욕 시내의 교통 소음이 녹음된 테이프를 가져가 밤에 잠을 청하던 장면이 떠오른다. 그에게 그 소리는 잠들기 위해 꼭 필요한 일종의 자장가였던 셈이다. 이것과 비슷한 예로, 나 역시 아들 라이너스가 태어나기 전에 그 아이를 위한 음향 환경을 조성해준 적이 있다. 나는 아이가 자궁 속에서 경험하는 감각 환경에 관한 글을 많이 읽었다. 태아가 가장 먼저 경험하는 감각은 청각과 후각, 미각 등이며, 아이는 엄마 뱃속에 있는 기간 중 마지막 4개월 만 정도를 엄마의 목소리와 자신을 둘러싼 축축한 환경이 만들어내는 소리를 들으며 지낸다. 아이를 잘 재우기 위해 나는 아이가 가장 익숙하고 편안하게 느낄 만한 소리를 골라 일종의 자장가 수록곡집을 만들었다. 거기에는 엄마가 나지막하게 속삭이는 목소리와 우리 집 개 더들리 Dudley의 코 고는 소리도 들어있었다. 엄마가 소파에 앉아있는 동안은 항상 더들리가 무릎 위에 있었기 때문이다. 원음을 녹음하여 한차례 톤을 죽인 다음, 예술가적 상상력을 발휘하여 뱃속에 있는 아기의 귀에 들릴 만한 소리로 바꿨다. 라이너스가 태어난 후, 나는 아이가 쉽사리 잠을 이루지 못할 때마다 근처에 그 테이프를 틀어놓았고 그러면 아이는 어김없이 울음을 그치곤 했다. 아이들은 항상 주변의 소음에 반응한다. 그래서 백색소음원은 수면 촉진제가 될 수 있다. 우리와 비슷한 시기에 딸을 낳은 한 친구는 아기 침대 옆에 채널을 고정한 라디오를 틀어놓기도 했었는데, 라이너스에게는 그 방법이 먹히지 않았다. 대신 내가 만드는 소리는 효과가 있었다. 나는 아이가 분명히 그 소리를 익숙하게 느꼈고, 엄마 뱃속에서 편안한 시간을 보낼 때 형성된 조용하고 안전하며 따뜻한 느낌이 그 소리와 연관되어 있었다고 확신한다.

배경 음악은 우리의 평온한 마음과 집중력에만 영향을 미치는 것이 아니다. 우리는 청각을 통해 공간과 질감, 무게 및 각종 특징에 관한 복잡한 계산을 수행할 수 있다. 그 덕분에 우리는 우리가 처한 장소와 자신이 하는 일에 대해 일정한 의견을 지니게 된다. 우리는 눈을 감고도 지금 있는 공간의 크기와 모양, 그리고 실내 장식 소재를 알아맞힐 수 있다. 욕실에 들어가 샤워를 한 다음 성당에 간다고 상상하면 벽체를 타일로 마감한 작은 방인지, 거대한 석조 건물 안인지 머릿속으로 공간 구성을 계산할 수 있다. 그리고 그 정보는 우리에게 영향을 미쳐 더 시원하다거나 깨끗하다는 느낌을 받는다. 부드럽고 둔탁한 소재를 상상하면 따뜻하다는 느낌이 들기도 한다.

우리는 어떤 물건이든 겉을 만져보면 그것이 어떤 소재인지 알 수 있다. 얼마나 튼튼한지 조악한지도 금세 알 수 있다. 자동차 문을 쾅 닫아보면 알 수 있듯이 말이다. 그래서 자동차 회사에는 고객들이 소리만 듣고도 잘 만든 차라고 느낄 수 있도록 NVH <sup>Noise, Vibration and Harsh-</sup><sup>ness</sup>(소음, 진동, 불쾌감)를 담당하는 부서가 따로 존재한다. 자동차 문을 닫을 때 기분 좋은 저음이 들리면 그 차가 견고하고 안전하며 튼튼하다는 느낌이 든다. 소리 자체는 자동차의 실제 성능과 별 상관이 없는

데도 말이다.

그렇게 형성된 이른바 '감성 품질'은 다른 감각에도 영향을 미친다. 이른바 '소리 마케팅'(1930년대 광고 전문가 엘머 휠러<sup>Elmer Wheeler</sup>의 '고기를 팔지 말고 지글지글 소리를 팔아라.'라는 슬로건에서 영감을 받았다) 분야의 연구를 통해, 커피 기계에서 나는 소리가 커피 맛을 더 낫게 한다는 사실이 밝혀졌다. 계산대 뒤에서 나는 소리를 바꿔가며 똑같은 커피를 내오는 실험이 수행된 적이 있다. 이 실험에서 연구자가 피험자에게 '고객님, 커피를 끓여드리겠습니다.'라고 말하고 나면, 조금 뒤에 계산대 뒤에서 후루룩하는 소리가 나고 이어서 싸구려 플라스틱 컵에 가느다란 액체 줄기가 흘러내리는 소리가 난다. 그렇게 해서 나온 커피를 마신 피험자는 이것을 맛이 연한 싸구려 커피라고 평가했다.

이어서 연구자는 '커피를 또 한잔 끓여드리겠습니다.'라고 말한다. 이번에는 커피콩 갈리는 소리와 증기 가압 소리, 거품 이는 소리, 그리고 도자기 머그컵에 액체를 천천히 붓는 소리가 난다. 이윽고 커피가 나온다. 아까 나온 것과 똑같은 커피다. 그러나 피험자는 이것을 마신후 풍부하고 진한 향이 난다고 말한다. 그리고 기꺼이 돈을 더 내고 마실 만하다고 말한다.

주변의 소리에 귀를 기울이는 것이 중요하다. 청각이 얼마나 놀라운 것인지, 그리고 우리가 아주 사소한 소리만 가지고도 얼마나 놀라운 계산을 해낼 수 있는지 깨달아야 한다. 우리는 청각을 이용해 주변 환경을 해석하고 자신의 행동을 바꿀 수 있다. 우리는 음악은 즐겨 듣지만 소리 그 자체에 대해서는 별로 생각하지 않거나 잘 이용하지 않는다.

CHAPTER
05

일할 때

*Sense*

**우리는 거의 매일 일을 하며 산다.** 엄청난 보람을 느끼는 사람도 있고 따분하게 여기는 사람도 있겠지만, 일은 우리 삶에 꼭 필요한 요소다. 어찌 되었든 업무 공간은 감각적인 면에서 지금보다 훨씬 더 개선될 여지가 있다.

하루를 지내다 보면 특정한 종류의 일에 더 주의를 기울일 때가 있기 마련이다. 우리는 하루 중 특정 시간마다 각기 다른 방식으로 사고하는 데 능숙하다. 그럴 때마다 우리의 생체 리듬도 완전히 달라진다. 전체적으로 볼 때 우리가 세부 사항에 정신을 집중하는 일을 잘하는 시간은 오전 8시부터 오후 2시 사이이며 그중에서도 오전 11시에 최고조의 몰입을 발휘한다는 연구 결과가 있다. 더구나 아침은 다른 사람들로부터 긍정적인 대답을 들을 수 있는 시간이기도 하다. 창의적인 사고를 하는 데 적합한 시간은 늦은 오후 무렵이다. 나중에 살펴보겠지만, 그래서 오후에는 약간 한눈을 팔거나 공상을 하는 것도 그리 나쁘지 않다. 오후 이른 시간에는 회의나 브레인스토밍, 그리고 '이이디어 떠올리기' 같은 일을 하는 것도 좋다. 내부 회의를 하기 가장 좋은 시간이 오후 3시라는 말도 있다.

시간의 흐름에 따라 우리가 가진 역량이 이렇게 달라지는 점에 착안하여, 언제 무슨 일을 해야 하는지, 또 감각 처방을 활용하여 업무 효율을 최대로 끌어올리려면 어떻게 해야 하는지 살펴보기로 한다. 그러기 위해서는 우리가 가진 모든 역량을 총동원해야 할 경우도 있지만 때로는 가장 중요한 감각을 하나만 따로 가려내어 강화해야 할 때도 있다.

물론 우리 중에 업무 공간이나 회의실을 자신의 마음대로 바꿀 수 있는 사람은 극히 드물다. 그러나 최소한 업무 공간을 자유로이 선택할 수 있는 사람은 꽤 많을 것이다. 그런 사람은 공동 사무실이나 카페, 심지어 집 안의 책상 등 나의 목표에 맞는 최적의 공간을 선택할 수 있다. 자신이 하는 일이 어떤 것이든 다음에 열거하는 감각 처방의 일부만 적용해도 큰 유익을 얻을 수 있다.

# 일이 잘되는 공간?

아침 9시경이 되어 업무에 막 착수할 즈음이라고 해보자. 이제 공감각적 사고가 필요하다는 것을 알았다면, 주위 환경이 갖추어야 할 가장 기초적인 요소는 무엇이라고 생각하는가? 자신만의 책상이 정해지지 않아 아무 데나 앉아 일하면 되는 상황일 수도 있다. 주방 탁자를 이용해 일할 수도 있고, 일할 만한 적당한 곳을 찾아 헤매는 사람도 있을 것이다. 특정한 업무에 감각 처방을 적용하기 전에 업무 공간과 환경이 갖추어야 할 가장 중요한 요소가 무엇인지 먼저 살펴보자.

## 자연광

‥‥‥    2015년에 실시된 '인간 환경 조사'에서는 전 세계 16개국, 총 7,600명의 사무 근로자에게 자신의 업무 환경에 대한 의견을 물었다. 그 결과, 전체 응답자 중 47퍼센트에 달하는 사람들이 자연광을 전혀 보지 못한 채 일한다고 대답했다. 이 책에는 업무 종류에 상관없이 자연광을 보면서 일하는 것에 엄청난 유익이 있다는 사실이 계속해서 언급된다. 물론 인공조명을 빼놓고 업무 환경을 설명하기는 힘들지만 사실 그것을 유일한 조명원으로 삼기보다는 자연광을 강화하는 보조 수단으로 여기는 것이 가장 이상적이다. 자연광은 우리의 정신을 깨우고 활력을 불어넣는다. 자연광을 계속 쬐면서 일하면 생체

리듬이 정상화되며, 밤에 숙면을 취하고 내일 맑은 정신으로 하루를 보내는 데에도 큰 도움이 된다. 따라서 전망이 좋은 창가에 자리를 잡으면 기분이 훨씬 더 좋아지는 것을 경험할 수 있다.


## 녹색 식물

····· 일상생활에서 또 하나 빼놓을 수 없는 존재로, 마음을 진정시키고 스트레스를 해소해주는 녹색 식물을 들 수 있다. 예를 들어 1970년대와 80년대에 펜실베이니아 병원에서 수행된 연구에 따르면 수술 후에 공원이 보이는 병실에서 회복 치료를 받은 환자들은 창밖으로 벽만 보이는 병실에 있던 환자들보다 회복도 빨랐고 약물 처방도 덜 필요했으며 결국 훨씬 빨리 퇴원할 수 있었다고 한다. '인간 환경 조사'에서는 사무 근로자 중 녹색 식물이 없는 업무 환경에서 일하는 비율이 58퍼센트로 밝혀졌다.

　주변에 식물이 있는 환경에서 일하는 사람은 집중력을 더 오래 발휘한다는 사실도 밝혀졌다. 노르웨이의 연구자들은 학생들에게 수학 문제를 제시한 후 한 그룹에는 화분에 담긴 식물이 있는 방에서 문제를 풀라고 했고, 다른 그룹에는 똑같은 과제를 주면서 아무것도 없는 빈 방을 제공했다. 그 결과 녹색 식물이 있는 쪽의 학생들이 성적은 물론이고 정신적인 회복력도 더 좋은 것으로 드러났다. 식물의 존재가 신체적인 면뿐만 아니라 정신노동으로부터의 회복력에도 영향을 미친다는 사실을 알 수 있다. 이런 현상은 모두 우리 내면에 자리한 자연 친화 본능<sup>biophilia</sup>과 관련이 있다. 책상 옆에 화분을 한두 개 놓아두거나 녹색 식물을 가까이 바라볼 수 있는 장소에서 업무를 수행할 수 있다면 몸과 마음이 더욱 건강해질 뿐만 아니라 일을 더 오래, 더 잘할 수 있다.

## 온도

· · · · ·　　　　　　언젠가 일하게 될지도 모를 장소에 들러 그곳의 분위기를 직접 파악해보라. 약간 덥다는 느낌이 드는가? 장시간 머물며 일해야 하는 곳이라면 아늑한 분위기가 좋다. 서늘한 공기가 느껴지는가? 정신을 번쩍 차리는 데는 그것도 좋을 것이다. 다양한 조건의 공기가 사무 근로자의 생산성과 정신적 지구력에 미치는 영향을 조사한 한 연구팀은 업무에 가장 적합한 기온이 섭씨 21.6도라는 사실을 밝혀냈다. 사람들은 기온이 이보다 떨어지면 불편함을 느껴 주의가 분산되었다. 그러나 최적 온도에서 기온이 1도씩 오를수록 피험자들의 성과가 1~2퍼센트 정도씩 감소하는 것을 알 수 있었다. 주변에 온도계를 두고 꼼꼼히 따져보지 않는다면 최적 온도를 이 정도로 정밀하게 측정하기는 힘든 일이다. 그러나 뭔가 잘못되어간다는 느낌이 들 때는 각자의 감각을 예민하게 살펴서 뭔가 바꿀 것이 없는지 알아보거나 다른 곳으로 자리를 옮기는 것도 좋다. 일하는 장소의 온도를 주의 깊게 고려해야 한다. 너무 더운 곳에서는 일과 중에 집중력을 유지하기가 어려워진다.

## 천장 높이

ᴥᴥᴥᴥᴥ 업무 공간을 고를 때 또 하나 고려해야 할 요소는 바로 천장 높이다. 괜한 소리라고 할 수도 있겠지만 가만히 생각해보면 이것이 타당한 일이라는 것을 금방 알 수 있다. 마음은 우리가 생각하는 것보다 주변 환경에 훨씬 더 크게 영향을 받는다. 심리학자들은 우리의 행동에 영향을 미치는 가장 중요한 건축적 요소 중 하나가 바로 천장의 높이라고 말한다. 천장이 낮으면 따뜻하고 아늑하게 느낄 수도 있지만, 동시에 답답한 느낌이 들기도 한다. 반대로 천장이 높으면 다소 차갑고 친숙하지 않은 분위기가 형성되지만, 그런 만큼 자유로운 기분을 누릴 수도 있다. 천정이 높은 집에 사는 사람은 낮은 집에 사는 사람보다 더 열정적이고 건강하다는 연구 결과도 있다. 천장이 낮은 공간에 사는 아이들은 놀 때도 조용히 조심스레 행동하라는 말을 듣고 자란다. 반면 천장 높이가 2.4미터보다 높은 곳에서 사는 아이들은 상상력을 마음껏 발산하며 더 시끄럽게 놀아도 된다는 말을 듣는다. 천장 높이가 생각과 행동에 미치는 영향은 어른이 되어서도 변함이 없다. 세부 사항에 집중이 필요한 일을 할 때는 천장이 낮은 편이 좋고, 개방적이고 창의적인 사고가 필요한 일에는 천장이 높은 편이 좋다.

## 책상 위의 물건

ᴥᴥᴥᴥᴥ 눈앞에 보이는 물건은 일하는 동안 다양한 방

식으로 생각하는 데 도움이 된다. 과연 여러분의 책상 위에는 어떤 물건이 놓여있는가? 심리학에서 말하는 '사물 점화 효과 material priming effect'라는 것이 있다. 이는 어떤 물체가 원래 사용되던 용도나 그것이 상징하는 바, 혹은 개인적인 경험에 근거하여 우리가 그 물체에 특정한 의미를 부여하는 것을 말한다. 그렇게 부여된 의미는 우리의 행동이나 정보를 처리하는 방식에 영향을 미치게 된다. 그 과정은 마치 앞에서 살펴본 '제복 효과'와 비슷하다. 어떤 연구에서 한 그룹의 학생들에게 총을 보여준 뒤 가상의 사회적 상황에 어떻게 반응하는지 살펴본 적이 있다. 예컨대 다른 사람이 자신의 친구를 모욕하는 상황에서 그들은 어떻게 반응했을까? 그들은 총이라는 '사물 점화' 장치를 접하지 않은 사람들보다 훨씬 더 공격적으로 반응했다. 총이라고 해봤자 단지 그림일 뿐이었는데도 말이다.

스탠포드대학교에서 수행된 한 연구에서도 사람들은 비즈니스와 관계된 물건(예컨대 만년필이나 서류 가방, 회의실 탁자 등)을 그림으로 봤을 때, 그렇지 않을 때보다 훨씬 더 경쟁적이고 비협조적이며 이기적인 태도를 보였다. 피험자들은 먼저 비즈니스와 관련된 이미지나, 고래나 칫솔과 같이 무작위로 선택된 아무런 의미 없는 사진을 본 후 일련의 과제를 수행했다. 그 과제는 여러 가지 정답이 존재하는 단어를 완성하는 문제였다. 예컨대 '_ar'라는 문제에 대한 해답은 '술집 bar', '멀리 far', '자동차 car', 또는 '전쟁 war' 등이 될 수 있다. 또 다른 예로 c_ _ p _ _ _ tive라는 문제에 대해서는 협력적 cooperative 이나 경쟁적 competitive 이라는 답이 나올 수 있을 것이다. 이 실험은 한 사람이 선택한 단어는 현재 그의 마음을 가장 사로잡고 있는 생각, 즉 내면의 감정을 반영한다는 심리학적 이론에 바탕을 둔 것이다. 독자 여러분도 스스로 실험해보면 꽤 재미있을 것이다. 자신이 치열한 경쟁 속에 살아가는 경영자인지, 다른 사람과 협력하며 일하는 창의적인 직종에 있는 사람인지 알아보는 좋은 방법이다. 이 연구에서 비즈니스와 관련된 물건을 미리 본 학생들은 거의 예외 없이 공격적인 단어를 선택하는 것으로 밝혀졌다.

'사물 점화 효과'는 이로운 방향으로 활용될 수 있다. 어떤 직종에서 일하든지, 적절한 마음 상태를 유지하기 위해 그에 맞는 특정한 용품을 이용할 수 있다. 치열한 비즈니스 환경에서 일하는 사람이라면 노트와 펜이 필요할 때 속지를 교환할 수 있는 링바인더 수첩과 만년필을 사용하는 편이 좋다. 좀 더 유연한 사고방식이 필요한 직종에서 일한다면 몰스킨 수첩Moleskine notebook (이탈리아제 명품 수첩 브랜드-옮긴이)과 연필을 사용하는 편이 낫다. 여기서 한 걸음 더 나아가 범위를 확장할 수도 있다. 어떤 문제를 풀어야 하는 상황이라면 루빅큐브를 보는 것만으로도 도움이 된다. 전자계산기를 옆에 두면 업무를 정확하고 꼼꼼하게 처리하는 데 도움이 된다. 혹은 과거의 어느 때나 장소 혹은 느낌을 떠올리게 하는 물건이 있다면 그것을 사용해도 된다. 그 물건에 분명한 의미를 부여할 수 있다면 그것이 어떤 것이든 그 의미에 부합하는 사고와 행동을 유발하는 점화 효과를 발휘할 수 있다.

## 다양성

..... 다양성은 인생에 양념과 같은 존재다. 따라서 일상생활에 감각적인 면에서 약간의 다양성을 가미하는 것도 좋다.

2006년에 업무 공간을 개선함으로써 얻는 유익에 관한 논문이 발표되었는데, 이에 따르면 감각 환경의 변화는 정신의 활력을 유지하는 수단이 된다고 한다. 이런 변화 중에는 일과 중에 조금씩 달라지는 조명이나 계속해서 바뀌는 경관, 혹은 이따금 전해오는 여러 가지 냄새도 포함된다. 카페가 일하기 좋은 공간인 이유도 바로 이것으로 설명될 수 있다. 카페에는 잔잔한 소음이 계속해서 들려오고 공기 중에 커피 향과 빵 굽는 냄새가 끊임없이 떠돌기 때문이다.

감각적 다양성은 그리 심하지 않으면서도(급격한 환경 변화나 크고 갑작스러운 소리는 너무나 정신을 산만하게 한다) 분명하게 느껴지는 것이어야 한다. 아무런 변화도 없는 무감각한 환경이 조성되면 사람들은 집중력과 창의성을 잃어버린다. 1968년에 행동심리학자 로버트 쿠퍼Robert Cooper가 발표한 논문에 따르면 '감각에 자극을 주지 못하는 환경에서, 사람들은 지루함을 느끼고 수동적인 태도를 보인다.'고 한다.

일상에 감각적 다양성을 부여하는 한 방법은 앉는 자리를 이따금 바꿔보는 것이다. 책상 위의 물건도 바꿔보고 가능하면 창가 자리에 앉아 자연광을 쬠으로써 날씨가 바뀜에 따라 달라지는 조명을 직접 느껴본다. 늘 똑같은 커피나 차보다는 다른 음료를 마시거나 간식을 먹는 것도 다양한 맛과 향을 접한다는 점에서 아주 좋은 방법이다. 예컨대 매주 종류가 다른 허브차를 사무실에 비치해둘 수도 있을 것이다.

또 재미있는 물건을 곁에 두고 만지작거리는 것도 좋다. 스트레스 해소용으로 가지고 노는 찰흙 공도 감각에 자극을 줄 수 있다.

하루에 여러 가지 일을 처리하는 편이라면 그 자체로 감각적 다양성이 보장될 수도 있겠지만, 현대인은 대개 종일 한 가지 일에만 집중하는 것이 보통이다. 그런 경우라면 아무리 단순한 업무만 반복하는 환경이라 해도 일과 중에 약간의 변화를 부여하는 것이 필요하다. 그래야 기분도 좋아지고 업무 성과도 향상될 수 있다.

## 출근하자마자 해야 할 일

일과를 시작하고 몇 시간 동안은 생산적인 일을 하기 가장 좋은 시간이다. 세부 사항에 집중하거나 반복적이고 일상적인 업무일수록 더욱 그렇다. 하루 중 다양한 시간대별로 사람들이 발휘하는 성과를 조사해보면 논리적인 추론과 속도, 정확성, 그리고 단기 기억이 필요한 일은 오전 8시를 기점으로 성과가 점점 하락한다는 사실을 알 수 있다. 오후 2시 이후에는 논리적인 사고가 필요한 일이나 자잘한 세부 사항을 기억해야 하는 일은 할 가치가 없다. 1960년대부터 이 분야에서 꾸준히 연구 업적을 쌓아온 실험심리학자 사이먼 폴카드 Simon Folkard는 1975년에 이르러 중대한 사실을 발견했다. 폴카드는 오전 8시부터 밤

11시까지 3시간마다 학생들에게 여러 가지 과제를 부여한 결과를 바탕으로 인지 능력이 감퇴하는 추세를 파악했다. 과제 수행 속도는 오후 2시까지 점점 향상되다가 그 이후부터는 급격히 감퇴했다. 그러나 업무의 정확성(정답을 맞힌 횟수)은 이미 오전 8시부터 점점 나빠지고 있었다. 한편, 과제를 수행할 때마다 피험자들의 체온도 함께 측정했다. 체온은 생체 시계, 즉 생체 리듬과 밀접히 연결되는 변수로 볼 수 있다. 하루가 지나는 동안 체온은 점점 상승하며, 피험자들은 체온이 오를수록 단기 기억과 논리적 사고력이 감퇴하는 것으로 드러났다. 따라서 집중력과 정확성이 필요한 단순 반복 업무, 즉 체크리스트를 점검하고 이메일을 확인하는 등의 일을 아침에 가장 먼저 해치워야 한다는 사실을 알 수 있다.

우리가 가장 먼저 살펴봐야 할 감각 처방도 바로 이런 정신적 특성과 관련된 것이어야 한다. 그래야만 생산성과 집중력을 강화하여 반복적인 업무를 정확하게 완수하는 데 도움이 될 것이다. 최적의 효율을 발휘할 수 있는 아침 시간이 지난 후에도 이런 감각 처방을 활용하면 하루 중 언제, 어디에서도 집중력과 정확성을 강화하는 환경을 조성할 수 있다.


## 빨간색을 주변에 두라

· · · · ·             업무 공간의 벽 색깔을 자신의 마음대로 바꿀 수 있는 경우는 흔치 않지만, 생산성 향상을 위해 그렇게 할 수 있다면

빨간색의 벽이 있는 자리를 선택하는 것이 좋다. 빨간색에는 자극 효과가 있어 정신을 각성시키고 심박수를 높이는 효과를 낸다. 밴쿠버의 과학자들은 빨간색에 대한 이런 반응이 정확성이 필요한 업무를 수행하는 능력과 어떤 관계가 있는지 조사했다. 그들은 여러 피험자 그룹을 상대로 컴퓨터에서 다양한 과제를 수행하게 했다. 이때 컴퓨터 화면에는 다양한 색상이 표시되었고, 그로 인해 화면과 같은 색상의 불빛이 업무 공간에도 드리워졌다. 주변이 빨간색으로 변하자 피험자들은 세부 사항에 대한 집중력이 높아지고 인지 능력을 시험하는 과제도 훨씬 더 잘 해결했다. 반면 추리력과 창의성을 요구하는 과제의 해결 능력은 컴퓨터 화면이 푸른색일 때 향상되었다(이 점에 관해서는 나중에 더 자세히 다룰 것이다).

업무 공간이 흰색으로 변하면 빨간색일 때에 비해 오타 발생률이 높아졌다. 사무실의 색상이 대부분 흰색이라는 점을 생각하면 이것은 꽤 흥미로운 사실이다. 가장 자극적인 색상은 당연히 빨간색이지만, 밝고 따뜻한 계열의 오렌지나 진노랑 같은 색상도 비슷한 효과를 낸다. 밝은 색상의 미술품이나 사진으로 벽을 장식하는 것도 좋은 방법이다. 캘리포니아 요가 강사라는 소리를 들을지도 모르지만 좋은 기운을 얻고 싶다면 한 번쯤 도전해볼 만한 가치가 있는 일이다. 물론 신경과학과 심리학을 고려하면 그렇다는 것일 뿐, 너무 극단적인 방법은 바람직하지 않을 것이다.

그렇다고 주변을 온통 빨간색과 밝은 색상으로만 채울 필요는 없다. 사실 그런 공간을 찾는 것 자체가 그리 쉬운 일은 아니다. 그러나 빨간색 화면 실험을 통해 알 수 있듯이, 주변에 빨간색 요소를 조금이라도 도입해보기를 추천한다. 집중력이 필요한 업무를 할 때 빨간색 메모지를 사용하거나 책상 위에 올려두는 것도 좋다. 어쨌든 빨간색이 시야에 들어오기만 하면 효과가 있는 것은 분명하다.

## 밝은 조명

· · · · ·        밝은 색상뿐만 아니라 밝은 조명 아래에서도 정확도와 생산성이 향상되는 효과를 누릴 수 있다. 이른 아침은 밝은 빛을 집중적으로 쬘 수 있는 가장 좋은 시간이다. 방 안의 모든 조명을 환하게 켜고 창가에 앉아 자연광을 온몸에 듬뿍 쬐라. 이 분야의 연구를 마무리 지은 성과는 길포드 Guildford(런던 남서쪽에 자리한 잉글랜드 서리주의 주도-옮긴이)에서 나왔다. 이곳은 지루한 업무 환경과 반복적인 사무직이 가장 흔한 곳이었다. 연구자들은 사무용 건물의 두 개 층을 확보한 후 한 번에 4주간씩 조명 색상을 다르게 바꿔보았다. 17,000K라는 엄청난 조도의 '푸른색이 짙은 백색광' 아래에서 사람들은 높은 성과와 집중력, 각성 상태 등을 보였고 전반적으로 좋은 기분을 유지했다. 그들은 밤에는 숙면할 수 있었고 다음 날도 상쾌한 하루를 보냈으며 계속해서 높은 의욕을 유지했다고 한다.

## 계피 향의 차나 빵

감각에 관해 논할 때는 언제나 조화가 가장 중요하다. 따라서 여기에서도 먼저 다른 것과 조화를 이루는 것들부터 이야기하기로 한다. 먼저, 자극적인 향은 자극적인 색상과 마찬가지로 생산성에 도움이 된다. 업무 환경에서 집중력을 발휘하는 문제나, 소비자들이 매장을 돌아다니는 동안 집중력을 유지하는 문제를 연구한 결과를 보면 하나같이 박하, 오렌지, 계피 등의 밝고 신선한 향이 효과가 있다고 말한다. 일본의 한 사무실에서는 오렌지 향이 증가하면 타이핑 속도와 정확도가 모두 50퍼센트씩 증가했다는 결과가 나왔다. 웨스트버지니아주 휠링대학교에서 진행된 연구에서는 방 안에 향기를 채우는 것에 더해 피험자들은 향이 첨가된 껌을 씹었다. 계피 향이 나는 껌을 씹은 참가자들은 문제 해결 능력과 단기 기억이 증가했다.

향기와 색상을 조합한 연구에서도 기분이나 과제 수행 능력 면에서 효과가 증폭되고 축적된다는 결과를 얻었다. 업무의 정확성과 생산성에 도움이 되는 최적의 조합은 자극적인 빨간색으로 방을 장식하고 자극적인 향기, 즉 계피 향을 풍기는 것이다.

계피 향은 긍정적인 효과를 발휘한다는 것이 밝혀졌고, 공감각적 인식에 따르면 이것은 빨간색과 연관된다. 찬장에서 향신료 병을 꺼내 냄새를 맡고 그것이 어떤 색깔을 떠올리는지 생각해보라. 아마도 빨간색과 따뜻한 계열 사이에 있는 어떤 색상이 떠오를 것이다. 물론 가장 강력한 색상은 적갈색이다. 이 색상을 보고 크리스마스를 떠올리는 사람이 많다. 또한 적갈색은 달콤하고 따뜻한 냄새와 맛을 연상시킨다.

우리는 본능적으로 이 두 가지 모두를 빨간색과 연관 짓는다.

껌을 사용한 휠링대학교의 연구에서 얻을 수 있는 유용한 정보는 계피 정제유를 분무기에 담아 뿌리는 등의 번거로움을 피할 수 있다는 사실이다. 그렇게 되면 감각 처방을 주변 사람들에게 강요하는 셈이 될 테니까 말이다. 그저 계피 허브차를 마시기만 해도 주변에 그 향기가 번지게 된다. 혹은 간식으로 계피 빵만 먹어도 똑같은 효과를 낼 수 있다.


## 기분 좋은 음악과 웅성거리는 소리

ᐧᐧᐧᐧᐧ 업무 현장에서 음악을 듣는 것은 논란이 되는 주제다. 2019년에 있었던 한 실험에서는 약 200명의 피험자를 대상으로 기악과 성악, 그리고 이국적인 성악을 들으면서 여러 가지 창의적인 문제를 해결하는 과제를 제시했다. 그 결과 과제 수행 성과는 음악의 종류와 아무런 상관이 없었다. 오히려 주변에 사람들이 웅성거리고 있을 때 최고의 성과가 도출되었다. 아침 시간에 카페에서 사람들이 끊임없이 수다를 떨며 부산하게 움직이는 환경은 집중력을 발휘하기에 가장 좋은 배경 소음이 된다.

미네소타대학교의 연구에 따르면 고등학생들이 대중가요를 들으며 공부할 때 독해력이 떨어지는 결과를 보였다고 한다. 여기서 가장 중요한 요소로 지목된 것은 바로 이런 음악의 특징이라 할 수 있는 간단하고 기억하기 쉬운 가사였다. 단적인 예로, 테일러 스위프트<sup>Taylor Swift</sup>가

부르는 엉뚱하고 기발한 스타일의 팝뮤직은 두뇌에 좋지 않은 영향을 미칠 수 있다. 기악 분야에서 가장 많이 언급되는 이름은 역시 모차르트로, 그의 곡은 두뇌 기능을 강화하는 마술적인 힘을 지닌 것으로도 알려져 있다. 1993년에 세 명의 과학자, 프란세스 라우셔 Frances Rauscher 와 고든 쇼 Gordon Shaw, 캐서린 카이 Catherine Ky가 지금은 유명해진 '모차르트 효과 The Mozart Effect'라는 용어를 만들었다. 그들이 이 용어를 통해 말하고자 했던 원래 의미는 위대한 작곡가들의 음악이 공간지각력에 영향을 미친다는 것이었다. 하지만 시간이 흐르면서 고전음악만 들으면 무조건 머리가 좋아지며, 특히 어릴 때부터 들어야 효과가 뚜렷하다는 뜻으로 변질되고 말았다.

좋아하는 음악을 들으면 기분이 좋아진다. 그리고 당연히 업무 성과에도 뚜렷한 영향을 미친다. 특히 단조로운 업무의 경우 이 효과는 더욱 두드러진다. 특이한 종류의 음악을 틀어놓으면 주의력이 지나치게 소모될 것이다. 스웨덴의 한 연구진이 24명의 학생을 대상으로 다양한 소리 및 음악 환경에서 독서에 집중하는 정도를 조사했다. 즉, 고요한 상태와 카페 분위기, 좋아하는 음악, 그리고 싫어하는 음악을 각각 듣는 조건이었다. 그 결과 싫어하는 음악을 들을 때 집중력이 가장 나빴고, 좋아하는 음악을 듣거나 카페 분위기에 있을 때 최고의 집중력을 발휘할 수 있었다.

오전 시간에 생산성을 증대하기 위해 듣는 음악은 다른 감각적 요소와도 조화를 이루어야 한다. 그리고 자극적인 냄새와 조명, 색상에 어울리는 것은 당연히 자극적인 소리나 음악이다. 따라서 평소 익숙한 밝은 분위기의 음악이나 기분 좋은 웅성거림, 혹은 그 두 가지가 다 들리는 것이 가장 좋은 조건이라고 할 수 있다.

## 튼튼한 책상과 수직 등받이 의자, 그리고 꼿꼿한 자세

••••• 의자는 우리의 행동과 사고에 영향을 미친다. 푹신한 의자 대신 딱딱한 의자에 앉으면 사고방식이 경직되지만, 한편으로는 논리적이고 명확한 사고와 자신감 면에서는 도움이 되기도 한다. 오하이오주립대학교 심리학 교수 리처드 패티<sup>Richard Petty</sup>에 따르면, 꼿꼿한 자세로 앉아 일할 때 업무에 자신감을 얻고, 구부정한 자세를 취하면 그 반대가 되는 경향이 있다고 한다. 그는 학생들에게 취업 면접을 보는 상황을 연출한 후, 여러 가지 자세를 취한 채 특정 업무에 대한 각자의 역량을 기술하도록 해보았다. 학생들은 허리를 바로 세우자 자부심이 높아졌고, 따라서 각자의 역량을 기술한 글에서도 자신감이 완연하게 표현되었다. 그러나 책상 위로 허리를 구부린 자세에서는 자신의 역량을 믿지 못하고 스스로를 과소평가하는 것으로 드러났다.

## 기타: 방안지, 볼펜, 실험복?

••••• 이제 모든 감각이 함께 어우러져 빠르고 정확하게, 또 맑은 정신으로 일할 수 있는 최고의 감각 환경이 구성되었다.

그러나 아직 더 강화될 수 있는 영역이 남았다. 우선 생각해야 할 것은 사물 점화 효과다. 이런 일에 가장 적합한 물건은 어떤 것일까? 업무 감각과 정확도 향상을 위해 전자계산기나 링바인더를 사용하는 것이 좋을까? 어쩌면 학생들이 쓰는 제도기 세트도 좋을 것이다. 업무의 성격에 따라 사용하는 수첩도 다양하므로 오전 시간에 하는 업무에는 백지보다 격자무늬가 들어간 방안지를 사용하는 편이 정신을 집중하고 정밀하게 생각하는 데 더 도움이 된다. 볼펜이 좋은 이유는 기능적인 면과 관련이 있다. 연필은 창의적인 사고에 어울리며, 만년필은 글씨가 번질 수 있으므로 정밀한 특성과는 다소 거리가 있다.

챕터 1에서 애덤과 갈린스키의 제복 효과에 관한 결정적인 연구 결과를 소개했다. 사람들은 실험복을 입으면 수학과 문제 해결 과제를 더 잘하는 경향이 있다는 것이었다. 물론 사무실이나 카페에서 그런 옷을 입을 수는 없겠지만, 아무도 보지 않는 집에서라면 마다할 이유가 없을 것이다. 제복 효과나 사물 점화 현상이 말하는 요점은 우리가 어떤 물건에 의미를 부여하는 순간, 정신과 행동도 그것을 따르게 된다는 것이다. 따라서 이 책에서 제시한 사례를 곧이곧대로 따르지 않더라도, 자신만의 의미가 깃든 물건을 책상 위에 올려두거나 새로 어떤 물건에 의미를 부여하는 것만으로도 충분하다. 감각 처방의 어떤 요소이든 그것을 더 많이 사용할수록 감각에 관한 기억과 감정, 연상 등이 더욱 강화된다.

---

### 생산성, 집중력, 주의력을 위한 감각 처방

✦ 색상: 밝은 빨간색이 좋다. 빨간색 방에서 일한다. 최소한 수첩 만이라도 밝은 빨간색 제품을 쓴다.

✦ 조명: 밝은 청백색 조명을 켜거나 자연광을 들인다.

✦ 향과 맛: 계피 향이 좋다. 계피 향을 뿌리거나 탁상용 분무기를 사용한다. 여건이 허락하지 않는다면 계피차를 마시거나, 계피 껌을 씹거나, 계피 빵을 먹어도 된다.

✦ 음악 및 소리: 자신이 좋아하는 즐겁고 활기 넘치는 음악, 특히 성악곡이 좋다. 아니면 주변에서 잔잔하게 웅성거리는 소리가 들려도 좋다.

✦ 가구: 딱딱한 탁자와 등받이가 꼿꼿하게 선 의자를 사용한다.

✦ 기타: 계산기나 자 같은 생산성과 관련된 물건을 가까이 둔다. 필기구는 볼펜을 사용한다. 실험복을 입거나 시계나 안경을 착용하여 조직적인 사고를 자극한다.

---

# 오전에는 나와 내 아이디어를 어필한다

오전은 자신의 업무 성과나 능력을 내세우기에도 가장 좋은 시간이다. 사람들은 대체로 오전에는 긍정적인 기분을 유지한다. 따라서 누군가로부터 내가 원하는 바람직한 결정을 끌어내야 할 일이 있다면 주로 오전에 하는 것이 좋다. 스콧 골더 Scott Golder 와 마이클 메이시 Michael Macy 라는 두 연구자가 전 세계에서 작성된 약 5억 800만 개의 트위터 포스팅을 분석하여 긍정적인 단어와 부정적인 단어가 등장하는 빈도를 근거로 사람들의 기분을 파악했다. 그 결과, 사람들은 오전과 주말에 긍정적인 내용을 더 많이 쓰는 것으로 드러났다.

하루를 지내다 보면 '의사결정 피로 decision fatigue', 즉 결정을 내리기 위해 너무 오래 고민한 후에 오히려 최선의 결정을 내리지 못하는 경우가 있는데, 이것은 때로 인생을 바꿀 만한 큰 결과를 초래할 수도 있다. 스탠퍼드대학교와 이스라엘 네게브의 벤구리온대학교 경영학 교수진이 약 1,000건이 넘는 법정 소송 사건을 검토한 결과, 구속된 피고 중 오전 시간에 법정에 출두했을 때 가석방되는 확률이 70퍼센트나 더 컸다고 한다. 두 사람이 같은 범죄를 저지르고 똑같은 기간 동안 형을 살았어도 법정에 출두한 시간이 서로 다른 경우(한 사람은 오전 8시 50분이었고, 다른 사람은 오후 4시 25분이었다), 오전에 출두한 사람은 석방되었는데 오후에 출두한 사람은 그러지 못했다. 여러분도 혹시 법적인 문제가 발생했다면 법정 출두 시간을 오전으로 잡아달라고 변호사에게 부탁하는 편이 나을 것이다.

이런 의사결정 피로, 혹은 정신적 피로 분야의 연구를 개척한 사람은 로이 바우마이스터 Roy Baumeister 라는 심리학자다. 그는 일련의 실험을 통해 자기 통제와 같은 의사결정을 내리는 데 필요한 자원이 유한하다는 사실을 밝혔다. 그가 창안한 '자아 고갈 ego depletion'이라는 개념은, 마치 근육을 쓸수록 피로해지듯이 의지력도 고갈될 수 있다는 것을 뜻한다. 몇 년 후 진 트웬지$^{Jean Twenge}$ 교수는 자신의 결혼을 준비하면서 엄청난 양의 의사결정에 시달린 경험을 바탕으로 이와 비슷한 실험을 수행한 적이 있다. 그녀는 같은 종류의 선택을 여러 번 반복하는 것이 정신력의 고갈을 초래하는지를 조사했다. 그녀의 결론은 그렇다는 것이었고, 그로부터 '의사결정 피로' 개념이 등장했다. 과도한 양의 선택 과제에 반복적으로 노출되면 정신이 고갈되어 더 이상 여러 가지 선택안을 따지는 것이 귀찮아진다. 그리고 가장 단순한 선택안을 택하게 된다. 그런 상황에서는 뭔가 새로운 것이나 조금만 힘겨운 문제가 나타나도 정신적으로 가장 쉬운 해답 외에는 어떠한 것도 선택하기 싫어진다.

따라서 의사결정 피로가 미처 작동하기 전인 오전이야말로 새로운 아이디어를 홍보하거나 상품이나 서비스, 혹은 자기 자신을 알리기에 가장 좋은 시간인 셈이다. 감각적인 면에서 자신의 설득력을 높일 수 있는 힌트, 즉 상대방의 승낙을 얻어낼 수 있는 감각 처방에는 어떤 것이 있는지 살펴보자.


## 저음이 풍부한 음악을 듣는다

●●●●●                 승부욕이 강한 비즈니스맨들이 회의실에서 벌어질 치열한 설전을 앞두고 화장실에서 거울을 향해 큰소리를 지르며 전의를 불태운다는 이야기를 들어보았을 것이다. 그런 행동이 너무 공격적이라고 생각된다면 음악을 듣는 것은 어떨까? 저음이 풍부한 곡

을 듣고 난 후에 자신의 생각을 제시하면 말에 설득력이 더해지고 더욱 강렬한 존재감을 과시할 수 있다는 사실이 밝혀졌다. 한 대학의 토론대회에 참가한 사람들이 각각 다른 음악을 들은 후에 연단에 올라 그리 감성적이지 않은 주제에 관해 각자의 주장을 편 일이 있었다. 그들은 클래식 음악을 들은 사람과 드럼 앤 베이스 음악(영국의 대중 댄스 음악 – 옮긴이)을 들은 사람, 그리고 아무것도 듣지 않은 사람으로 나뉘었다. 그 결과, 거의 모든 경우 드럼 앤 베이스 음악을 들은 사람들이 가장 효과적으로 논증을 펼쳤다고 한다.

## 낮은 목소리로 말한다

ㆍㆍㆍㆍㆍ                   목소리는 자신감을 나타내는 중요한 지표다. 누군가가 말할 때 뇌가 보이는 반응을 실시간으로 측정한 연구 결과에 따르면, 우리는 상대방의 말을 들은 지 0.2초 안에 그가 자신감을 지니고 있는지 판단할 수 있다고 한다. 우리는 성별에 상관없이 낮은 목소리로 말하는 사람을 더 신뢰한다. 낮은 목소리는 힘과 권력을 상징한다. 동물들 역시 저음의 울음소리를 통해 자신의 우월함을 과시한다. 저음에는 체구와 체중, 그리고 힘과 권력이라는 특성이 담겨 있다. 아울러 가능한 한 빠른 속도로 말해야 한다. 힘없이 느릿느릿한 말투는 전혀 도움이 되지 않는 반면, 약간 빠른 어조로 말하면 자신감이 전달된다.

## 허리를 세우고 어깨를 활짝 편다

..... 자세는 자신감에 영향을 미친다. '제복 효과'
에 관한 연구에 따르면 특정한 자세, 혹은 표정마저도 기분과 행동을
바꿀 수 있다. 1988년의 한 연구에 따르면 비록 인위적일지라도 미소
를 지으면 즉각 좀 더 즐거운 일을 찾는다고 한다. 고개를 똑바로 세운
자세를 취하면 자부심을 느끼게 된다. 이미 앞에서 살펴보았듯이 똑바
른 자세를 취한 사람은 자신감을 보이고, 허리를 구부정하게 숙인 사
람은 자신의 능력을 의심하게 된다. 올바른 자세를 취하면 스스로 자
신감이 넘치고 강력하며 우월한 존재로 여기고, 또 그렇게 느낀다.

마치 고릴라가 되기라도 한 것처럼 극단적인 자신감을 드러낸 태도
는 혼자 욕실에서 그리는 것이 낫지, 앞으로 고객이나 상사, 혹은 심판
관이 될 수도 있는 사람 앞에서는 자제하는 편이 좋을 것이다. 제복 효
과는 목소리나 말하는 속도뿐만 아니라 전화로 누군가를 설득할 때도
적용되므로 늘 미소 짓고 허리를 펴는 것을 습관화해야 한다. 상대방
은 전화기 너머에 있어서 안 보이는 것 같아도 본능적으로 나의 태도
를 알아차리기 때문이다.


## 검은 옷을 입는다

..... 옷을 입을 때 남에게 자신감을 드러내는 가장
효과적인 색상은 검은색이고, 그다음이 빨간색이다(단, 빨간색은 다소
거만하게 보이기도 한다). 제대로 된 옷을 갖춰 입지 못했더라도 검은색

옷을 가볍게 걸쳐 입거나 장신구만 착용해도 제복 효과를 통한 자신감을 누릴 수는 있다. 혹은 앞에서 살펴보았듯이 상의 아래에 슈퍼맨 디셔츠를 받쳐 입는 것만으로도 의욕을 돋우는 데 도움이 된다.

자신감과 의욕을 얻고 나면 이제 긍정적인 기분을 느낄 차례다. 즉 침착하고 편안하며 스스로 만족한 상태가 좋고, 약간 흥분된 기분을 느끼는 것도 괜찮다. 이렇게 하는 이유는 심리학에서 말하는 '접근 행동approach behavior'을 유발하여 새로운 것이나 아이디어에 마음을 열기 위해서다. 물론 재정 상태를 공개해야 할 경우라면 오히려 좀 조심해야겠지만, 창의적인 개념이나 신제품을 홍보할 때는 이런 태도가 매우 중요해진다.

감각 처방이라는 관점에서 볼 때 긍정적이고 침착하며 개방적인 태도는 서로 매우 잘 어울린다. 물론 상대방으로부터 동의를 얻고자 하는 일이 무엇이냐에 따라 어디에 더 비중을 둘지는 미묘하게 달라지겠지만 말이다.


## 녹색은 긍정적인 신호다

••••• 차가운 계열의 색상은 사람들이 돈을 치르게 만드는 데 가장 효과적이다. 1992년 애리조나주립대학교 조셉 벨리치 Joseph Bellizzi 교수와 캔자스주립대학교 로버트 하이트 Robert Hite 교수가 행한 유명한 연구가 있다. 그들은 빨간색과 파란색을 주요 색상으로 삼은 두 개의 쇼핑 공간을 마련하여 사람들의 행동을 관찰했다. 그 결

과, 파란색의 쇼핑 환경에 있던 사람들이 상품을 더 많이 구경하고 결정을 더 빨리 내렸으며, 결국 더 많은 상품을 구매하는 것을 알 수 있었다.

그러나 차가운 계열의 색상에 파란색만 있는 것은 아니다. 설득력을 갖추는 데 있어 가장 주목해야 할 색상은 바로 녹색이다. 우리는 녹색에 심리학적으로 유익한 점이 많다는 사실을 이미 알고 있다. 매장에 식물을 비치해두면 매출이 올라간다. 고객들이 물건을 둘러보는 시간이나 직원들과 나누는 대화의 양이 모두 증가한다. 사무실 내의 색상과 관련하여 방대한 규모의 연구가 진행된 적이 있다. 총 675명의 피험자가 여러 가지 색상의 사무실에서 업무를 수행했고, 그들이 가장 선호한 색상은 녹색이었다. 빨간색 방에서 일한 사람들도 업무의 정확도와 속도가 증대되었지만, 그들이 가장 좋아한 색상은 역시 녹색이었다.

색상과 감정 사이의 관계를 묻는 한 설문조사에서 응답자의 95.9퍼센트는 녹색을 가장 긍정적인 색상으로 꼽았다. 색채 치료사와 심리학자들 역시 녹색이 넉넉하고 진실한 품성을 고양하는 색이라고 말한다. 1964년의 한 연구에 따르면 사람들에게 반응해야 할 가상의 시나리오를 제시했을 때도 녹색은 그들의 판단을 촉진하는 효과를 발휘했다고 한다. 녹색이 담고 있는 의미는 허용이다. 그래서 신호등에도 빨간색은 멈춤, 녹색은 가라는 뜻으로 쓰인다. 심리학적으로 녹색등에는 진정, 회복 그리고, 원기를 북돋우는 효과가 있다. 따라서 의사결정 피로를 피하기에도 가장 좋은 색상이라고 할 수 있다.

그러나 다른 모든 색상과 마찬가지로 녹색에도 부정적인 의미는 담겨 있다. 녹색에 포함된 노란색 요소가 짙어지면 고통이나 메스꺼움 등을 유발힐 수도 있다. 따라서 녹색을 쓸 때는 뚜렷하고 진한 색상을 선택해야 한다. 재량권을 가진다는 뜻으로 '그린 라이트를 얻는다.'라는 영어식 표현이 있지만, 실제로 녹색 불빛을 비추면 주위의 모든 사물이 보기 싫어지므로 그리 추천할 만한 것은 못 된다. 따라서 방을 녹색으로 도배할 수 없는 경우라면 화분 식물을 들여놓거나, 음료를 마실 때 녹색 쟁반을 사용하거나, 녹색 표지의 서류 파일이나 녹색 종이를 사용하는 등의 방법을 생각해볼 수 있다. 선거에 미치는 색상의 효과에 관한 연구에서도 사람들은 녹색 투표용지에 공약을 기재한 후보에게 투표할 확률이 더 높았다고 한다.

중요한 아이디어나 큰 거래를 위해 발표할 때도 파워포인트 자료에 녹색을 포함하는 것이 좋다. 너무 격식을 차리지 않아도 되는 회의가 있다면 주변에 녹색 식물이 있는 곳을 선택하거나 탁자 위에 초록색 수첩을 눈에 띄게 올려둘 것을 권장한다. 이런 긍정적이고 마음을 차분하게 만드는 색상을 상대방의 시야에 노출하고, 여기에 긍정적인 느낌의 향기를 보강하면 더할 나위 없는 효과를 낼 수 있다.


## 깨끗한 오렌지 향

····· 앞에서 살펴보았듯이 향수를 뿌리면 몸짓 언어가 달라져서 다른 사람의 눈에 더 자신감 넘치는 인상을 줄 수 있다. 그러나 향기는 나의 행동뿐만 아니라 방 안에 있는 모든 사람의 마음

을 사로잡는 큰 역할을 할 수 있다.

여기에는 두 가지 방법이 있다. 그중 하나는 감각 처방을 따르는 것이다. 적극성은 밝고 자극적인 감정이며, 이 점에서는 오렌지 향도 마찬가지다. 아울러 오렌지 향은 우리가 다른 사람 앞에 서서 발표할 때 취해야 할 행동에 강한 영향을 미치기도 한다. 오렌지 향은 활력을 제공하지만 다른 한편으로는 진정 효과를 발휘하기도 한다. 오렌지 계열 과일의 껍질에 함유된 디 리모넨$^{D-limonene}$이라는 향기 화합물은 심박수를 내리고 스트레스와 걱정을 줄이는 효과가 있다.

오렌지 계열의 향은 앞에서 언급한 '접근 행동'을 유발하여 새로운 일과 모험적인 사고에 열린 태도를 보이게 된다. 한 연구진은 매장 안에 라벤더 향이나 포도 향을 발산하는 장치를 설치한 후 무작위로 선택된 고객 30명의 동선을 추적해보았다. 그 결과 쇼핑객들은 포도 향이 퍼질 때 더 많은 상품을 둘러보았고 충동구매로 이어지는 횟수도 더 많았다. 매장을 나서는 그들에게 어떤 느낌이 들었느냐고 물었을 때 그들은 기분이 좋아졌다고 대답했다.

방에서 나는 '깨끗한' 냄새가 사람의 마음을 너그럽게 만든다는 것은 꽤 흥미 있는 일이다. 그 냄새만으로도 사람들은 이미 깨끗하다는 느낌을 받는다. 토론토대학교의 한 연구진은 99명의 학생에게 다양한 과제가 담긴 서류철을 건네준 다음, 그들을 아무 냄새가 나지 않는 방과 오렌지 향 유리 세정제를 뿌린 방으로 나누어 과제를 수행하게 했다. 서류철 안에는 해비타트 운동(자원봉사자들이 무주택 서민을 위해 사랑의 집을 지어주는 운동-옮긴이)의 자원자와 기부금을 모집하는 전단이 들어있었다. 그 결과, 유리 세정제를 뿌린 방에서는 22퍼센트의 사람이 기부를 약정한 데 반해 향기가 없는 방에서는 그 비율이 6퍼센드에 불과했다.

따라서 오렌지 향이 효과가 좋다면 그중에서도 라임이 가장 적합한 선택안이 될 수 있다. 라임은 녹색의 과일이므로 색상의 이점도 살리고 오렌지 향도 누릴 수 있기 때문이다. 오렌지 향은 긍정적이고 밝은 분위기를 연출하기도 하지만 동시에 마음을 진정시키는 효과도 있다. 이 향을 맡으면 누구라도 새로운 아이디어에 개방적인 마음이 되어 기꺼이 지갑을 열 가능성이 커진다. 라임 향은 회의실이나 카페를 포함해 어떤 환경에서도 쉽게 피울 수 있다. 신선한 라임 과일을 물컵에 담가두거나 공기 중에 뿌려도 되고, 회의를 시작하기 전에 라임 향을 묻힌 천으로 탁자를 한번 쓱 닦기만 해도 된다.

향기를 효과적으로 사용하는 두 번째 방법은 내가 팔고자 하는 제품이나 서비스를 떠올릴 수 있는 향을 피우는 것이다. 매장에서 냄새를 사용하는 법에 관해 연구해보니, 제품의 속성과 부합하는 향을 사용하면(예컨대 슈퍼마켓의 빵 코너에서 빵 굽는 냄새가 나게 하는 것) 매출이 향상된다는 결과를 얻었다. '경험에 기반을 둔' 냄새를 일종의 스토리텔링 장치로 사용하면 발표 내용을 좀 더 입체적으로 전달할 수 있다. 누군가에게 휴가지에 관한 사진을 보여줄 때 실제 겪었던 일처럼 생생하게 연출한다면 결과가 얼마나 달라질지 상상해보라. 그저 해변을 찍은 사진만 보여줘도 되겠지만, 그 자체로는 너무 밋밋해서 실제로 경험하는 것 같은 느낌에는 결코 미치지 못할 것이다. 사람들은 선크림 냄새를 맡고 파도 소리까지 듣는다면 정말 그곳에 있는 것처럼 느끼게 된다. 이런 휴가 상황을 그들의 모든 감각에 호소할 수 있다면 그 설득력이 얼마나 강력하겠는가. '들어가는 글'에 등장했던 안토니오 다마지오 교수의 "우리는 생각할 줄 아는 감정 기계"라는 말을 다시 떠올려보자. 우리는 가장 감성적인 감각, 즉 후각을 자극함으로써 이성적인 의사결정 과정을 감정의 문제로 바꿔놓을 수 있다.

내가 파는 서비스나 개념, 혹은 상품에 후각과 관련된 면이 있다면 그것을 활용해 메시지에 생명을 불어넣지 않을 이유가 없다. 물론 팔고자 하는 물건이 금융상품이라면 다소 곤란할 수도 있겠지만, 그렇다 하더라도 한발 물러나서 생각해보면 분명히 해결책을 찾을 수 있다. 그런 상황에서 상대방에게 전달해야 하는 감성은 어떤 것일까? 신뢰가 그 답일 수도 있다. 그렇다면 신뢰를 상징하는 냄새는 어떤 것인가? 영국 사람이라면 차의 향이나 빵 굽는 냄새가 정겨운 감정을 불러일으킬 수 있을 것이다. 어떤 감정이든 향기를 통해 자극할 수 있다. 그것을 찾아내면 분명히 도움이 된다.


## 좋은 소리

∙∙∙∙∙ 　　　　　　판촉 활동에 소리를 활용하는 문제를 생각할 때 분명한 사실은 상대방이 내 목소리에 집중하게 만들어야 한다는 것이다. 따라서 이런 상황에서 배경 음악은 그리 바람직한 것이 아니다. 중요한 것은 사람들이 경험하는 소리의 질이다. 주변 환경에 대해 우

리가 느끼는 인상은 주로 어떤 소리를 듣는가에 달려있다. 청각을 다룬 상에서 살펴보았듯이 우리는 자동차 문을 여닫을 때 들리는 튼튼한 소리를 통해 그 차의 품질이 우수하다고 판단한다. 밝고 반짝거리는 방은 푹신하고 조용한 방보다 차갑게 느껴진다. 그리고 이미 말했듯이 목소리가 저음인 사람은 좀 더 능력 있는 사람이라는 인상을 준다.

런던 메이페어의 버클리 스퀘어에 자리한 벤틀리 주력차종 전시장을 감각적 측면에서 평가한 적이 있었다. 그곳은 2층 높이의 천장에 바닥은 타일로 장식했으며, 대당 3억 원이 넘는 예술 작품 같은 자동차들이 즐비한 거대한 공간이었다. 그들이 추구하는 이미지는 최고급, 장인정신, 기술적 우월성, 위신 등이었으나 판매 실적은 그리 신통치 않았다.

내가 조언한 내용 중에 그들이 관심을 보였던 것 중 하나는 전시장에서 들리는 소리에 관한 것이었다. 내가 방문했을 때 중이층에 설치된 작은 트랜지스터라디오에서 음악이 흘러나오고 있었다. 선곡은 어떻게 했을까? 그냥 BBC 제2라디오를 그대로 틀어놓고 있었다! 명랑한 팝 음악이 타일 바닥의 공간에서 통통 튀듯 시끄럽게 울려대고 있었다. 마치 욕실에서 휴대폰으로 음악을 듣는 것 같았다. 그 소리가 던져주는 메시지는 힘과 품질 외에는 아무것도 없었다. 매장이 추구하는 이미지에 어울리는 최고 수준의 신뢰감이 당연히 소리를 통해서도 전달되어야 하는데도 말이다. 그러기 위해서는 풍부한 저음을 활용하여 충실하고 묵직한 인상을 줌으로써, 벤틀리라는 자동차의 품질과 그것을 소유했을 때의 느낌이 전달되어야 했다.

마찬가지로 화상 통화로 회의할 때 상대방의 목소리가 울리거나 흐릿해서 잘 들리지 않는다면, 반대로 또렷하고 묵직하게 들리는 것에 비해 그들의 능력을 신뢰하기가 어려운 것이 당연하다. 화상 통화를 할 때는 장비를 설치할 회의실도 소리에 울림이 있거나 기온이 낮은 곳은 바람직하지 않다. 따라서 장소를 선택할 때는 무엇보다 소리를 신중하게 고려해야 한다. 음향 장치 외에도 그 장소 자체에서 나는 소리를 점검할 필요가 있다. 에어컨에서 시끄러운 소리가 나는가? 스피커에서 나는 소음은? 혹시 건물 밖에서 공사 소음이 들려오지는 않는가? 이 모든 소리는 상대방의 기분을 거슬리게 하는 요소가 될 수 있다. 아늑하고 조용하며 따뜻한 음향 환경을 조성해서 주의가 분산되지 않도록 하라. 그래야 내 말이 분명하게 전달될 수 있다.

## 따뜻한 느낌을 연출한다

••••• '따뜻한 성품'. '냉담한 반응'. 아침 향기 문제를 다룰 때 언급했지만, 사람들에 대해 우리가 느끼는 감정에 가장 큰 영향을 미치는 단어는 '따뜻함'과 '차가움'이다. 물론 이런 감정은 모든 감각을 통해 전달되지만, 그중에서도 가장 강력한 매체는 바로 촉각이다. 2008년 촉각 연구의 최고 권위자인 예일대학교 존 바그[John Bargh] 교수와 콜로라도볼더대학교 마케팅학과 조교수 로렌스 윌리엄스[Lawrence Williams]의 연구에 따르면 신체적으로 느끼는 따뜻함과 정서적인 따뜻함은 서로 직접적인 연관이 있다고 한다.

피험자들은 이 연구에 참여하기 위해 방 안에 들어서면서 문 앞에서 만난 어떤 사람으로부터 구두끈을 다시 맬 동안 그가 들고 있던 음료수 컵을 잠깐 들어달라는 부탁을 받는다. 이때 피험자의 절반은 따뜻한 커피를 받아들었고 나머지 절반은 아이스커피를 들었다. 나중에 그들에게 "문 앞에서 만난 그 사람에 대해 어떤 인상을 받았는가?"라는 질문을 던졌는데, 모든 피험자는 손에 받아든 커피 온도와 똑같이 그를 따뜻하거나 차가운 인상이었다고 기억했다. 심지어 그를 묘사하는 단어도 마찬가지였다. 즉 "아주 차갑고 냉담한 사람이었어요."라든가 "정말 착하고 따뜻한 사람이던데요."라고 말했다.

따뜻한 사람이라는 첫인상을 줄 수 있다면 엄청난 고지를 점유하는 셈이다. 따라서 누군가와 언제 악수할지 모르므로 항상 손을 따뜻하게 유지하는 것이 중요하다. 그리고 위의 연구에서 보듯이 상대방에게는 항상 따뜻한 음료를 건네야 한다. 그뿐만 아니라 자료를 전달할 때도 차가운 플라스틱 표지보다 가죽이나 종이로 된 따뜻한 소재를 선택하는 것이 낫다. 사람들에게 따뜻한 감촉을 전달하면 그들도 나를 따뜻한 사람으로 여기게 된다.

## 부드러운 재질과 묵직한 중량

<sup>•••••</sup> 감정과 직결되는 햅틱<sup>haptic</sup>, 즉 촉감 중에는 따뜻함 외에 또 다른 특성도 있다. 위에 언급한 '따뜻한 음료' 실험을 수행했던 존 바그는 또 한 명의 촉각 전문가 조슈아 애커만<sup>Joshua Ackerman</sup>과

함께 사람들이 다양한 중량과 재질의 물건을 쥐거나 만질 때 그들의 판단이 어떻게 달라지는지를 조사했다. 그들은 48명의 사람에게 가볍거나 무거운 클립보드를 건네주고 여러 가지 사회복지 서비스에 정부가 어느 정도의 예산을 배정해야 하는지를 적어달라고 부탁했다. 그 결과 무거운 클립보드를 든 사람들이 더 많은 액수를 기록했다. 그들은 손에 들고 있는 클립보드의 무게를 더 많은 돈을 쓸 수 있는 일종의 권한으로 인식했다. 마찬가지로 사람들에게 취업 응시자의 지원서가 담긴 무거운 클립보드를 건네주면 그들은 그 지원자의 능력을 가벼운 클립보드에 담긴 지원서보다 더 높게 평가하게 된다.

두 연구자는 의자의 재질 차이가 미치는 영향에 관해서도 연구했다. 그들은 총 98명의 피험자를 두 그룹으로 나누어 각각 부드러운 쿠션이 있는 의자와 딱딱한 나무 의자에 앉도록 했다. 그런 다음 중고 자동차를 구매하는 협상 과제를 수행하도록 했다. 딱딱한 의자에 앉은 사람들은 좀처럼 원래 입장을 바꾸지 않았고 가격을 올리려고도 하지 않았다. 반면 편안한 의자에 앉아있던 사람들은 협상안을 내놓으라는 말에 기꺼이 원래 제시했던 가격을 올려주었다.

그러므로 누군가에게 어떤 물건을 건네줄 때는 무겁고 부드러운, 그리고 따뜻한 재질의 고급 제품을 골라야 한다. 심지어 보고서 인쇄 용지나 서류철도 마찬가지다. 상대방에게 부드러운 재질의 의자를 내어주면 그들 역시 좀 더 너그러운 태도를 보인다. 그리고 세일즈 상담은 상대방이나 나나 꼭 앉아서 해야 한다. 일어서서 판촉이나 협상을 하는 것은 결코 현명한 행동이 아니다. 감각 마케팅 전문가 루카 시안[Luca cian]은 자신의 연구에서 앉아있거나 서 있는 한 그룹의 학생들에게 솔깃한 질문을 몇 가지 던졌다. 그 질문은 예컨대 "아직 해야 할 숙제가 남아있는데 다 제쳐두고 콘서트를 보러 갈 것인가?"와 같은 것들이었다. 그 결과 서 있던 학생들은 가만히 있었던 반면, 앉아있던 학생들은 질문을 받자마자 곧장 창가로 달려가더니 티셔츠를 갈아입고 콘서트 티켓을 움켜쥐는 자세를 취했다.

## 뾰족한 모양

..... 마지막으로 고려할 감각 처방 요소는 모양이다. 향기(밝고 자극적인 라임 향)에 어울리는 공감각을 추구한다면 본능적으로 뾰족한 모양을 떠올리게 된다. 뾰족한 모양은 운동을 다루는 장에서도 나왔듯이 적극적이고 긍정적인 느낌을 준다. 브랜딩의 대가 매기 맥냅[Maggie Macnab]은 디자인의 비밀을 풀어낸 자신의 저서에서 삼각형을 열망과 영감의 상징으로 꼽았다. 그녀는 산봉우리가 영감을 은유하는 존재라고 말하기도 했다.

모양은 우리가 작성하는 발표 자료에 포함된 로고나 도형의 형태로 시각화할 수 있다. 그리고 그것은 다시 촉감으로 바꿀 수 있다. 뾰족한 모양의 물건을 쥐고 있는 사람은 날카롭고 역동적이라는 인상을 풍긴다. 마찬가지로 튼튼하고 무거운 것을 들고 있는 사람은 능력 있고 우수한 인물이라는 느낌을 준다. 라임 향이 섞인 물을 각진 유리잔에 담으면 한층 더 신선하고 톡 쏘는 듯한 맛이 난다. 고객은 아마도 '물맛이 기가 막히는데?'라고 생각하며 내가 대접하는 음료의 품질에 감탄하게 될 것이다.


## 감각에 관해 말한다

..... 감각과 관련된 이 모든 경험을 뒷받침하기 위해 판촉 활동이나 발표를 할 때는 청중이 감각에 관해 생각할 수 있도록 기회가 있을 때마다 그런 주제로 대화를 유도하는 편이 좋다. 감각을 인식하고 거기에 관심을 집중하는 것은 각종 치료법이나 정신수련 분야에서 사람들을 명상으로 이끌기 위해 널리 사용되는 방법이다. 그러나 연구 결과 사람들은 무언가를 만지거나, 맛보거나, 냄새를 맡는다고 '상상할' 때도 두뇌에서는 실제로 그렇게 할 때와 똑같은 영역이 활성화된다는 사실이 밝혀졌다.

우리는 매장에서 어떤 물건을 손에 잡는 순간 이른바 '소유 효과en-dowment effect'에 사로잡힌다. 즉, 이미 그것을 소유한 것 같은 착각에 빠져 사지 않고는 매장을 나서기 힘들어지게 된다. 한 연구 결과에 따르면 심지어 물건을 만진다고 상상하기만 해도 소유 효과가 발동되었다고 한다. 또 다른 연구에서는 사람들에게 초코칩 쿠키의 사진을 보여주고 냄새를 떠올려보라고 하자, 즉각 입에 침이 고였다고 한다. 결론적으로 무슨 내용이든 청중을 향해 발표할 기회가 오면 반드시 감각을 언급해야 한다. 사람들에게 냄새와 소리, 무언가를 집는 장면, 또는 그들의 감정을 떠올려보라고 말하는 것이다. 그러면 사람들은 내 말을 더욱 생생하게 느끼고 더욱 집중하게 된다.

---

### 자신감과 유능함으로 상대방의 동의를 얻어내는 감각 처방

✦ 상담이나 통화 전에는 저음이 풍부한 음악을 듣는다.

✦ 저음의 목소리와 빠른 어조로 말한다.

✦ 똑바로 서서 미소를 짓는다. 통화할 때도 마찬가지다.

✦ 검은색 옷을 입으면 자신감 있고 똑똑하게 보인다.

**잠재 고객을 만날 때**

✦ 색상: 녹색이 좋다. 단 아픈 느낌의 칙칙한 노란색이 섞인 색깔
은 피한다. 짙은 녹색 수풀이 우거진 장면을 생각하면 된다. 녹
색 메모지를 사용하고 파워포인트 배경색도 녹색으로 채운다.
주변에 녹색 식물이 많은 장소를 택하거나, 방 안에 화분 식물
을 놓아둔다.

✦ 향과 맛: 라임 향이나 깔끔한 오렌지 향을 뿌린다. 손님에게 라
임 향이 들어간 얼음물을 내온다. 그러면 사람들의 마음이 너
그러워진다. 무언가를 팔 때도 냄새를 이용한다. 팔고자 하는
물건을 상징하는 향을 같이 사용하면 내가 하는 말에 생명을
불어넣어 상대방의 감성을 자극할 수 있다.

✦ 소리: 조용하고 약하며 탁한 소리가 좋다. 시끄러운 울림이 있
거나 거슬리는 소리, 예를 들면 에어컨에서 나는 윙윙거리는
소리나 건축 공사 소음이 들려오는 방은 피하는 것이 좋다.

✦ 온도: 따뜻한 온도를 유지한다. 손도 따뜻하게 하고 따뜻한 소재의 물건을 사용한다. 플라스틱 등의 합성 재료는 피한다. 실제 온도와 상관없이 심리적으로는 다 차가운 소재에 속한다.

✦ 질감: 부드럽고 무거워야 한다. 손님에게 무거운 종이로 된 서류를 단단한 서류철에 담아 건네라. 의자는 부드럽고 폭신한 것을 권한다.

✦ 모양: 뾰족한 모양을 사용한다. 라임 향이 첨가된 음료를 각진 모양의 잔에 담아낸다. 발표 자료에도 각진 모양의 도형을 많이 쓰면 적극적이고, 역동적이며, 긍정적인 느낌을 줄 수 있다.

✦ 말: 감각에 관해 언급하라. 상대방에게 만지거나, 손에 쥐며, 냄새를 맡고, 소리 듣는 것을 상상하라고 해보라. 어떤 것이든 좋다. 그럴 상황이 아니라면 상대방이 감각에 관심을 기울일 만한 말을 해서 그들의 두뇌 속 감성을 자극하는 것도 좋다.

# 점심시간: 신나는 일을 상상하라

일과를 보내다가 어느 정도 남아있는 시간이 눈에 보이기 시작할 때쯤이 바로 보람 있는 어떤 일을 계획하기에 좋은 시간이다. 퇴근 후에 와인을 한잔 마시거나, 자전거를 타거나, 멋진 물건을 쇼핑하거나, 맛있는 식사를 하는 것 등 신나는 일이라면 어떤 것이든 좋다. 점심시간은 하루를 마무리할 때가 서서히 보이는 서막이기도 하지만, 사실은 뭔가를 기다린다는 것 자체가 충분히 가치 있는 시간이기도 하다.

즐거운 어떤 일을 기다리는 동안 즐거움이 배가되기도 하지만, 사실은 그 기다림의 시간 자체가 원래의 대상만큼이나 좋을 수도 있다. 나는 어떤 브랜드나 상품을 기획할 때 일부러 이렇게 만족감을 유예하는 장치를 고안하는데, 이를 '소비 의례 consumption rituals'라고 부른다. 대표적인 예가 기네스 맥주 1파인트 pint(액량 또는 건량의 단위, 영국 기준으로 0.568리터-옮긴이)를 따른 후에 회사가 발표한 공식 시간인 119.53초를 기다렸다가 마셔야 한다는 것이다. 기네스 맥주를 잔에 따른 후 거품이 생겼다가 두 층으로 명확히 구분되면 바텐더가 거품을 걷어내기까지 걸리는 시간이 딱 그 정도라고 한다. 연구자들은 그 정도 시간이 지난 후에 맥주 맛이 가장 좋은 이유는 그동안에 기대감이 고조되기 때문이라는 사실을 밝혀냈다.

만족감의 유예라는 관점에서 생각해보면 멋진 상품일수록 포장을 약간 지나칠 정도로 복잡하고 열기 어렵게 만드는 이유가 설명된다. 실제로 나 역시 브랜드 디자인에 관해 그렇게 조언할 때가 있다. 과자 상자에 관한 한 연구 결과에 따르면 포장이 단단해서 열기 어려울수록 과자가 맛있다고 말하는 사람이 많다고 한다. 원하는 것을 얻는 데 노력을 많이 들일수록 그 결과물은 더 달콤해진다는 것이다. 이미 말했듯이 기다리는 것 자체로 더 나은 경우가 있다. 2002년 과학자들은 맛있는 간식을 먹기 위해 기다리는 사람들의 두뇌 반응을 fMRI 장비로 측정해보았다. 그 결과 사람들의 도파민 분비량은 기다리는 동안이나 실제로 먹는 시간이나 전혀 차이가 없이 모두 높은 수치를 보였다. 신나는 일을 계획하는 동안 두뇌에서는 행복 호르몬이 배출되어 더욱 긍정적인 기분을 유지할 수 있다. 일과를 보내면서 업무에 짓눌리고 지칠 때마다 신나는 일을 생각하면 조금이라도 힘을 낼 수 있을 것이다.

## 이른 오후: 회의하기 좋은 시간

이른 오후는 내부 회의를 하기에 적당한 시간이다. 특히 회요일 오후 3시가 가장 좋은 시간이라고 알려져 있다. 사실 거의 모든 사람이 함께 모일 수 있는 시간이 그때이기도 하다.

내부 직원, 또는 다른 회사나 단체에 속한 사람들과 만날 때는 꼭 상대방을 설득하기 위해 모이는 것은 아니다. 그런 모임의 목적은 주로 협력의 기반을 마련하려는 것이다. 요즘 업계에서 널리 쓰이는 표현을 빌리자면 '화합의 장'을 여는 것이다. 그런데 이런 모임을 시작할 때 분위기가 서먹해지는 경우가 종종 있다. 특히 처음 보는 사람들이 섞여 있을 때는 더욱 그렇다. 각자의 역할과 책임을 둘러싸고 권력과 갈등에 피해의식을 느낄 때도 있고, 마지못해 참석했으나 분위기에 주눅이 들 수도 있다. 그러나 사람들의 마음을 열 수 있는 감각적 장치를 몇 가지 활용하면 교류와 협력의 분위기를 조성하여 대화를 촉진할 수 있다. 그렇게 하면 모두의 힘을 한데 모으고 걱정을 공중에 (꽃향기와 함께) 날려버릴 수 있다.


## 싱싱한 꽃

····· 2008년 라스베이거스의 한 회의장에서 도박업계 종사자들이 포커스그룹을 형성하여 슬롯머신 신제품에 관한 토론을 벌였다. 그 방에는 제라늄 향이 은은히 퍼지고 있었다. 거의 비슷한 형태의 옆방에서도 역시 동종업계 사람들이 모여 똑같은 장비를 놓고 토론하고 있었는데, 그쪽 방에서는 아무 향기도 나지 않았다. 그들은 곧 그 슬롯머신이 신제품이 아니라는 사실을 알게 되었다. 그들은 자신도 모르는 사이에 코넬대학교의 디나 젬케<sup>Dina Zemke</sup>와 스토 슈메이커<sup>Stowe Shoemaker</sup>가 사람들의 유대감과 상호작용에 미치는 향기의 영향을 조사하는 연구의 대상이 된 것이었다. 양쪽 방에 있던 사람들은 모두 사회자가 늦게 도착한다는 말을 들은 다음 15분 동안 그 기계를 살펴볼 기회가 주어졌다. 제라늄 향이 나는 방에서는 사람들이 서로 시선을 맞추고 대화를 나누는 횟수나 몸짓과 신체 접촉의 빈도가 그렇지 않은 방에서보다 더 높았다.

이와 유사한 다른 연구에서는 꽃향기가 사람들의 상호작용을 촉진하고 서먹함을 깨뜨리는 역할을 한다는 것이 밝혀졌다. 다소 특이한 아이디어를 전제로 삼은 또 다른 연구도 있었다. 사람들에게 일어서서 마임 연기 장면을 지켜보게 한 후, 앞으로 나와서 특별히 감동적인 장면이 있었다면 말해달라고 부탁한 것이었다. 이 실험에서 꽃향기를 맡았던 사람들은 샤넬 No.5나 베이비파우더 등 다른 향을 맡은 사람에 비해 마임 연기에 감동했다고 말한 사람이 무려 세 배나 더 많았다.

라벤더 향도 신뢰감을 전달하는 효과가 있다고 밝혀졌다. 꽃향기를 맡으면 사람들은 대체로 좀 더 마음을 열고 대화를 나누며 상호작용하는 경향이 있다. 이는 아마도 긴장과 스트레스가 풀려 서먹서먹한 감정이 누그러졌기 때문이거나, 아니면 그저 기분 좋은 냄새를 맡아서일 수도 있다. 그러나 꽃향기가 다른 좋은 냄새에 비해 훨씬 더 큰 효과를 내는 것만큼은 분명하다. 따라서 협력을 증진하는 모임을 갖기 전에는 회의실에 꽃을 가져다 놓고 라벤더나 제라늄 향을 조금 뿌려두는 것이 좋다. 단, 방 안에서 칙칙한 냄새가 나면 곤란하다. 신선한 천연향을 사용하라. 인공적인 느낌이 조금이라도 나면 치명적인 역효과를 일으키게 된다.

## 노란색

‧‧‧‧‧　　　　　빨간색이 각성을 일으키고 녹색은 긍정적인 판단에 도움이 되지만, 사람들이 긍정적이고 낙관적인 마음을 유지하는 데 가장 좋은 색깔은 노란색이다. 빨간색에 비하면 자극은 훨씬 덜 하지만, 여전히 활발한 느낌을 준다. fMRI 단층 촬영기를 사용한 연구 결과 노란색 빛의 파장은 뇌파의 활동을 자극하며 특히 '논리적 각성' 을 촉발한다고 한다. 유명한 색채 치료사 수지 치아자리 Suzy Chiazzari는 노

란색을 가까이 둠으로써 얻을 수 있는 효과로 행복감과 낙관주의, 그리고 논리적 자극 등을 들었다. 앞에서 언급했던 녹색이 가장 긍정적인 색상이라는 결과가 나온(응답자의 95.9퍼센트가 이를 지지했다) 설문조사에서 2위는 93.5퍼센트의 동의를 얻은 노란색이었다.

노란색은 태양과 여름을 떠올리게 하는 만큼 꽃향기와도 잘 어울리는 색이다. 대만의 한 연구진은 역사적으로 존재했던 모든 색상 이론을 연구한 결과, 노란색이 언제나 긍정적인 색상으로 간주되어왔다는 사실을 밝혀냈다. 부정적인 의미를 굳이 부여하자면 두려움이나 소심, 병약 등을 들 수 있지만, 기분 좋은 햇살이 떠오르는 노란색에서 어떻게 그런 의미를 찾을 수 있는지 나로서는 이해되지 않는다. 모임을 주최하게 되었는데 모임 장소를 노란색 방으로 마련하거나 노란색 탁자를 준비할 수 없다고 해도 할 수 있는 다른 방법은 많다. 즉 방 안에 노란색 꽃을 많이 놔두거나 사람들에게 나눠줄 자료를 노란색 서류철에 담는 것 등이다. 발표 자료의 첫 페이지를 노란색으로 장식할 수도 있고 조명을 따뜻한 노란색으로 비춰도 된다.


## 어두운 조명

•••••        모임의 단결을 강화하기 위해서는 조명을 약간 어둡게 유지하는 것이 사람들의 사교성을 자극하는 데 더 좋다는 연구 결과가 있다. 이것은 우리가 남들 눈에 덜 띈다고 느낄 때 서먹한 기분을 해소할 수 있기 때문일 수도 있다. 도쿄도시대학 환경연구실

시게오 고바야시 Shigeo Kobayashi 교수는 실험실과 야외 공공장소에서 조명의 밝기를 다양하게 바꿔가며 사람들의 행동이 어떻게 달라지는지 관찰했다. 그 결과 사람들은 조명이 어두울 때 서로 가깝게 앉아, 앉은자리를 고쳐가며 얼굴을 마주 보고 긴밀한 대화를 나눈다는 사실이 밝혀졌다. 어두운 조명 아래에서 사람들은 시선을 마주치고 몸짓을 보이거나 대화를 나누는 빈도가 가장 높았다. 영국에서 있었던 또 다른 연구에서는 선반이나 머리맡에 둔 등을 어둡게 또는 밝게 바꿔가며 처음 보는 사람들끼리 같은 방에서 10분간 텔레비전을 시청하도록 했다. 그 결과 조명이 밝을수록 서로 말없이 지내는 시간이 길었다. 조명이 어두워지자 비로소 피험자들은 시청한 내용을 서로 말하기 시작했다. 이 연구를 통해 알 수 있었던 또 다른 사실은 사람들이 느끼는 각성도는 조명의 밝기 또는 위치와 상관이 없었다는 것이다. 이것이 좋은 소식인 이유는 사람들 사이에 교류를 활성화하면서도 에너지 비용을 최소화할 수 있다는 뜻이기 때문이다.


## 부드러운 질감

• • • • •        질감의 효과를 이해하기 위해서는 신체 접촉이 상호작용에 미치는 영향에 관한 존 바그 교수의 연구를 참조하는 것이 가장 좋다. 물론 무거운 물건과 푹신한 의자, 그리고 따뜻한 질감 등은 이런 상황에도 마찬가지로 유효하다. 사람들에게 따뜻한 감성을 전달하는 요소는 무엇이든 협력을 증진하는 데 도움이 된다. 그러나

바그 교수의 또 다른 연구는 사람들의 협력을 강화하는 데 특별히 더 적합한 것을 제시한다. 그 연구에서 사람들은 서로 힘을 합해 조각 그림을 맞추는 과제를 수행했다. 그런데 한쪽 그룹이 맞추던 조각 그림의 뒷판은 부드러운 재질이었고, 다른 그룹은 모두 뒷판이 사포로 된 조각 그림을 맞추었다. 사포 재질의 조각 그림을 맞추던 사람들은 부드러운 재질의 그룹보다 팀원들이 별로 친절하거나 협조적이지 않다고 생각했고, 결국 퍼즐을 완성한 시간도 더 길었다.

사람들에게 나눠주는 물건은 가능한 한 부드러운 소재를 사용하는 것이 좋다. 꽃잎에 버금가는 부드러운 소재를 사용하여 감각적 일치를 구현할 수 있다면 엄청난 상승효과가 일어날 것이다. 그룹 회의에서 자료를 나눠줄 때도 부드러운 재질의 인쇄용지를 사용하는 것이 좋다. 사람들이 앉을 자리마다 탁자 위에 부드러운 깔개를 덮거나 부드러운 컵 받침을 놔두는 것도 좋은 방법이다.

회의에 필요한 모든 소재에 똑같은 원리를 적용할 수 있다. 딱딱한 과자나 견과류보다는 부드럽게 씹히는 간식, 예를 들어 마시멜로를 제공할 수도 있다.


## 나지막하게 웅성거리는 소리

••••• 주위가 적막하면 아무래도 대화하기가 꺼려진다. 미술관이나 은행처럼 사방이 쥐 죽은 듯 조용한 곳에서 말을 꺼내기조차 어려웠던 기억이 한두 번쯤은 다들 있을 것이다. 그렇다고 너

무 시끄러운 것도 좋지 않기는 마찬가지다. 우선 다른 사람의 말을 도무지 알아들을 수조차 없어 회의를 여는 것이 사실상 무의미해지게 된다. 바람직한 환경은 이런 양쪽 극단 사이의 어느 지점이다. 주변에서 웅성거리는 소리가 그리 거슬리지 않을 정도라면 사람들이 편한 마음으로 대화를 나눌 수 있다. 주변에서 말소리는 들리는데 무슨 내용인지는 모르는 상태를 '웅성거림'이라고 표현한다면, 그것이 바로 대화를 나누기에 적당한 소음 환경이라고 볼 수 있다.

수년 전에 시내 중심가에 자리한 어느 은행의 모의 매장 운영에 참여한 적이 있었다. 그들은 새로운 매장 디자인과 홍보 활동에 대한 고객의 반응을 점검하고 있었다. 그때 우리는 사람들에게 더 편안하고 여유로운 느낌을 주기 위해 숨겨진 스피커를 이용해 나지막하게 웅성거리는 소리와 찻잔이 가볍게 부딪치는 소리가 나게 해두었다. 그 결과, 놀랄 정도로 큰 효과가 났다. 적막을 깨뜨릴 정도로만 가볍게 소음을 냈을 뿐인데 사람들은 본능적으로 말을 많이 하기 시작했다. 나중에 물어봤을 때 약한 소음이 났다는 사실을 알아차린 사람은 아무도 없었다.

알고 보면 '웅성거리는 소리'는 여러 가지 음악 스트리밍 서비스에도 이미 많이 사용되고 있다. 참고로 센스 웹사이트에도 몇 가지 사례를 올려두었다.

## 잔잔한 음악

••••• 　　　　　　화합 성격의 모임에 잔잔한 음악을 틀어두는 것이 좋다는 것은 두말할 필요도 없다. 음악을 들으면 기분이 좋아진다는 것은 누구나 아는 사실이다. 매장에 느린 곡조의 음악을 틀어두면 사람들이 물건을 둘러보는 시간이 76퍼센트까지 증가한다. 식당에서 사용되는 음악을 연구한 결과, 느린 음악을 틀어놓으면 사람들의 식사 시간이 길어지고 소비금액도 증가하는 것으로 드러났다.

음악도 다른 감각적 요소와 성격을 통일해야 한다. 부드럽고 따뜻한 음악을 선곡해야 하며, 날카롭고 거슬리는 기타 소리나 차가운 디지털 음악은 피해야 한다. 다른 소리와 마찬가지로 음악 역시 들릴 듯 말 듯 주변에서 은은히 울리는 정도가 가장 좋다.


## 둥근 테이블에 둘러앉는다

••••• 　　　　　　아서왕이 기사들을 소집할 때 둥근 테이블에 둘러앉게 한 것은 그야말로 탁월한 선택이었다. 소설의 어느 편집본에 따르면 그는 "귀족들이 남보다 낮은 자리에 앉는 것을 좋아하지 않았기에 서로 갈등을 일어나는 것을 방지하기 위해" 그렇게 했다고 한다. 둥근 테이블에는 상석이 따로 존재하지 않으므로 그 자체로 누구나 평등하다는 것을 강력히 보여주는 장치가 된다. 20세기에 들어와서 영국의 정신과 의사 험프리 오스먼드Humphry Osmond가 여기에 '친밀 환경'이라는 과학적 개념을 부여하고 표현함으로써 그 긍정적인 영향이 재평

가되기에 이르렀다. 다른 모든 사람을 마주 보며 앉으면 속마음을 털어놓고 말을 꺼내기 쉬운 자세가 된다. 일본의 학교 교실 자리 배치에 관한 어떤 연구에 따르면, 둥근 형태로 좌석을 배치하자 교우들 간의 소속감이 증진되었고, 학습 효과에도 긍정적인 영향을 미쳤다고 한다.


## 함께 어울리기

····· 　　　　　　　모임에 서먹한 분위기가 감지되어 응집력을 고취할 필요가 있을 때는 한바탕 어울리는 것도 좋은 방법이다. 소규모의 모임일수록 각자 개성을 내세우는 것도 당연하지만, 단결의 계기가 마련되면 분위기는 분명히 달라질 수 있다. 이른바 '자기 범주화 이론'에 따르면 사람들이 자신을 그룹의 일원으로 인식하느냐 여부는 처한 상황에 따라 얼마든지 달라질 수 있다. 소비자들의 퇴근 후 음주 활동에 관한 연구에 따르면, 평소 개인 중심에 갇혀있던 사고방식이 집단의식으로 변화하는 것은 친구네 집이나 클럽에서 소규모로 모여서 놀 때 가장 많이 일어나는 현상이라고 한다(실제로 나는 모 맥주 브랜드 관련 프로젝트에서 이런 연구를 접한 적도 있다). 그들은 사람들 틈에서 각자 흥에 겨워 놀다가도 어느 순간 다른 집단과 구분되는 특정 집단의 일원으로 자신을 인식하는 순간이 온다. 그때부터는 같은 집단에 속한 다른 사람들로부터 신뢰와 지지의 감정을 느끼게 된다.

✦ 향기: 신선한 꽃을 준비하라. 치자나무나 장미 같은 꽃이 주변에 있으면 사람들이 말을 많이 하고, 오렌지꽃 향기는 너무 진하지 않아 좋은 것으로 알려져 있다.

✦ 색상: 노란색은 밝고 낙관적인 느낌을 주므로, 모임 장소에 노란색 꽃을 꽂아두거나 발표 자료에 노란색 바탕을 깔면 좋다. 회의자료도 노란색 표지의 서류철에 담아 제공한다.

✦ 조명: 어둡게 한다. 조명을 어둡게 하면 사람들은 오히려 적극적인 태도를 보인다. 조명 색깔을 조절할 수 있으면 따뜻한 노란색에 맞춰두는 것이 좋다.

✦ 질감: 부드러운 질감은 협력과 응집에 도움이 된다. 단, 따뜻하고 튼튼한 소재를 택해야 한다. 가능하면 종이도 부드러운 질감의 제품을 사용하는 편이 좋다.

✦ 맛: 너무 바삭거리는 소리가 나지 않는 부드러운 간식을 준비한다. 예를 들면 마시멜로나 샌드위치, 케이크 같은 것들이다.

✦ 소리: 잔잔한 웅성거림이야말로 사람들이 대화를 나누기에 가장 좋은 배경 소음이다.

✦ 음악: 사람들은 완전한 적막보다는 조용하고 느린 음악이 깔린 장소를 좋아한다.

✦ 자리 배치: 원형 탁자를 사이에 두고 빙 둘러앉아 모두 얼굴을 마주 보는 것이 마음을 터놓고 유대감을 느끼는 데 가장 좋은 환경이다.

✦ 어울리기: 모두 모래알처럼 따로 노느라 도무지 마음을 한데

> 모으기가 어렵다면, 다 함께 클럽에 가서 한잔하며 노는 것도
> 좋은 방법이 될 수 있다.

# 오후 중반: 집중력이 느슨해질 때

창의성은 작가나 화가, 발명가들의 전유물이 아니다. 우리는 모두 창
의적인 존재이며, 창의성은 희곡을 쓰는 작가뿐만 아니라 발표 자료를
작성하는 우리에게도 매우 중요한 능력임이 분명하다. 신사업 계획을
수립하거나 라운지를 새로 꾸밀 색상을 고민할 때도, 사고방식을 바꾸
고 문제를 해결하며 연관성을 발견하는 힘은 바로 창의력에서 나온다.
창의력을 발휘한다는 말은 주변의 모든 사물을 오감을 동원하여 세밀
히 관찰하는 것이다.

"아름다움은 무심결에 만든 물건에서도 자연스럽게 배어난다." 일
본의 미학자 야나기 무네요시Soetsu Yanagi가 1926년에 출간한《잡동사니
의 아름다움The Beauty of Miscellaneous Things》이란 책에 나오는 구절이다. 이 문
장 자체가 아름다운 걸작이기도 하다. 그의 이 말은 접시나 그릇, 주전
자, 냄비 등과 같이 서민층의 공예인들이 수 세기에 걸쳐 만들어온 일
상 용품을 존중해야 한다는 의미이기도 했다. 나 역시 우리가 일상생

활에서 마주치는 모든 사물의 소리와 냄새, 색상, 모양, 질감에 세심한 주의를 기울이면 좋겠다고 생각한다.

야나기 무네요시의 이 아름다운 문장은 오늘날 창의성 연구 분야에서 널리 밝혀진 개념과 일맥상통한다. 그것은 바로 '몰입'이다. 몰입이란 어떤 일에 깊이 집중하는 동안 의식을 살짝 잃어버린 듯한 상태가 되어 무의식의 작용만으로 놀라운 업적을 이루어내는 상황을 말한다. 오후 중반 이후가 되면 우리의 의식도 느슨해지는 경우가 많다. 이럴 때가 바로 창의성이 필요한 일을 하거나 창의적인 공상에 빠져들기에 가장 좋은 시간이다.

창의적인 사상가들은 바로 이 '자발적 주의 분산'의 위력을 오래전부터 활용해왔다. 아인슈타인과 셜록 홈스는 복잡한 수학 문제나 기괴한 사건을 해결하는 와중에도 바이올린을 켜며 마음을 가다듬었고, 그러면서 영감이 번뜩이는 순간을 맞이할 수 있었다. 과학자들이 말하는 '건설적인 주의 분산'은 감각을 적절하게 자극하기만 하면 얼마든지 의도적으로 조장할 수 있다. 지금부터 그 노하우를 살펴보자.


## 아이디어를 떠올리기에 좋은 청각적 환경

• • • • •　　　　　　　모든 학문 연구 분야에는 해당 영역의 슈퍼스타가 존재한다. 존 바그와 조슈아 애커만은 촉감의 거장들이다. 배리 스미스와 찰스 스펜스 Charles Spence 교수는 미각 분야의 원로 격 전문가다. 미국 일리노이대학교 교수 겸 영화 프로듀서인 라비 메타 Ravi Mehta 와

브리티시컬럼비아대학교 교수인 줄리엣 주Juliet Zhu는 창의성 분야의 최고 권위자들이다. 이번 섹션에는 이들의 이름이 많이 등장한다.

라비 메타와 줄리엣 주는 소리가 창의성에 미치는 영향을 연구하기 위해 사람들에게 여러 가지 조건을 부여한 후 창의적인 과제를 수행하도록 했다. 즉 카페의 배경 소음이나 자동차들이 바삐 오가는 도로 상황, 건설 현장의 소음 등이었다. 그 결과 음량이 일정하고, 끊임없이 다른 소음이 들려오지만, 갑자기 큰 소리는 나지 않는 환경이 창의적인 사고를 촉진하는 데 가장 유리한 조건이었다. 그러나 주의 분산과 집중력 사이의 균형을 유지하기 위해서는 그 소리가 계속 들려오고 친숙하며 반복적이지 않아야 했다.

우리는 앞에서 말한 배경 소음(웅성거리는 소리가 들리는 카페)에 만족하기보다 이것을 창의성을 발휘할 기회로 삼을 필요가 있다. 창의성을 살려 일하는 데 도움이 되는 소리를 사용하면 사고의 연상 작용을 최고로 끌어올릴 수 있다. 예컨대 뉴욕을 배경으로 하는 영화 대본을 작성하고 있다면 뉴욕을 떠올리는 음악을 들어본다. 새로운 투자 아이디어를 모색하는 중이라면 주식거래소 현장의 소리를 녹음해서 듣는다. 해변에 자리한 호텔을 설계할 때는 파도 소리를 듣는 식이다.

또는 잠재 고객을 향해 아이디어를 설명할 때 '경험을 자극하는 향기'를 사용했듯이, 지금 하는 일을 어떤 감정으로 요약할 수 있는지 생각해볼 수 있다. 치열한 경쟁과 열정이 필요한 일이라면 축구 경기와 관련된 소리는 어떨까? 발상을 전환하여 창의성을 발휘하고 유익한 장면을 연상할 수 있는 것을 생각해보라. 소리를 기반으로 한 웹사이트를 잘 활용하면 어떤 분위기든 만들어낼 수 있다. 물론 센스 웹사이트에는 이와 관련된 사례도 올라와 있다.

적절한 음량이 어느 정도인지를 보여주는 증거는 많다. 배경 소음의 크기가 75데시벨을 넘어가면 창의성이 급격히 줄어든다. 진공청소기에서 나는 소음이 이 정도 되므로 꽤 시끄러운 수준이라고 볼 수 있다. 라비 메타와 줄리엣 주, 그리고 버지니아 경영대학 교수인 아마르 치마Amar Cheema의 공동 연구에서는 다양한 음량의 소음을 배경으로 사람들의 창의적 사고가 어떻게 달라지는지 살펴보았다. 피험자들에게는 연관 단어를 알아맞히는 과제를 제시했다. 세 가지 단어를 제시하고 이것과 연관된 네 번째 단어를 답하는 것이다. 예를 들면 치료, 고무, 웨건이라는 세 단어에 대한 대답은 밴드라는 식이다. 이 실험에서 사람들은 배경 소음이 65데시벨일 때 가장 높은 점수를 기록했다. 65데시벨은 손님이 많은 식당과 같은 수준의 음량이다. 각자 자신이 일하는 곳의 소음이 쾌적한 수준에 해당하는지 파악해볼 필요가 있다. 휴대 전화에 소음 측정 앱을 다운로드해서 실행하면 된다.

## 점토 장난감 냄새

••••• 어릴 때 가지고 놀던 점토 장난감 냄새를 기억하는가? 그 냄새를 맡으면 창의적 사고와 문제 해결 능력이 고취된다. 2015년에 영국 리즈대학교 교수 나히드 이브라힘 Nahid Ibrahim은 이른바 '정신적 시간여행'이 미치는 긍정적인 효과를 조사했다. 이것은 특

정한 냄새가 어릴 적 즐거웠던 추억을 떠올리게 하며, 이런 감각 기억이 업무 성과를 높인다는 개념이었다. 이 연구에서는 사람들에게 '덩커의 촛불Duncker's candle problem'이라는 과제를 제시하였다. 성냥 한 갑과 압정 한 통만 사용하여 불을 켠 양초를 벽에 붙이되, 촛농을 한 방울도 떨어뜨리지 않은 채 벽에 붙여야 한다는 것이었다. 피험자들은 다양한 냄새가 나는 방에서 과제를 수행했다. 대조군 피험자들이 있던 방에는 아무 냄새도 나지 않았지만, 한 그룹이 있던 방에서는 기분 좋은 오렌지 향이 났고, 또 다른 방에서는 점토 장난감 냄새가 났다. 냄새가 나는 두 방에 있던 사람들이 대조군보다 더 우수한 성적을 냈고, 둘 중에서도 가장 나은 성적을 낸 곳은 점토 장난감 냄새가 나는 방이었다.

이브라힘이 말하는 '정신적 시간여행'이 안겨주는 유익은 점토 장난감을 가지고 놀던 재미있고 창의적인 활동을 재현한다는 점과, 먼 옛날의 친숙한 기억을 떠올림으로써 좋은 의미에서 주의를 환기한다는 점의 두 가지로 정리할 수 있다. 이런 용도에 맞는 향기가 갖추어야 할 중요한 요건은 주의를 너무 뺏기지 않도록 냄새가 단순하고 뚜렷해야 한다는 점이다. 예를 들어 양초에 바닐라와 통카콩tonka bean(열대 아메리카산 향료 원료-옮긴이), 베티베르풀vetiver(동인도 원산인 포아풀과의 다년초, 기름을 짜서 향료로 사용-옮긴이), 장미, 머스크 등의 향이 모두 섞여 있으면 기분이 좋아지기는 하겠지만, 이렇게 복잡한 향을 맡다 보면 정신적 에너지를 지나치게 소모하게 되어 오히려 창의력과 집중력을 발휘하는 데 방해가 된다.

사실 점토 장난감 향은 병에 담긴 형태로 시중에 판매되는 제품이

있으므로 사서 쓰면 된다. '라이브러리 오브 프래그런스The Library of Fra-
grance'라는 회사가 마침 창립 90주년을 맞아 출시한 신제품이 나와 있
다. 혹은 창의적인 모임을 열 때마다 내가 하는 것처럼 탁자 위에 점토
장난감을 올려두기만 해도 된다. 나는 주로 파란색을 좋아한다.


## 파란색

․․․․․                              주변에 파란색이 보이면 창의적인 사고에 도
움이 된다. 파란색은 가장 시원한 색상으로, 마음을 진정시키는 효과
가 있다. 라비 메타와 줄리엣 주는 창의적인 사고가 필요할 때는 마음
을 가라앉히는 것이 좋다는 사실을 여러 차례나 보여주었다.

그들이 수행한 어느 연구에서는 피험자들에게 빨간색과 파란색을
띤 여러 모양의 물체를 제공한 후 그것을 조립하여 아이들의 장난감
을 만들어보라는 과제를 부여했다. 그들이 만들어낸 결과물을 흑백으
로 처리하여 제삼자에게 평가를 의뢰한 결과, 파란색 조각을 사용한
아이디어가 더 독창적이라는 평가를 받았다. 빨간색으로 만든 작품은
실용적이라는 평을 들었다. 즉 빨간색은 자세하고 실용적인 일에 적합
한 색상임을 다시 한 번 확인할 수 있다. 아울러 같은 연구에서 파란색
을 사용한 사람들은 좀 더 우세한 '접근 성향 행동approach-motivated behaviour'
을 보였다고 한다. 다시 말해 좀 더 도전적이고 새로운 아이디어에 열
린 태도를 보였다는 것이다.

창의성이 필요한 일을 할 때는 파란색을 많이 사용하면 좋다. 브레

인스토밍용 노트는 파란색 종이를 사용하고, 책상 위에 올려둘 점토 장난감도 파란색으로 고른다. 사무실 환경을 마음대로 꾸밀 수 있다면 공용공간의 벽을 파란색으로 칠하거나 창의적인 업무를 주로 하는 회의실의 탁자 윗면을 파란색으로 처리하는 등의 방법이 있다.

## 어두운 조명

•••••  창의적 사고에 가장 좋은 조명이 어떤 것인지를 알려주는 여러 연구 결과가 있다. 이 분야의 연구도 라비 메타와 줄리엣 주가 많이 했고, 여기에 첸 왕[Chen Wang]과 제니퍼 아르고[Jennifer Argo]가 합류했다. 밝기를 다양하게 주절한 주명 아래에서 사람들에게 창의적인 과제를 수행하도록 하는 연구를 했을 때, 그 결과는 엄청난 차이가 났다. 사람들은 어두운 조명 아래에서는 행동이나 사고를 주저하지 않고 좀 더 자유로워지는 것을 알 수 있었다. 그러나 어떤 연구에 따르면 끊임없이 새로운 아이디어를 내다보면 오히려 창의력이 떨어진다는 사례도 있었다.

사무실이나 가정의 조명 밝기를 조절할 수 있다면 시간에 따라 다르게 설정하는 것을 고려해볼 필요가 있다. 조도가 천천히 변하는 것이 창의적 사고에 도움이 된다는 증거가 있기 때문이다. 크리스마스 조명처럼 8초에서 16초 사이에 한 번씩 조도와 색조가 천천히 변한다면 좋은 의미의 주의 분산에 큰 도움이 된다.

## 정돈하지 마라, 사무공간은 지저분한 게 좋다

<sup>•••••</sup> 이런 처방은 주변이 지저분하면 도무지 일이 손에 잡히지 않는 나에게는 꽤 흥미로운 내용이다. 나는 책상 위에 쌓인 서류 더미와 펜, 기타 잡다한 물건을 깔끔하게 정리한 후에야 일을 시작할 수 있다. 나의 이런 성격을 가벼운 강박장애라고 볼 수도 있겠지만, 그보다는 꾸물거리는 버릇이라고 하는 편이 좀 더 정확한 표현이라고 생각한다. 그러나 창의성을 고취한다는 면에서는 양쪽 모두 잘못된 평가임이 분명하다.

어떤 연구에서 두 명의 피험자가 각각 다른 방에 들어갔는데, 그 두 방은 책상 위에 물건이 정돈된 상태를 제외하면 다른 모든 면에서 똑같았다. 한쪽 방의 책상 위에는 몇 장 되지 않는 서류가 깔끔하게 정리되어있었던 반면, 다른 방의 책상에는 똑같은 서류가 이리저리 흐트러져 있었다. 피험자들에게 주어진 창의 과제는 탁구공을 생산하는 회사가 제품의 새로운 용도를 모색하고 있으니 각자 새로운 아이디어를 열 가지씩 내보라는 것이었다. 다소 까다로운 이 문제를 고안한 사람은 미네소타대학교의 학자 캐슬린 보스<sup>Kathleen Vohs</sup>, 조셉 레든<sup>Joseph Redden</sup>, 라이언 라이넬<sup>Ryan Rahinel</sup>로, 1967년에 미국의 심리학자 J. P. 길퍼드<sup>Joy Paul Guilford</sup>가 개발한 '대안적 사용법 테스트<sup>alternative uses task</sup>'를 응용한 것이었다(길퍼드가 처음에 제시한 사례는 탁구공이 아니라 벽돌의 용법을 찾는 것이었다).

이 연구를 통해 무질서한 환경에 놓인 사람들이 더 많은 아이디어를 내놓으며, 그 결과 독특하고 '창의적인' 해결책도 더 많이 찾아낸다는 사실을 알게 되었다. 정돈된 환경에 있는 사람들의 인지 능력은 좀 더 정형화된 형태로 발휘되었던 반면, 주변이 어지러운 공간에 있던 사람은 비정형적인 사고방식을 보였다. 예술가와 작가, 과학자, 기타 혁신적인 사고를 하는 사람들의 작업 공간이 어지러운 것은 흔히 있는 일이다. 마크 트웨인<sup>Mark Twain</sup>에서 스티브 잡스<sup>Steve Jobs</sup>에 이르는 위대한 사상가 중에는 자신이 일하는 곳을 어수선한 채로 놔두기로 유명한 사람이 많다. 나로 말하자면 비록 약한 강박관념을 가지고 있기는 해도 작업 공간을 다소 어지러운 채로 놔두려고 애를 쓰는 편이다. 업무를 시작하기 전에 늘 정돈하는 습관이 있지만 일하다 보면 자연스럽게 엔트로피가 증가해서 두뇌 활동이 모호한 상태로 접어드는 데 도움이 되곤 한다.

## 열린 공간

ᐧᐧᐧᐧᐧ 앞에서 하루 일을 시작하는 법을 다룰 때 언급했듯이 천장의 높이는 우리의 사고방식에 영향을 미친다. 천장이 높으면 더 자유롭고 마음이 열리는 느낌이 들어 사고방식에도 변화가 온다. 줄리엣 주가 바로 이 놀라운 연구 분야의 전문가다. 그녀는 천장 높이가 2.4미터에서 3미터 정도 되는 방에 사람들을 불러서 낱말 바꾸기 문제를 풀도록 했다. 제시된 단어는 모두 자유(해방, 무제한 등) 및 구속(억제, 제한 등)과 관련된 것들이었다. 이 실험의 바탕에는 피험자가 느끼는 감정이 자유냐 구속이냐에 따라 맨 먼저 떠오르는 단어

가 결정될 것이라는 가정이 있었다. 실험 결과 이 가정은 유효한 것으로 판징되었다. 천정이 높은 방에 있던 사람들은 자유와 관련된 단어에 더 빠른 반응을 보였다. 같은 연구에서 사람들이 정보를 기억하는 방법의 차이를 살펴보는 실험을 추가로 진행한 결과, 천장이 높은 방에서는 추상적인 사고와 서로 다른 아이디어를 모호한 방식으로 연관 짓는 능력이 향상되는 것으로 드러났다. 한마디로 틀을 벗어난 사고에 능숙해지려면 그 틀(방의 높이)이 커져야 한다는 말이었다.

## 점토 장난감, 연필, 그리고 예술가들이 입는 작업복?

● ● ● ● ●                    동료들과 함께 창의적인 업무를 할 때 뛰어난 아이디어를 내고 싶다거나, 한껏 근사하게 차려입어서 자신감을 표현하고 싶을 때야말로 제복 효과와 사물 점화의 위력을 제대로 경험할 기회다. 예술적인 의미를 담고 있는 물건은 많으므로 창의적 사고를 촉진하기 위해 그런 것을 의상으로 표현하거나 탁자 위에 올려두는 것 정도는 너무나 쉬운 일이다. 우선 파란색 점토 장난감을 들 수 있다. 주변에 놔두면 금방 눈에 띄고, 보는 사람도 기분이 좋으며, 향기와 색상을 표현할 수도 있다. 늘 사용하느라 싫증이 난 볼펜 대신 연필을 필기구로 쓰는 것도 좋은 방법이다. 그림용 붓을 쓸 수도 있지만, 다소 실용성이 떨어지는 단점이 있는 것이 사실이다.

진짜 예술가처럼 베레모와 작업복을 입는 것이 다소 쑥스럽다면 헐렁한 옷으로 자유로운 느낌만 줘도 된다. 거기에 스카프나 숄을 무심히 걸쳐 예술가 느낌이 나게 할 수도 있다. 복장에 관한 항목에서도 다룬 적 있는데 창의적인 업무를 할 때마다 똑같은 옷이나 장신구를 걸치면 연상 효과가 일어난다. 어쨌든 각자 창의적인 것과 관련된 시간이나 사람을 떠올릴 수 있는 무언가를 착용하면 된다.

---

### 창의성을 촉진하는 감각 처방

✦ 소리: 아이디어를 촉진하는 음향 환경을 조성한다. 업무와 연관된 장면을 떠올리는 꾸준하고 친숙한 소리이면서도, 똑같은 소리가 반복되지 않는 것이 좋다.

✦ 향기: 점토 장난감이 좋다. 그 향기만 병에 따로 담은 형태의 제품도 나온다. 아니면 그냥 점토 장난감을 가지고 있다가 일을 시작하기 전에 테이블에 올려두기만 해도 된다.

✦ 색상: 파란색이 좋다. 작업대, 벽, 탁자를 모두 가능하면 파란색으로 고른다.

✦ 조명: 어두운 조명은 긴장을 풀고 수줍음을 떨치는 데 효과적이다. 밝기를 조절할 수 있다면 천천히 조도가 바뀌는 조명이 더 좋다.

✦ 환경: 감당할 수 있는 범위 내에서라면 마음껏 어질러라. 천장은 높은 것이 좋다.

✦ 기타: 앞에서 언급한 점토 장난감, 그리고 자유로운 옷차림과 장신구는 창의적 사고에 필요한 점화 효과를 발휘한다.

# 오후 늦게: 퇴근 시간을 앞당기는 법

퇴근 시간이 가까워질수록 시간이 가지 않는다는 느낌이 들 때가 있다. 시계를 들여다본다고 달라질 것이 없다는 것을 잘 알지만, 느릿느릿 흘러가는 시간을 도무지 참을 수가 없다. 특히 요즘처럼 사방에 시계가 널린 시대에는 더욱 그렇다. 컴퓨터 화면, 휴대 전화, 벽, 거기다 손목에도 시계가 있으니 말이다.

　이때쯤 되면 퇴근 후에 할 일을 계획해두었던 생각이 나면서 도파민이 솟구치기 시작한다. 시간이 빨리 흐르게 할 방법은 없지만, 우리가 '인식하는' 시간은 그렇게 할 수 있다. 우선 눈에 보이는 시계를 모두 치워버리자. 그리고 다음에 제시한 감각 처방을 따르다 보면 시간이 언제 흘러갔는지도 모를 것이다.


## 느린 음악

· · · · ·　　　　　청각은 시간의 흐름에 가장 크게 영향을 미치는 감각이다. 흔히 생각하는 것과는 달리 단조 음계의 느린 음악을 들으면 시간이 더 빨리 흐르게 된다. 이런 현상은 은행에 전화를 걸었을 때 들리는 대기 음악을 선곡하면서 내가 직접 확인하기도 했다. 담당자와 연결될 때까지 기다리는 시간이 다소 길어지더라도 지중해풍의 시원한 음악을 듣는 고객들은 불평하는 횟수가 큰 폭으로 낮아지는 것

이 관찰되었다. 그들이 느끼기에는 10분쯤 되는 대기시간이 갑자기 5분 정도로 줄어든 것 같았다.

이것은 모두 각성 효과와 관련된 현상이다. 빠른 음악을 듣는 동안에는 심박수가 증가하여 각성을 불러일으키므로 시간의 흐름을 좀 더 뚜렷이 인식하게 된다. 반대로 느린 음악은 마음을 가라앉히고 심박수를 감소시키며 호흡이 느려진다. 더구나 음악의 템포에 영향을 받아 시간이 느리게 흐르는 듯한 착각을 일으킨다. 즉 내가 느끼는 것에 비해 '실제' 시간은 더 빨리 흐르는 것이다.

마찬가지로 단조를 주로 사용한 음악은 장조 음계의 밝은 음악에 비해 각성 효과가 낮다. 노스웨스턴대학교의 한 연구에서 연구진은 똑같은 음악을 장조와 단조의 두 가지 종류로 작곡했다. 그런 다음 150명을 대상으로 둘 중의 한 곡을 들려주고 곡의 길이가 어느 정도로 느껴지는지 말해보라고 했다. 그랬더니 전체 길이가 2분 30초밖에 안 되는 짧은 곡이었는데도 단조 음악을 들은 사람은 장조 음악을 들은 이들보다 평균 40초나 더 짧다고 대답했다.

결론적으로 시간이 빨리 지나가기를 바라는 사람은 느린 단조 음악을 들으면 된다. 그렇다고 신파조의 발라드처럼 휴양지에나 어울리는 음악을 틀어놓을 수는 없겠지만, 다소 여유롭고 사색적인 음악을 듣다 보면 일과의 마지막 시간이 언제 어떻게 지나갔는지도 모르게 될 것이다.

## 기분 좋은 냄새

. . . . . 　　　　　　　　종류에 상관없이 좋아하는 냄새가 나기만 하면 시간은 빨리 흐르게 되어있다. 퇴근 시간이 가까워진 시간이야말로 향수를 뿌리거나 향초를 피우기에 적당한 때다. 캘리포니아에서 쇼핑객의 행동을 조사한 한 연구에서 연구자들은 모의 슈퍼마켓을 지어놓고 여러 가지 냄새가 나게 한 다음, 여기에 298명의 학생이 들어가 이곳저곳을 둘러보도록 했다. 연구자들은 학생들이 만져보는 상품의 수는 물론이고, 그들이 매장에 머무르는 시간을 사람마다 일일이 측정했다. 그리고 나중에 각자 매장에 머문 시간이 어느 정도라고 생각하는지를 물어보았다. 그 결과, 향기가 나는 조건에서 매장이나 상품에 대한 만족도가 높았을 뿐 아니라, 자신이 매장에 머물렀다고 생각한 시간이 실제 머물렀던 시간보다 75초 정도 짧은 것으로 나타났다.

흥미로운 것은 그 향기를 인지한 사람이 아무도 없었다는 사실이다. 우리가 평소 감각과 그것이 미치는 영향에 얼마나 둔감한지 알 수 있는 대목이다. 기분 좋은 냄새가 나면 비록 그 사실을 깨닫지 못하더라도 시간이 빨리 흐른다는 사실을 알 수 있다.

좋은 냄새가 나면 기다리는 시간도 그리 지루하지 않게 보낼 수 있다. 지구상에서 모든 일이 가장 느리게 진행되는 곳 중 하나인 차량관리국에서 이와 관련된 설문조사를 진행한 적이 있다. 그곳에는 운전면허와 차량 등록증을 발급받기 위해 몇 시간이고 앉아 기다리는 불쌍한 사람들이 수두룩하다. 이런 끔찍한 환경에서조차 라벤더 향을 잔잔하게 피워둔 결과 사람들은 별 어려움 없이 대기시간을 보낼 수 있었다.

그뿐만이 아니었다. 도저히 믿어지지 않지만, 사람들은 그곳을 떠나면서 고객 서비스가 아주 만족할 만한 수준이었다고 말했다.

느리고 잔잔한 음악이 좋다고 했으니 냄새도 거기에 어울리는 종류로 골라야 한다. 이럴 때는 라벤더 향을 추천한다. 공감각적으로 말하면 라벤더는 '느린' 향에 속한다. 여기에 색상은 진정 효과가 있는 종류가 어울린다. 단, 이 모두는 자신이 좋아하는 것이어야 한다. 따라서 자신이 생각하기에 기분 좋은 환경을 꾸미되, 감각 처방의 다른 요소들과 조화를 이루어야 한다.


## 마음을 가라앉히는 파란색

····· 여기서 중요한 것은 마음이 침착해지고 주변 환경이 멋질수록 시간이 빨리 흐른다는 사실이다. 앞에서 설명했듯이 파란색은 마음을 가라앉히는 작용을 한다. 이런 사실을 입증함과 동시에 웹디자이너들에게 참고가 될 연구 결과가 있다. 컴퓨터 화면에 한 웹사이트를 띄워놓고 49명의 피험자에게 그 앞에 앉아 지켜보게 한 결과, 피험자들은 웹사이트가 빨간색이나 노란색이었을 때보다 배경색이 파란색이었을 때 시간이 더 빨리 흐르는 것 같았다고 말했다. 그리고 파란색일 때 마음이 더 편했다는 말도 덧붙였다.

이 문제에 관해서는 간단하고 기분 좋으면서도 완벽한 감각 처방이 구성되어있다. 음악과 향기, 그리고 색상은 시간을 빨리 흐르게 하는 감각적 요소로서, 필요할 때면 얼마든지 동원할 수 있는 간단한 조합이다. 시간이 지루하게 흘러간다는 느낌이 들 때는 감상적인 음악을 들고 기분 좋은 향기를 뿌린 다음 파란색 서류철을 꺼내놓으면 퇴근하기 전까지 시간이 빨리 흐르면서 마음이 편안해질 것이다.

---

### 시간을 빨리 보내는 감각 처방

- ✦ 음악: 느리고 감상적인 곡조의 음악이 좋다.
- ✦ 향기: 기분 좋은 향기를 고르되, 음악에 어울리는 부드럽고 잔잔한 종류가 좋다.
- ✦ 색상: 파란색처럼 차분하고 시원한 색이 좋다. 녹색이나 청록색, 심지어 연한 핑크도 괜찮다.

---

이렇게 해서 눈 깜짝할 사이에 퇴근 시간이 되었다. 집에 가는 길에 슈퍼마켓에 들를 텐데, 그때도 주의해야 할 일이 몇 가지 있다. 매장에서 여러 가지 상품의 특성과 관련하여 알아두면 좋을 내용은 챕터 7에서 다루도록 한다. 그전에 먼저 촉감과 관련해 명심해야 할 내용을 살펴보자.

# 촉감

: 우리는 항상 무언가에 닿아 있다

*Sense*

**촉감은 단 한 순간도 인식하지 않을 수 없는 감각이다.** 눈은 감을 수 있고 귀와 코도 막을 수 있지만, 피부는 언제나 무언가에 닿아 있을 수밖에 없다. 피부는 온도와 질감, 모양, 무게의 사소한 변화까지 감지할 수 있는 거대한 단일 기관이다. 미세하게 불어오는 산들바람에서부터 망치로 엄지손가락을 얻어맞는 것까지, 우리가 포착하는 감각의 범위는 놀랄 정도로 광범위하다.

무언가를 만지거나 저절로 몸에 닿았을 때 그것을 느끼는 방법은 두 가지다. 하나는 '식별 접촉discriminative touch'이라는 것으로 이를 통해 우리는 무슨 일이 일어났는지, 그것이 약한지 강한지, 질감은 어떤지, 어떤 방향의 움직임인지 알 수 있다. 또 하나는 '정서적 접촉affective touch'이다. 이것은 피부에 있는 C-촉각 섬유라는 센서를 통해 감지된다. 이것은 특정 감각을 구체적으로 인식하는 것이 아니라 예컨대 따뜻하게 포옹하거나 부드럽게 쓰다듬을 때 느끼는 감정처럼, 어떤 접촉을 경험했을 때 그것이 좋다 나쁘다를 판단하는 감각을 말한다. 여기서 이 둘의 차이는 같은 곳에서 들어온 정보를 두 가지 방식으로 다르게 해석한다는 의미가 아니다. 전혀 다른 두 가지 수용체, 즉 사실을 감각하는 기관과 정서적 감정을 느끼는 기관이 별도로 존재한다는 것이다. 식별 접촉은 언제나 똑같은 방식으로 해석되지만, 정서 접촉은 요소에 따라 다르게 해석될 수도 있다. 즉 감정이나 정서는 주변 상황이나 다른 감각의 자극에 따라 달라질 수 있다.

예를 들어 '힘들지만 시원하다'라는 표현은 충분히 사실일 수 있다. 출발하는 열차를 따라잡으려고 죽을힘을 다해 달린 후에는 근육이 터질 것 같고 폐가 타들어 갈 정도로 아프지만, 헬스클럽에서 똑같은 동작을 마치고 나면 기분이 최고조에 달하면서 실력이 쌓인 것 같은 느낌으로 체육관을 나서게 된다. 누가 아무리 부드럽게 쓰다듬어도 내가 원치 않을 때는 끔찍하게 싫은 느낌이 든다. 동료와 언쟁을 벌인 직후인데 상대방이 나를 안심시키려고 몸에 손을 대거나 쓰다듬는다고 생각해보라. 전혀 반갑지 않을 뿐 아니라 나를 속이려는 행동이라고 생각할 수밖에 없을 것이다. '식별 접촉'은 달라진 것이 없지만 그에 따른 감정은 얼마든지 달라질 수 있다.

촉각에 관한 책을 쓴 데이비드 린든 David Linden은 자신의 책에서 '1차 지각 신경장애'라는 희귀한 질환으로 촉각을 잃어버린 여성 환자에 관해 이야기한다. 그녀는 서로 다른 질감의 차이를 구분할 수는 없었지만 누군가가 팔을 쓰다듬으면 기분이 좋은지 아닌지는 판별할 수 있었다. 그녀는 상대방이 자신의 팔 어디를 쓰다듬는지는 몰랐지만, 기분이 좋다는 사실만은 알았다. 즉, 그녀의 식별 접촉에 대한 감각은 손상되었지만, 정서 접촉을 느끼는 감각은 여전히 건재했다.

감정은 감각 정보에 크게 의존하므로 촉감을 해석하는 데도 다른 감각이 영향을 미친다고 충분히 생각할 수 있다. 예를 들어 좋은 냄새를 맡으면서 어떤 물건을 만지면 기분이 좋아지지만, 반대로 나쁜 냄새가 나면 똑같은 물건이라도 싫어질 수 있다. 촉각의 공감각적 측면에 관한 초기 연구로는 1932년에 도널드 레어드 Donald Laird라는 심리학자가 수행한 것을 들 수 있다. 그는 여성들에게 똑같은 제품의 실크 스타킹 네 켤레를 보여준 다음, 포장을 열어 촉감과 품질을 평가해달라고 부탁했다. 그중 하나는 아무 냄새도 나지 않는 것이었고, 나머지 세 켤레에서는 향기가 났는데, 향기가 있는 세 켤레 중에서도 하나에는 '수선화' 향, 즉 녹색의 진한 꽃향기가 배어있었다. 여성들이 좋아한 것은 향기가 첨가된 제품이었고 그중에서도 수선화 향 제품을 최고로 꼽았다. 그러나 그녀들은 좋아하는 이유가 무엇이냐는 질문에 대해서는 촉감이나 광택, 직조가 더 좋기 때문이라고 대답했다. 사실은 다 똑같은 제품이었지만 향기의 차이를 언급한 사람은 아무도 없었다.

우리는 귀로 듣는 소리에 따라 촉감에 착각을 일으키기도 한다. 어떤 물건을 만질 때 거기에서 나는 소리는 촉감에 큰 영향을 미친다. 한 연구에서 피험자들은 거칠기가 각각 다른 사포를 만져보라는 안내를 받았는데, 그들이 만지는 동안 연구자들은 사포에서 나는 소리를 인위로 조작했다. 소리를 약하게 하면 사실상 더 부드러운 소리가 났고, 따라서 재질도 더 부드럽게 느껴졌다. 반대로 소리를 크게 했을 때는 사포가 더 거칠게 느껴졌다.

'양피지-피부 착각<sup>parchment-skin illusion</sup>'이라는 현상도 있다. 이 현상은 1998년 헬싱키공과대학교의 두 과학자가 발견한 것으로, 귀에 어떤 소리가 들리느냐에 따라 피부로 느끼는 감촉까지 달라질 수 있다는 것을 보여준다. 피험자가 마이크 앞에서 양손을 문지르는 동안 그 소리는 피험자가 착용한 헤드폰을 통해 실시간으로 전달되었다. 연구자들이 그 소리를 가늘고 높게 변조하자, 피험자들은 손이 마르고 거칠게 느껴진다고 말했다. 반대로 부드러운 소리가 나게 했을 때는 손도 부드럽고 매끈한 것 같다는 대답이 돌아왔다. 소리가 피부를 느끼는 감각에까지 영향을 미친다는 사실은 놀라운 일이 아닐 수 없다. 지금까지 우리는 이런 상황에서 촉감이란 고정 불변한 특성을 띤다고 생각해왔는데 말이다.

심지어 아무 접촉이 없어도 연상되는 소리를 사용하여 촉감을 느낄 수 있다. 나는 옥스퍼드대학교 공감각 연구실의 디지털 인터랙션 디자이너팀과 공동 연구를 수행한 적이 있다. 당시 디자이너들은 일종의 디지털 거울처럼 작동하는 증강현실 솔루션을 개발했다. 텔레비전 화면 앞에 서서 손을 흔들면 마음에 드는 재킷을 골라 입어볼 수 있었다.

옷을 고를 때는 직접 만져봐야 알 수 있는 정보가 너무 많은데, 온라인 쇼핑은 그런 경험을 포기한 채 상품을 선택할 수밖에 없다는 단점이 있다. 우리는 우편을 통해 물건을 살 때가 많은데, 그럴 때마다 싸구려 티가 난다거나 소재가 불편하거나 몸에 잘 맞지 않는 경우가 많다. 그런데 이런 문제는 제품을 구매하기 전에 한번 만져보기만 하면 금방 해결할 수 있는 것들이다. 우리 연구의 목적도 바로 이런 문제를 해결하기 위한 것이었다.

우리는 전혀 다른 소리가 날 만한 옷을 두 가지 골라(플리스 스웨터와 방수 재킷이었다) 그것을 입는 동안 나는 소리를 모두 녹음했다. 그리고 그 소리를 애플리케이션에 연동하여 화면 앞에 서서 재킷을 문지르면 소재에서 나는 소리가 헤드폰을 통해 들리게 했다. 우리는 옥스퍼드 연구소에서 사람들에게 직접 체험해보면서 소리가 날 때와 그렇지 않을 때를 비교해보게 했다. 실험이 끝난 후 그들에게 자신이 고른 상품이 마음에 드는지, 그리고 적당한 가격은 어느 정도라고 생각하는지를 물었다. 그랬더니 그들은 헤드폰으로 소리를 들으며 고른 재킷이 훨씬 더 마음에 들었으며, 그렇지 않은 경우보다 가격을 약 35퍼센트나 더 지불할 의향이 있다고 답했다. 피험자들은 소재에서 나는 소리를 듣고 품질을 판단할 수 있었다. 그들은 소리를 들음으로써 더 큰 감정 이입을 경험했으며, 상품에 더욱 애착을 보였다. 그리고 그것은 가격으로 표현되었다. 이 실험 결과를 통해 독립된 하나의 감각이라고 생각했던 경험이 사실은 여러 가지 감각이 함께 작용하여 인지 과정을 형성하는 과정임을 알 수 있다.

이런 기술을 온라인 쇼핑에 응용할 수 있는 기회와 가능성은 무궁무진하다. 상품 이미지 위에 커서를 올려두고 마우스를 움직일 때 해당 소재의 소리가 들린다면, 마치 손으로 만지는 것처럼 뚜렷하게 질감을 느낄 수 있을 것이다.

물건을 만질 수 없다면 그것에 대해 어떠한 감정적 애착도 느낄 수 없다. 한 실험에서 사람들에게 두꺼운 장갑을 낀 채 청소, 세탁, 식사 등의 일상 활동을 수행하도록 한 결과 피험자들은 어떤 일에서도 감정적인 애착을 느낄 수 없었다고 말했다. 심지어 눈가리개를 한 채 비슷한 활동을 한 경우에 비해서도 이 현상이 더욱 심했다는 것이었다. 즉, 보지 못하는 것보다 만지지 못하는 것을 훨씬 더 답답하게 느꼈다는 말이다. 물론 촉감의 중요성은 사람마다 다를 것이다. 과학자들은 이런 차이를 정량화하기 위해 이른바 접촉 욕구Need for Touch, 'NFT 지수'라는 것을 고안해냈다. NFT 지수가 높은 사람은 손으로 만질 수 없는 물건에 대해서는 그리 큰 애착을 느끼지 못할 것이고, 따라서 온라인 쇼핑은 별로 하지 않을 가능성이 크다. 특정인의 NFT 점수를 매기는 방법으로, 마케팅학자인 존 펙Joann Peck과 테리 칠더스Terry Childers는 총 12항목으로 된 설문지를 개발했다. 응답자는 각 항목에 제시된 문장에 자신이 얼마나 동의하는지를 −3에서 +3까지의 척도로 점수를 매긴다. 그 설문에 포함된 항목을 몇 가지 살펴보면 다음과 같다.

- 매장을 돌아다닐 때는 온갖 상품을 다 만져봐야 한다.
- 상품을 만지는 것이 재미있다.
- 직접 손으로 만지면서 살펴본 물건을 사는 것이 더 편하다.

우리 업계 사람들은 모두 NFT 지수를 활용하여 어떤 브랜드나 상품의 소비자군을 평가하거나, 촉감과 관련된 디자인 요소에 바꿔야 할 부분이 있는지 판단할 수 있다. 예를 들면 내가 남성용 면도기 포장과 관련된 컨설팅 프로젝트에서 해당 브랜드의 표적 시장을 조사한 결과, 손으로 만져본 상품을 신뢰한다고 답한 비율은 72퍼센트였고, 상품을 직접 만져보고 사는 것이 더 익숙하다고 답한 비율은 85퍼센트였다. 이런 결과를 바탕으로 사람들이 면도기를 직접 만져볼 수 있도록 제품 손잡이의 일부를 노출하고, 플라스틱 느낌이 나는 일반적인 포장 방식을 탈피하라는 제안이 도출되었다.

다음 챕터에서는 직접 매장을 돌아다니면서 소비자들의 상품 경험을 강화하기 위해 감각 마케팅 전문가들이 포장 디자인을 비롯한 폭넓은 유통환경을 통해 어떤 일을 할 수 있는지 알아보도록 한다. 물론 여기서도 촉감은 매우 중요한 부분을 차지한다.

여러분에게 촉감이 얼마나 중요한지와 상관없이 촉감은 실제로 매우 깊은 영향을 미치고 있다. 단지 평소에 잘 깨닫지 못하고 있을 뿐이다. 우리가 매 순간 모든 촉감을 민감하게 느낄 수는 없다. 그것은 마치 주변의 모든 소리를 똑같은 음량으로 매 순간 집중해서 듣는 것과 같을 것이다. 우리가 느끼는 촉감은 대부분 걸러져 마치 배경 소음처럼 은은하게 깔리게 된다. 따라서 우리는 상황을 파악하고, 사람이나 장소를 느끼며, 마주치는 모든 사물을 파악하는 데 그것이 얼마나 크게 영향을 미치는지 모른 채 지나친다. 이 책이 촉감의 존재를 인식하고 주변의 모든 사물의 질감과 촉감에 좀 더 관심을 기울이는 계기가 되기를 바란다. 자, 그럼 다시 일상생활로 돌아가 보자. 이제 쇼핑하러 갈 시간이다.

CHAPTER
07

# 쇼핑

*Sense*

**퇴근길에 매장에 들러 쇼핑을 하거나, 미리 생각해둔 간식거리를 산 뒤에도 또 다른 재미난 것이 없나 기웃거리는 사람이 많을 것이다.** 그러나 슈퍼마켓에 들르는 이 짧은 시간에도 감각은 우리의 행동과 선택에 엄청난 영향을 미치고, 또 대개는 우리의 통제 범위를 훨씬 뛰어넘는다.

쇼핑을 시작하기 전에 의사결정을 통제하기 위해 할 수 있는 일이 몇 가지 있다.

# 쇼핑을 시작하기 전에

## 무거운 가방을 들고 가지 마라

.....　　　　　　　　하루가 끝날 무렵이면 다이어트 따위는 까맣게 잊은 채 먹고 싶은 것을 덥석 집는 경우가 많다. 종일 신경을 곤두세운 채 힘든 결정에 시달리느라 정신력이 고갈된 데서 오는 후유증이다.

　그런데다 무거운 가방을 어깨에 걸친 채 슈퍼마켓에 터덜터덜 걸어 들어가면 문제가 더 심각해진다. 대학 구내식당에서 진행된 한 연구에서 학생들이 들고 있는 가방이 가벼울 때와 무거울 때, 각각 어떤 음식을 고르는지를 살펴보았다. 무거운 가방을 짊어진 학생들은 그렇지 않을 때보다 건강에 해로운 음식을 선택하는 경향을 보였다. 접시의 무게에 따라서도 똑같은 현상이 관찰되었다. 즉, 무거운 접시를 들수록 건강하지 못한 음식을 선택했다. 이런 결과를 두고 연구자들은 짐의 무게가 '통제 여력'을 고갈시키기 때문이라고 설명했다. 건강한 음식을 골라야 한다는 기존의 결단과 의지력을 잃어버리면 조심해야 한다는 생각은 온데간데없이 사라지고 눈에 보이는 손쉬운 선택, 즉 그저 배부르고 맛있어 보이는 음식을 집어 들게 된다. 슈퍼마켓에 들어갈 때는 가방을 벗어 카트에 담아 밀고 가면 된다. 어깨가 가벼워져서 행동을 제어하는 데 도움이 될 것이다.

## 맛있는 냄새를 맡는다

····· 맛있는 냄새를 2분이 넘도록 맡고 나면 실제로 그 음식을 먹었다는 착각과 함께 만족감을 느껴 결국 건강한 식품을 쇼핑하는 데 도움이 된다. 다소 상식과 동떨어져 보이는 이런 현상은 다이파얀 비스와스와 코트니 쇼츠 Courtney Szocs가 수행한 연구에서 사람들에게 쿠키, 피자, 사과, 딸기 등의 냄새를 맡게 한 후에 음식을 선택하게 한 결과 관찰된 사실이었다. 이 실험에서 피험자들은 슈퍼마켓에 들어설 때와 나설 때 그런 냄새를 맡았으며, 이후에 그들이 쇼핑한 물건을 살펴보았다. 그 결과 사람들은 쇼핑하기 전에 딸기 냄새를 맡았을 때보다 쿠키 냄새를 맡았을 때 건강한 식품을 더 많이 산 것을 알 수 있었다. 그리고 냄새가 오래 지속될수록 효과가 더 커진다는 사실도 밝혀졌다. 즉 냄새가 2분 정도는 지속되어야 눈에 띄는 효과를 관찰할 수 있었다. 이 연구에서 냄새를 잠깐만 살짝 맡으면 간신히 참고 있던 식욕을 돋워 오히려 더 위험했다. 그러므로 달콤하고 유혹적인 냄새를 풍기는 뭔가를 아예 지니고 다니거나, 패스트푸드 매장이나 빵집 근처에서 2분 이상 냄새를 맡은 후에 슈퍼마켓에 들어서야 한다는 결론이 나온다.

슈퍼마켓에 들어선 후에는 특정 상품의 구매를 유도하기 위해 매장 디자이너가 고안한 장치가 무엇인지 유심히 살펴볼 필요가 있다. 오감의 각 요소에 집중하여 상품이 진열된 의도, 포장의 색상이나 질감, 배경 음악, 냄새 등 나에게 영향을 미칠 만한 요소 중 미처 깨닫지 못한 것은 없는지 주의 깊게 살펴보자.

# 입구에서 계산대까지

슈퍼마켓에 들어서자마자 맨 먼저 눈에 띄는 것은 입구 주변에 진열된 신선한 과일과 채소다. 매장이 신선하다는 인상을 주려고 일부러 그렇게 배치한 것이다. 만약 입구를 지나자마자 청소 용품 코너가 나와서 표백제와 세제, 대걸레 등이 보이고 그다음에 식품 코너가 눈에 띈다면 그리 큰 매력을 느끼기는 어려울 것이다. 슈퍼마켓 측은 농산물이라는 것을 바로 느낄 수 있는 색상과 냄새를 통해 신선함과 활력을 전달하려고 애쓴다. 요즘 슈퍼마켓에 가보면 나무상자에 '농장'이나 '시장'이라는 글자를 새겨서 진품이나 토속 이미지를 연출하는 경우가 많다. 즉 매장의 규모가 아무리 크더라도 그들이 지역사회에 단단히 뿌리내린 착실한 잡화점이라는 점을 과시하는 것이다.

상품을 진열할 때도 매장 측의 기획 의도가 있고, 여러 브랜드 사이에 가장 좋은 자리를 차지하려는 눈치 싸움도 치열하게 벌어지지만, 단순히 고객의 눈에 잘 띄는 것만으로 승자가 될 수 있는 것은 아니다. 소비자 신경과학 분야의 최고 권위자인 카를로스 벨라스코Carlos Velasco의 연구에 따르면, 여러 상품이 진열된 높이가 고객의 구매 욕구에 영향을 미칠 수 있다는 사실이 밝혀졌다. 공감각에 따르면 시각적 높이는 맛과 관련이 있기 때문이다.

연구 결과, 우리는 주로 높은 곳에 있는 식품을 '단맛'으로, 낮은 곳에 있는 것은 '쓴맛'으로 인식하는 것으로 알려졌다. 이 사실은 앞에서 살펴본 음악과 맛의 연관성과도 일치한다. 사람들은 음악에서 고음이 나오면 단맛을, 저음이 들리면 쓴맛을 연상한다. 카를로스 연구팀은 모의 매장 진열대 곳곳에 단맛과 쓴맛의 상품을 진열해두었다. 피험자들은 단맛이 나는 상품에 대해서는 그것이 낮은 곳보다 높은 곳에 진열되어있을 때 더 좋은 제품이라고 인식했다. 단맛의 제품을 쓴맛의 제품보다 더 높은 곳에 진열하면 피험자들은 모두 좋은 제품이라고 생각했고, 구매 의욕도 커지는 것을 알 수 있었다(아침 식사 코너를 예로 들면 빵에 발라먹는 스프레드 제품 위쪽에 잼을 진열하는 식이다).

그러나 매장 측이 본격적으로 신경 쓰는 분야는 바로 상품 포장이다. 색상, 이미지, 홍보 문구 등 포장에 표현된 모든 요소는 고객의 감수성에 호소하기 위해 세심하게 고안된 것들이다.

오늘날 식품업계의 가장 큰 화두는 역시 건강이므로 이 점을 중심으로 살펴보자. 우리가 녹색을 보면 즉각 건강을 떠올리는 이유는 이 색상이 자연과 밀접한 관련이 있기 때문이다. 따라서 어떤 제품의 포장이 녹색이라면 우리는 그것이 다른 색상보다 더 건강에 더 좋을 것이라고 짐작한다. 건강에 특별히 신경을 많이 쓰는 사람은 이런 경향이 더욱 강할 것이다. 게다가 포장지 전체가 다 녹색일 필요도 없다. 코넬대학교 조너선 슐트<sup>Jonathon Schuldt</sup> 교수는 98명의 학생에게 배가 고픈 상태로 슈퍼마켓 계산대 앞에 서 있는 상황을 상상해보도록 했다. 그리고 학생들에게 스낵바를 두 개씩 건네주었는데, 둘 다 포장지에 칼로리 함량이 크게 인쇄되어 있었다. 그 둘의 칼로리 수치는 같았지만 한쪽은 빨간색, 다른 한쪽은 녹색으로 인쇄되어 있었다. 칼로리가 똑같았음에도 피험자들은 녹색 글씨로 표기된 제품이 더 건강에 좋을 것으로 생각했다. 바로 눈앞에 논리적인 정보를 제시해주어도 우리는 감각의 연상 작용에 따라 감정적으로 반응한다. 녹색은 자연을 상징하므로 그쪽이 더 건강한 제품이라고 생각하는 것이다.

이것과 유사한 효과를 발휘하는 색상이 또 있다. 앞에서 빨간색이 노란색보다 더 무겁게 느껴진다는 사실을 배웠다. 독일의 한 연구팀은 그런 공감각적 관련성이 음식의 칼로리 함량을 평가하는 데에도 적용되는지를 조사했다. 그들은 피험자들에게 빨간색이나 노란색의 캔에 담긴 모의 탄산음료 브랜드를 보여주었다. 피험자들은 노란색 캔 음료의 당분과 칼로리가 더 낮을 것으로 생각했다.

식품 포장지에 그려진 그림도 우리가 그것을 건강한 음식으로 판단하는가에 큰 영향을 미친다. 포장 겉에 밀알이 그려진 비스킷이 한 통 놓여있고, 옆에 있는 비스킷 포장에는 비스킷 그림이 들어있다고 해보자. 연구 결과, 이런 경우 우리는 십중팔구 밀 그림이 그려진 쪽이 더 자연에 가까운 제품이며, 따라서 더 순한 맛이 날 것으로 생각한다고 한다. 그리고 앞에서 말했듯이 사람들에게 평소 건강식을 가려서 먹는 편이냐고 물어봤을 때, 그렇다고 대답하는 사람일수록 이런 시각적인 암시에 훨씬 더 크게 영향을 받는다.

마지막으로 포장지에 이 식품이 건강에 좋다는 내용, 예컨대 '100퍼센트 통밀'이나 '천연 영양분이 가득'이라는 등의 문구를 인쇄할 때는, 그런 문구가 포장지 맨 위에 새겨져 있을 때 사람들에게 더 신뢰를 주는 것으로 나타났다. 공감각에 따르면 건강하다는 특성은 가벼움과 관련이 있다. 그리고 가벼운 것은 위쪽으로 떠오르는 법이다.


## 촉감

. . . . .
우리는 식품을 손에 쥘 때, 이른바 '감각 전이
sensation transference' 현상에 빠져들게 된다. 이것은 특정 감각을 통해 경험
한 일이 전혀 관련도 없는 다른 특성으로 전이되는 현상을 말한다. 포
장지가 약간 거친 질감의 소재일 경우 우리는 그것이 건강에 좋은 천
연식품일 것으로 생각한다. 재생 용지로 만든 상자를 우리가 환경친화
적이라고 여기는 관념이 그 속에 들어있는 식품에까지 전이된 것이다.
모두가 알다시피 비스킷은 각종 화학물질로 범벅된 원료를 사용하여
대기업이 운영하는 공장에서 대량 생산된 것이다. 그러나 우리는 감각
에 워낙 강하게 사로잡힌 나머지 거친 재질의 포장지에 담긴 식품이라
면 그것이 무엇이든 지구를 아끼는 착한 사람들이 만들었으리라고 여
기게 된다.

물건을 일단 손에 쥐면 질감이 어떻든 상관없이 사게 될 것이 거의
확실하다. 손에 쥐고 있는 시간이 길어질수록 구매 가능성이 커지는
이유는 그 물건에 대해 정서적인 애착이 생기기 때문이다. 이것을 소
유 효과라고 부른다는 사실은 이미 앞에서 언급한 바 있다. 마케팅 담
당자와 매장, 제조업체 등은 고객들이 상품을 만져보도록 하기 위해
과거 어느 때보다 심혈을 기울이고 있다. 그래야 제품을 팔 수 있기 때
문이다. 그들은 다양한 재질의 포장지를 사용하여 고객이 물건을 만지

고 싶게 하고, 결국 오래 쥐고 있게 만든다. 촉감을 조금이라도 자극하여 구내 확률을 높이려는 것이다.

물건을 집어 들었을 때 우리는 질감뿐만 아니라 무게도 느낀다. 상자의 무게는 본능적으로 느낄 수 있는 특성이지만, 우리는 그 의미를 뚜렷이 파악하지 못할 때도 있다. 즉 상품에 따라서는 무게가 무거울수록 효능이 뛰어나거나(예컨대 청소용품), 내용물이 충실하거나(영양식품 등), 품질이 우수하다는 인상을 주는 경우가 있다. 이런 목적을 위해 실제로 무거운 포장지를 사용하지 않는 브랜드도(물류비 상승을 이유로) 포장의 아래쪽을 이미지와 글씨, 혹은 짙은 색으로 강조해 무거운 느낌을 살리는 경우가 있다.

슈퍼마켓의 중앙 통로쯤에 자리한 냉장 식품 코너에는 맛있는 음식이 가득 채워져 우리를 유혹한다. 이제 촉감을 직접 통제할 수 있는 요소를 살펴보자. 그것은 바로 체온이다.


## 냉장고 근처에서는 외투를 입는다

..... 피부에 와닿는 기온이 의사결정에 영향을 미친다는 흥미로운 증거가 있다. 연구에 따르면 우리는 정신적으로 '체온을 조절할 수 있다.'고 한다. 정상적인 상황이라면 이 말은 추위를 느끼면 외투를 껴입는다는 말을 과학적으로 표현한 것에 지나지 않는다. 그러나 정신적인 측면에서 보자면 체온을 다른 방식으로 보상하려는 인지적 결정, 즉 본능적인 선택을 한다는 뜻이 된다. 연구 결과, 추

위를 느끼면 먹고 싶은 것을 마음껏 사는 보상심리가 작용한다고 한다. 다시 말해 기온이 따뜻할 때는 합리적인 결정을 내리기가 쉬워진다는 것이다. 이 연구에서는 사람들을 추운 환경과 따뜻한 환경에 각각 노출한 다음, 초콜릿 케이크와 과일 샐러드 중 어느 쪽을 선택할 것인지 물어보았다. 그랬더니 추운 곳에 있던 사람은 두말없이 케이크를 집어 들었지만 따뜻한 곳에 있던 사람은 과일 샐러드를 선택했다. 이어서 연구진은 시내 중심가 매장의 내부 온도를 측정했다. 그 결과 의류, 신발, 보석, 고급 수제 케이크 등과 같은 고가의 사치품을 취급하는 매장일수록 실내 기온이 낮다는 것을 알 수 있었다.

따라서 냉장 식품 코너, 혹은 사치품 상점을 둘러볼 때는 외투를 껴입는 등의 방법으로 체온을 조절해야 충동구매의 가능성을 방지할 수 있다.


## 냄새

····· 음색 냄새가 구매를 유도하는 목적으로 사용된다는 것은 쉽게 알 수 있는 사실이다. 슈퍼마켓의 베이커리 코너에 가면 빵 굽는 냄새가 우리를 유혹하고, 결국 효과를 발휘한다는 것을 우리는 잘 알고 있다. 1970년대 중반 매장 내 베이커리 코너가 처음으로 등장한 직후, 빵 매출이 300퍼센트나 상승한 적이 있었다. 커피 향도 이것과 비슷한 매력을 발산한다는 사실이 최근 연구 결과 밝혀졌다. 갓 볶은 신선한 커피를 팔던 한 주유소에서 커피 광고가 나오는 텔

레비전 스크린을 설치하자 매출이 80퍼센트 정도 증가한 일이 있었다. 그뿐만이 아니다. 광고가 나오는 동안 커피 향을 뿜어내는 기계를 들여놓자 매출은 무려 374퍼센트나 증가했다.

음식에서 향기의 존재는 누구나 아는 사실이지만, 그 정도 차원을 넘어 냄새는 사람의 무의식에까지 스며든다. 나 같은 감각 마케터들은 이런 사실을 이용하여 고객들이 매장에 더 오래 머물며, 상품을 더 많이 구매하고, 각종 브랜드에 그들의 감정을 이입하게 만들 줄 안다. 향기는 고객이 특정 환경에 사로잡히게 하고 진열된 상품의 특성을 돋보이게 한다. 예를 들어 네덜란드 란제리 브랜드 훈케뮐러 Hunkemöller는 '사치스럽고' '부드러운' 느낌이 드는 원료를 사용한 향을 개발하여 이를 자사 매장의 절반에 배치했다. 다른 모든 조건은 똑같고 그 향기만 뿌려진 매장에서 고객들의 평균 점유 시간은 25퍼센트, 구매액은 인당 30퍼센트가 증가한 것으로 나타났다.

그러나 고객이 좋아하는 향기만 뿌린다고 원하는 결과를 얻을 수 있는 것은 아니다. 과학적인 근거에 따라 전체 과정을 진행해야지, 그렇지 않으면 오히려 치명적인 역효과가 날 수 있다. 2005년 모 백화점이 남녀 고객의 선호도를 파악하기 위한 설문조사를 외부에 의뢰했다. 그리고 이 조사를 근거로 두 가지 향기를 개발했다. 남성을 위한 달콤한 꽃향기와 여성을 대상으로 한 바닐라 향이었다. 이 향기를 각각 그에 맞는 의류 코너에 배치했고, 그 결과 매출이 두 배로 증가했다. 그러나 이 둘을 서로 바꿔 뿌렸더니 매출이 급감하고 말았다. 물론 과다 사용도 쉽게 저지르는 실수다. 통로에 향수를 거의 폭탄처럼 쏟아붓는 것으로 유명한 매장들이 있다. 비누 브랜드 러쉬<sup>Lush</sup>나 의류 브랜드 아베크롬비앤피치<sup>Abercrombie & Fitch</sup>의 매장을 둘러보면 내가 무슨 말을 하는지 알 것이다. 브랜드 인지도를 높인다는 점에서는 효과가 있을지 몰라도, 그 냄새는 호불호가 극명히 나뉠 수밖에 없다. 즉 싫어하는 사람에게는 오히려 혐오감만 잔뜩 안겨줄 뿐이다. 향기가 제대로 효과를 발휘하려면 역시 거의 알아차릴 수 없을 정도로 은은하게 나야 한다.

적합한 원료와 적절한 강도를 찾아내서 만든 '브랜드 향'은 특정 상품과 매장에 대한 정서적 애착을 불러올 수 있는 강력하고 효과적인 자산이 될 수 있다. 어떤 의류매장에 들어갔는데 나에게 잘 어울리는 멋진 옷이 눈에 띄었다고 해보자. 매장에는 거의 알아차리지 못할 정도로 은은한 향기가 난다. 제대로 된 향기라면 디자이너의 개성과 그 옷에 대한 나의 열망이 반영되어있을 것이다. 신사복 수트에 어울릴 만한 향기는 가죽과 삼나무, 담배 향이 적절히 조화된 것이리라. 옷을 입어본 다음 드디어 구매를 결정한다. 점원은 그 향기를 살짝 뿌린 포장지에 내가 고른 옷을 싼 다음 다시 고급 손가방에 집어넣는다. 그리고 나는 아주 기분 좋은 마음으로 매장을 나선다.

집에 돌아와 가방을 열면서 설레는 마음으로 옷을 차려입은 모습을 떠올린다. 그때 또다시 향기가 살짝 코를 스친다. 이제 나는 정서적으로 그 냄새에 강한 애착을 보이게 되었다. 이 감정은 바로 그 디자이너의 특징과 직결되는 것이다. 나중에라도 다시 똑같은 냄새를 맡으면 그때마다 지금 느끼는 감정이 떠오를 것이다. 매장 측이 우편으로 홍보물을 보내줄 수도 있다. 우편물에는 그 냄새가 밴 카탈로그가 들어

있을 것이고, 그 순간 예전의 기억이 떠오르면서 다시 한 번 감정을 자극하게 될 것이다. 혹은 세세 어느 곳에 있는 같은 브랜드의 매장을 지나칠 때마다 그 냄새를 맡을지도 모른다. 냄새란 이렇게 강력하고 복잡한 것이다. 단 하나의 향기에 이토록 다양한 감정과 기억, 애착 등이 겹겹이 작용하고 있다.

후각의 위력이 다른 감각보다 더 우세한 이유가 바로 이것이다. 냄새는 기억을 환기하고, 물리적 특성을 전달하며, 나의 행동에 영향을 미치고, 새로운 기억을 형성한다. 내가 미처 깨닫지도 못하는 사이에 이 모든 일이 동시에 일어나는 것이다.


## 맛

•••••  슈퍼마켓에서 직접 맛을 볼 수 있는 기회는 많지 않다. 물론 최근에는 베이커리나 프로모션 행사 코너에 맛보기용 샘플이 놓여있는 경우가 많다. 주로 작은 조각으로 썰어놓은 것들이지만 충분히 지금보다 더 맛있는 것으로 내놓을 수도 있을 것이다. 그러나 아쉽게도 앞치마를 두른 직원들이 비닐장갑을 낀 손으로 플라스틱 접시에 담아 무심한 표정으로 건네주는 음식은 고작 치즈 조각 정도일 뿐이다. 글쎄, 그리 입맛이 당기는 음식은 아니다.

그러나 식품 업계는 고객의 구미를 끌어당기기 위해 포장에 엄청난 노력을 기울인다. 이것은 고객이 음식을 입에 넣는 순간까지 지대한 영향을 미치고, 음식의 맛과 품질에 대한 인식을 높인다.

포장에 짙고 풍부한 색상이 쓰이면 우리는 본능과 학습에 따라 음식도 진한 맛이 날 것으로 생각하게 된다. 두 잔의 과일 주스 중 하나가 다른 것보다 색깔이 진하다면, 우리는 당연히 그 주스가 맛도 더 진하다고 생각한다. 학습으로 익힌 이런 공감각적 관념은 음식을 담은 포장에도 그대로 이어진다. 한 연구에서 피험자들에게 노란색과 파란색, 그리고 빨간색의 용기에 커피를 담아 내놓았더니, 모든 사람이 한결같이 파란색의 맛이 가장 연하고 노란색은 중간, 빨간색이 가장 진하고 풍부한 맛이 날 것이라고 대답했다고 한다.

앞에서 살펴보았듯이 이런 방법은 건강식품에도 사용되고 있다. 사람들이 식품을 구매할 때 '라이트' 버전(저칼로리 음식, 무알코올 맥주 등)에 손이 잘 가지 않는 이유는 지방이나 알코올 함량이 정상인 제품에 비해 맛이 없을 것이라는 생각 때문이다. 그러나 포장에 진한 색상이나 굵은 글씨를 사용하면 고객들은 설탕 함량은 낮아도 맛은 제대로 날 것으로 기대한다는 것이다. 마찬가지로 아침 식사와 커피가 빨간색 그릇과 머그컵에 담겨 나오면 그 색깔이 맛을 강조하여 더 진하고 풍부한 맛이 나는 것처럼 보이게 된다.

맛의 강도는 색상의 강도, 나아가 학습된 다른 감각과도 긴밀하게 연관되어있다. 앞에서 촉감을 다루면서 언급했듯이 무게가 증가하면 맛도 진해진다. 이것은 실제로 느끼는 맛과 우리가 기대하는 맛에 모두 적용된다. 포장에 음식의 이미지가 들어있고 맛을 설명하는 문구가 그 아래에 자리하면 맛이 더 진하다는 느낌이 드는 반면, 그 문구가 위쪽에 있으면 맛이 연하거나 건강한 음식이라는 인상을 준다. 포장지에 액체가 흘러넘치는 그림이 있으면 신선한 맛의 음료가 들어있다고 생각하게 된다. 우유나 유제품 포장의 아래쪽에 유리잔에 음료를 따르는 그림이 들어있는 것도 바로 이런 이유 때문이다. 음식을 맛보기도 전에 이미 어떤 맛이 날 것이라고 예상하게 된다. 그 기대와 일치할 때 더 맛있고, 기분이 좋으며, 더 높은 가격이라도 기꺼이 치를 마음이 생긴다.

## 소리

••••• 슈퍼마켓에 사용되는 배경 음악의 효과는 오래전부터 잘 알려져 있다. 음악의 속도가 느리면 사람들은 매장 내를 천천히 움직이면서 더 많은 상품을 둘러보고 결국 더 많이 사게 된다. 한 슈퍼마켓에서 이 효과를 시험하기 위해 배경 음악의 속도를 기존의 분당 94비트에서 72비트로 늦췄더니 사람들의 도보 속도가 15퍼센트 느려졌고, 매출은 40퍼센트 정도 증가했다고 한다.

다양한 음악이 구매 행동에 미치는 영향을 조사한 흥미로운 연구가 많이 있다. 텍사스주의 한 와인 상점은 일주일 단위로 한번은 클래식 음악, 또 한번은 대중가요를 틀어보았다. 그랬더니 클래식 음악을 틀어놓았던 주의 고객 일인당 소비액이 40퍼센트 더 높은 것으로 드러났다. 클래식 음악이 고객의 감정과 애착을 자극해서 그에 어울리는 행동을 끌어낸 결과였다.

다시 슈퍼마켓으로 돌아가서, 각 나라별로 사용되는 음악에 따라 사람들의 선택이 어떻게 달라지는지를 살펴보는 연구도 있었다. 이 연구진은 테스코 매장 중 한 곳의 와인 코너에서 전형적인 프랑스 음악을 일주일간 틀었다가 그다음 주에는 독일 민요풍의 금관 악기 음악을 틀었다. 예를 들어 평소에는 프랑스 와인의 매출이 독일 와인의 네 배 정도였다고 해보자. 실험 결과, 프랑스 음악이 들린 주간에는 이 비율이 여덟 배로 오른 것으로 나타났다. 그러나 독일 음악이 연주된 주간에는 추세가 역전되어 독일 와인이 프랑스 와인보다 두 배 정도 더 팔리는 결과를 얻었다. 고객들의 구매 결정에 음악이 미친 영향이 그리 놀랄 만한 것은 아니었다. 흥미로운 것은 독일산 와인을 손에 들고 매장을 나서는 고객에게 음악이 귀에 들렸느냐고 물었을 때, 그렇다고 대답하며 음악이 구매 결정에 영향을 미쳤다고 인정한 비율은 불과 2퍼센트에 지나지 않았다는 사실이다. 나머지 98퍼센트의 고객들은 음악이 들리는 것을 몰랐다고 답했을 뿐 아니라, 그것 때문에 물건을 산 것은 더더욱 아니라고 주장했다. 그들은 '오늘 저녁에 마침 사우어브라튼(쇠고기를 식초에 절여서 볶은 독일 요리-옮긴이)을 먹을 참이었거든요.'라든가 '이 와인 사려고 일부러 왔어요.'라고 말했다. 그러나 통계 수치로 보면 이것은 도무지 믿을 수 없는 말이었다.

## 자신만의 감각 세계를 만들어라

· · · · ·　　　　　　　　마치 주위 환경에 따라 나의 행동이 조작되는 것 같은 기분이 싫다면 과학을 이용해 자신만의 감각 세계를 창조할 수도 있다. 음악과 향기가 우리의 결정을 좌우하고 각종 상품에 대

한 경험을 강화한다는 사실을 안 이상, 내가 원하는 음악과 향기를 미리 준비한 채 매장에 들어서면 된다. 예컨대 오늘 저녁 메뉴로 카레 요리를 계획했다고 해보자. 그러면 미리 발리우드 음악이 울리는 헤드폰을 쓰고 생강이나 고수, 쿠민 등의 매운 향을 살짝 몸에 뿌린 채 쇼핑에 나선다면 설레는 마음으로 맛있는 식재료를 원하는 만큼 고를 수 있다. 개인의 취향을 좀 더 충족하기 위해 나만의 기억에 바탕을 둔 뭔가를 이용하여 원하는 물건을 찾는다면 쇼핑의 경험이 정서적으로 좀 더 만족스러운 일이 될 것이다.

슈퍼마켓을 한 바퀴 돌고 계산대 앞에 섰을 때, 장바구니에 호주산 와인이 담겨 있는 이유가 아까 와인 코너에서 흘러나오던 카일리 미그노Kylie Minogue(호주 출신의 세계적인 팝스타-옮긴이)의 노래 때문이라는 것을 알아챘다면 슈퍼마켓 측의 마케팅에 당했다는 느낌이 들 수도 있다. 그러나 그것이 꼭 나쁘다고 생각할 필요는 없다. 그들이 선한 의도를 가지고 제대로 연출한 것이라면 말이다. 그것은 정확한 정보를 효과적으로 얻고, 매장과 상품을 더 즐겁게 경험하는 수단이 될 수 있다.

포장 디자인에서는 감각을 통해 얻는 정보와 실제 경험이 서로 조화를 이루어야 한다. '호박에 줄 긋는다고 수박이 될 수는 없다.'는 속담이 있듯이 말이다. 설탕이 듬뿍 들어간 싸구려 합성 식품을 아무리 천연 소재로 포장하여 겉에 신선한 원료의 이미지를 그려둔들, 고객이 한번은 사겠지만 곧 실망하여 다시는 거들떠보지도 않게 될 것이다. 그러나 제품의 특성을 효과적으로 살린 디자인과 질감이 포장에 반영된 경우라면 가격에 걸맞은 가치를 경험할 수 있고 실제보다 오히려 훨씬 더 맛있게 먹을 수 있을 것이다. 포장을 보고 만질 때부터 미리 제품에 대한 기대가 형성되기 때문이다.

와인을 고를 때는 음악이 나의 선택에 영향을 미칠 수 있다. 프랑스 음악을 들으면서 프랑스 와인을 마시면 맛이 더 좋아진다는 연구 결과도 있다. 따라서 그 음악에 관한 기억을 간직한 채 와인을 구매하면 집에 돌아와 와인을 마실 때 훨씬 더 맛있게 느껴질 것이다.

제품의 고유한 특성 외에도 쇼핑에 얽힌 이런 감각적 경험이 전체 과정을 더욱 즐겁고 맛있게, 또 몰입하게 만든다. 온라인 쇼핑보다 실제로 매장에 들러 쇼핑하는 것이 더 가치 있는 이유가 바로 이런 실제적인 '경험'을 할 수 있기 때문이다. 시내 중심가의 고급상품 매출이 점점 감소하는 현실에서 매장들은 점점 더 상품 그 자체보다는 경험을 판매하는 방향으로 전략을 바꾸고 있다. 심지어 어떤 매장은 상품을 모두 치워버린 채 온라인 카탈로그만 보여주고 고객이 원하는 물건을 고르면 집으로 배달해주기도 한다. 매장은 이제 브랜드를 직접 체험하는 공간이 되었다. 디지털 공간에서는 경험할 수 없는 풍부하고 따스한 감성을 맛보는 역할만 하는 것이다.

마케팅이 점점 고도화되는 세상에서 소비자들은 이 분야에서 무슨 일이 벌어지고 있는지 이해할 필요가 있다. 그들이 부리는 '재주'가 단지 우리를 '상대로' 하는 것이 아니라 진정으로 우리를 '위한' 것이기를 바라고 또 그렇게 되어야 한다. 생활의 모든 영역에서와 마찬가지로 쇼핑을 할 때도 감각에 집중해야 한다. 그리고 경험하는 모든 것을 그저 당연히 여기지 않는 태도를 갖추어야 한다.

# 후각

**: 냄새를 못 맡는 것은
그리 심각한 문제가 아닐까?**

Sense

**만약 오감 중 하나를(예를 들면 시각, 청 각, 혹은 후각 등) 포기해야 한다면, 어느 것을 선택하겠는가?** 어떤 감각이 삶 의 질과 행복에 가장 큰 영향을 미치는가? 시력을 잃는 것도 분명히 큰 재앙이다. 암흑의 나락으로 떨어져 자녀들의 모습도 볼 수 없다면 어찌 될지 상상해보라. 영화도, 미술품도, 장엄한 경관도 더 이상 볼 수 없다. 옷을 차려입거나 요리를 하는 등 아무리 간단한 일도 더 이상 꿈 도 못 꾸는 사치가 될 것이다. 청력을 상실하는 것도 절망적이기는 마 찬가지다. 우선 음악을 즐길 수 없다. 가장 좋아하던 곡을 다시는 듣지 못하게 된 것이다. 음악은 고사하고 주변에서 나는 어떤 소리도 안 들 린다고 생각해보라. 인생 자체가 적막에 빠져버린 것이다. 카페의 웅 성거리던 소음도, 시장의 시끌벅적한 소리도 모두 사라져버렸다. 친구 나 가족과 함께 식탁을 둘러싼 채 수다를 떠는 것도 불가능해졌다. 사랑하는 사람의 목소리도 들을 수 없다.

그러나 냄새를 맡지 못한다면 어떨까? 가장 큰 문제는 맛있는 음식 냄새를 못 맡는 것이리라. 베이컨이나 커피, 또는 신선한 빵을 굽는 냄새를 더 이상 못 맡는다고 생각해보라. 자연의 냄새도 중요한 문제다. 갓 깎은 잔디 냄새나 여름철 비 갠 후에 나는 흙냄새는 도저히 놓칠 수 없다. 그러나 이런 것을 느낄 수 없다고 해서, 과연 그것이 시력이나 청력을 잃는 것만큼 심각한 문제일까? 어떻게 보면 후각은 시각이나 청각에 비하면 우리 생활에서 다소 그 중요성이 덜하다고 생각할 수도 있다. 다행히도 오감이 모두 온전한 사람이 보기에 시력이나 청력을 잃은 삶이란 생각하기도 끔찍한 데 비해, 냄새를 못 맡는 것은 그토록 심각한 문제는 아닌 것 같다는 생각이 든다.

그러나 이런 생각이 큰 오해라는 증거가 있다. 후각은 이루 말할 수 없을 만큼 중요한 감각이다. 사우스캐롤라이나대학교 연구팀이 광범위한 연구 자료를 검토한 바에 따르면, 후각을 완전히 상실한 사람 중 76퍼센트는 심각한 우울증과 불안, 소외감에 시달리며 감정적으로 쉽게 상처를 받는 편이었다고 한다. 이 수치는 청력이나 시력을 잃은 사람보다 훨씬 더 심각한 수준이었다. 우선 후각을 잃은 사람은 미각도 잃게 된다. 이 둘은 서로 밀접한 관계가 있기 때문이다. 음식의 맛을 느끼지 못하면 먹는 즐거움을 잃어버릴 뿐 아니라 식욕이 아예 사라지는 결과로 이어진다. 후각을 상실한다는 것은 결국 다른 사람과 함께 식사하고 싶은 마음이 사라져서, 사람들과 교류하거나 어떤 일을 같이 경험하는 데 심각한 문제가 발생하게 된다는 뜻이다. 그뿐만이 아니다. 후각은 인간의 진화에 결정적인 역할을 해왔다. 우리는 공기 중의 입자를 통해 가족과 친구, 위협, 매력, 그리고 다른 사람의 신체적·정서적 상태를 끊임없이 파악하도록 진화되었기 때문이다.

나중에 섹스에 관한 장에서 다루겠지만, 후각이야말로 성적 매력을 감지하는 가장 강력한 감각이다. 후각이 없다면 성욕을 포함한 그 어떤 친밀감도 사라지고 말 것이다. 후각이 마비된 사람은 항상 위험에 노출된 것 같아 걱정된다는 말을 많이 한다. 연기가 피어오르거나 가스가 새도 모르고, 음식이 상해도 알아차리지 못하기 때문이다. 후각마비를 앓는 사람은 자신의 체취도 못 맡기 때문에 혹시 다른 사람에게 실례를 범하지나 않을까 늘 안절부절못한다고 한다. 이런 모든 일로 인해 결국 그들은 소외와 무관심, 불안에 빠져든다.

언뜻 생각하면 살아가는 데 아무 쓸모없어 보일 수도 있지만, 한번 잃어버리면 생활에 심각한 영향을 미쳐서 도저히 살아갈 수조차 없다고 하는 사람이 있는 것만 봐도 우리가 실제로는 얼마나 공감각에 익숙해 있는지 알 수 있다.

후각은 인간의 진화과정에서 가장 먼저 발달한 감각이다. 후각을 담당하는 두뇌 부위는 이후 변연계, 즉 감정을 처리하는 신경 중추로 발달했다. 다시 말해 냄새와 감정은 결코 뗄 수 없이 깊은 관련을 맺고 있다. 후각 신경구는 변연계 중 기억을 담당하는 영역으로부터 3단계의 시냅스를 거쳐 연결된 곳에 자리한다. 반면 시각 피질은 시냅스 단위로 따지면 수천 단계나 멀리 떨어져 있다. 록펠러대학교의 연구에 따르면 냄새에 관한 단기 기억은 시각과 관련한 어떤 기억보다 일곱 배나 더 강력하다고 한다. 장기적인 관점으로 보면 냄새에 관한 기억이 가장 생생하고 감정적이다. 이른바 '자서전적 기억 autobiographical memory'(감각의 자극을 통해 인생의 어떤 순간을 회상하는 능력) 분야를 연구한 최초의 사례는 1935년에 도널드 레어드가 작성한 논문이라고 할 수 있다. 레어드와 그의 동료 H. B. 피츠제럴드 H. B. Fitzgerald는 254명의 유명인을 상대로 냄새가 그들의 기억과 사고를 떠올리는 데 미치는 효과를 조사했다. 이 조사에 참여한 사람들이 어떤 냄새를 맡고 떠올린 기억은 평균 36년 전에 일어난 일이었다. 그들은 당시의 일을 뚜렷하게 기억했을 뿐 아니라 그때의 감정까지 마치 어제 일처럼 생생하게 느꼈다.

이런 효과는 프랑스 작가 마르셀 프루스트 Marcel Proust가 자신의 책 《잃어버린 시간을 찾아서 Remembrance of Things Past》에서 언급한 적이 있다고 해서 '프루스트 현상 proust phenomenon'이라고 불린다. 이 소설에서 주인공이 홍차에 적신 마들렌을 먹으면서 어린 시절의 기억을 떠올리는 구절이 바로 그것이다. "이 세상의 모든 냄새와 맛은 마치 영혼처럼 오래도록 그 자리에 남아 언제든지 기억으로 되살아난다."

그 냄새와 맛이 부정적인 기억을 떠올리면 더욱 강력한 감정을 불러일으키게 된다. 젊은 시절 언젠가 지나친 음주 습관에 빠져 지낼 때 마시던 술이 무엇이었는지 생각해보자. 아마 데킬라라고 대답하는 사람도 많을 것이다. 1980년대에 런던에서 젊은 시절을 보낸 나 같은 경우에는 선더버드 와인이 떠오른다. 나는 이 술 냄새가 조금만 느껴져도 곧바로 숙취로 고생하던 당시가 생생하게 기억난다. 사실 냄새가 다른 어떤 것보다 역겨운 감정을 생생하게 떠올리게 하는 데는 다 이유가 있다. 그것은 동물이 진화하는 과정에서 후각이 생겨난 원래 목적과 관련이 있다. 나쁜 냄새를 기억하는 것이 중요한 이유는 공기 중에 위험 요소가 있거나, 음식이 상했을 때 이를 재빨리 알아차려야 하기 때문이다. 이처럼 후각은 숙모님이 차려주셨던 저녁 식사나 어린 시절에 재미있게 놀던 기억을 떠올리는 우리보다는, 생사가 오가는 상황을 판단해야 했던 먼 옛날 우리 조상들에게 훨씬 더 중요한 수단이었다.

나쁜 냄새는 도덕적 판단에 흥미로운 영향을 미친다. 연구 결과 냄새를 맡고 기분이 나빠지면 극단적인 도덕관념이 생긴다고 한다. 스탠퍼드대학교의 한 연구진은 스프레이로 역한 냄새를 뿌려둔 채 120명의 학생에게 도덕적 판단을 가려야 하는 질문을 던졌다. 피험자들은 다양한 시나리오에 대해 자신의 혐오감을 수치로 표현해야 했다. 근친간의 결혼을 합법으로 인정하느냐는 것에서부터, 가까운 거리를 걷지 않고 자동차로 이동하는 것을 어떻게 생각하느냐는 질문도 있었다. 실험 결과 냄새가 심할수록 모든 시나리오에 대해 그들의 혐오감도 증가하는 것으로 나타났다. 그러나 냄새가 자신의 의견에 영향을 미쳤다고 답한 비율은 불과 3퍼센트에 그쳤다.

나는 동물 권리 옹호 단체인 세계동물보호협회의 캠페인을 고안할 때 이 연구 결과를 이용했다. 우리는 각 나라별로 가장 인기 있는 패스트푸드 사진이 들어간 전단지를 만들었다. 예컨대 미국에서는 프라이드 치킨, 영국에서는 베이컨 샌드위치를 넣는 식이었다. 그리고 전단지 앞면의 한쪽 모서리를 접어 올리면 냄새가 나도록 해두었다. 단체

회원들은 전단지를 나눠줄 때 모서리를 접어서 전달했고, 그럴 때마다 우리가 미리 심어둔 기분 나쁜 냄새가 났다. 전단지를 받아든 사람들이 표지를 열면 공장에서 사육되는 닭이나 돼지의 불쌍한 사진이 보였다. 냄새 때문에 이미 기분이 나빠진 상태였으므로 그들은 훨씬 더 엄격한 도덕관념을 바탕으로 반응하게 되어있었다. 이때 단체 측은 그들에게 공장 사육 반대운동에 서명해줄 수 있느냐고 요청한다. 이 운동은 큰 성공을 거두어 무려 2만 건이 넘는 서명이 확보되었다.

이 개념은 어떤 사건의 맥락에 대해서도 마찬가지로 적용된다. 프라이드 치킨을 사려는데 예상치 못한 나쁜 냄새를 맡는다면 문제는 더욱 심각할 것이다. 또 다른 연구를 통해 똑같은 냄새도 그것을 어떤 관점으로 보느냐에 따라 좋을 수도 나쁠 수도 있다는 사실이 밝혀졌다. 브라운대학교의 레이첼 허츠 Rachel Herz와 줄리아 폰 클레프 Julia von Clef는 사람들에게 냄새를 맡게 해주되, 그 전에 여러 가지 설명을 미리 제시했다. 연구진이 피험자에게 어떤 냄새를 '파마산 치즈'라고 하면서 맡게 해주었더니 그들은 기분 좋은 탄성을 가볍게 질렀다. 이 연구에서 똑같은 냄새를 '땀이 밴 양말'이라고 하면서 제시하자 이번에는 피험자들이 겁에 질려 움찔하는 모습을 보여주었다.

어떤 냄새를 맡았을 때 과거 어떤 순간의 기억 때문에 오로지 나만 느낄 수 있는 감정이 따로 있기 마련이다. 그런데 거의 모든 사람이 똑같은 감정을 느끼는 냄새도 있다. 예를 들어 욕실 선반에 넣어둔 채 잊어버리고 있던 선크림을 꺼내 열어본다고 생각해보자. 특히 지금이 한겨울이라 움츠려 있던 기분을 좀 살려야 하는 경우라면 어떨까? 그럴 때 선크림 냄새를 살짝 맡으면 기분이 좋을까, 나쁠까? 당연히 모든 사람이 다 좋다고 할 것이다. 왜 그럴까? 선크림을 바르고 기분이 좋았던 기억을 모두가 다 간직하고 있기 때문이다. 어쨌든 선크림 냄새는 여름의 시작을 알리며, 휴가철에 느긋한 하루를 보냈던 긍정적인 기억과 연결된다. 그래서 이 냄새를 맡으면 그때 일이 기억나는 것이다.

물론 주의할 점도 있다. 어린 자녀를 둔 사람이라면 선크림과 관련된 긍정적 감정이 금세 스트레스와 분노로 바뀔 수도 있다. 아이들에게 선크림을 바르려다가 싫다고 버둥거리는 통에 크게 혼낸 기억이 다들 있을 것이다. 그러나 그것도 잠시뿐이다. 아이들이 조금만 더 커서 왜 선크림을 바르는지 이해하고 나면, 그 냄새만 맡아도 즐거운 기억이 떠오르는 경험을 다시 누릴 수 있을 것이다.

우리에게 후각이 있어서 냄새를 맡을 수 있다는 사실은 평생 감사할 일이다. 앞으로도 더 살펴보겠지만, 냄새는 기분이 좋아지게 할 뿐아니라 여러 가지 유용한 일에 그 깊이를 더할 수도 있다. 가령 생산성을 높이거나 건강한 음식을 선택할 때, 자신감이 필요할 때 등이다. 감각적인 의미의 시간여행을 할 수도 있다. 미국의 유명 팝아트 화가인 앤디 워홀Andy Warhol은 몇 달에 한 번씩 과거 어느 때로 돌아가고 싶을 때마다 쓰던 향수를 바꿨다고 한다.

개인적인 의미가 있는 냄새일수록 그 위력이 두드러지게 나타난다. 따라서 가능한 한 냄새에 관한 기억을 많이 남겨두는 것이 좋다. 여행할 때나 어떤 중요한 순간에 특별히 기억에 남을 만한 냄새가 났다면 나중을 위해 수첩에 적어두는 습관을 길러라. 기억을 되살려 시간여행을 즐기는 것만큼 멋진 일도 없다. 기분 전환이 필요하거나 흥분, 성적 매력, 젊음, 심지어 분노를 느끼고 싶을 때마다 언제든지 꺼낼 수 있는 개인적 비결이 있다면 더할 나위 없을 것이다.

# 퇴근 후 집에서

*Sense*

**하루 업무가 끝난 후에는 마음가짐을 완전히 바꿔야 할 필요가 있다.** 종일 정신을 곤두세운 채 생산성과 자신감, 협동심, 창의성 등을 발휘하기 위해 애쓰던 태도를 이제 멈춰야 하는 것이다. 그런데 그러지 못한다는 것이 우리의 고질병이다.

하루를 마치고 귀가한 후에 맞이하는 상황은 사람마다 다 다르다. 아이들 때문에 아수라장이 된 집 등 직장과 별로 다를 바가 없을 수도 있다. 또는 홀로 사는 사람도 있을 것이다. 한집에 친구들과 함께 살거나 반려동물과 함께 조용하고 따스한 집에서 살 수도 있다. 어떤 경우든 직장 생활과 가정 생활을 철저히 구분해서 퇴근 후 저녁 시간을 만끽할 필요가 있다. 공감각을 발휘하여 살아간다는 것은 정서적으로 도움이 되는 공간을 확보하여 무슨 일에서든 최선의 결과를 얻어낸다는 것을 뜻한다. 퇴근 이후는 온전히 나만의 시간을 보내며 좋아하는 일을 마음껏 할 수 있는 소중한 기회이므로 이 시간을 가능한 한 충실하게 보내기 위해 노력해야 한다.


## 집에서의 루틴


누구나 집에 들어오자마자 따르는 자신만의 일정한 행동 패턴이 있을 것이다. 현관문을 열고 들어서서 열쇠를 문 옆 항아리에 넣은 다음, 신발과 코트를 차례로 벗은 후 늘 똑같은 자리에 둔다. 그다음에는 곧장 주방으로 가서 주전자에 물을 끓이거나, 아니면 침실로 가서 옷을 갈아입을 수도 있다. 물론 사람마다 조금씩 다르겠지만, 귀가 후에 매번 똑같이 반복하는 행동이 누구에게나 있다. 이런 행동은 자신의 소지품이나 집 안의 가구 배치 등에 따라 자연스럽게 형성되었을 것이다. 문 옆 탁자 밑에 열쇠 항아리를 놔둔 것은 그렇게 하지 않으면 항상 열쇠를 어디에 두었는지 잊어버리기 때문이다. 바로 눈앞에 보이는 난간은 코트를 걸어두기에 안성맞춤인 자리다. 혹은 이것은 완전히 의도적인 행동일지도 모른다. 집에 돌아왔음을 실감할 수 있는 행동을 통해 고된 일과를 잊고 저녁 시간을 만끽하려는 것이다. 주전자에 물을 끓이는 것은 대표적인 예이다. 물 끓는 소리야말로 따스함과 편안함, 친근함과 같은 느낌, 그리고 가정과 가장 밀접한 감정을 느끼게 해주는 장치다.

일상생활에서 이런 루틴은 매우 중요한 역할을 한다. 어떤 일을 하기 전에 이런 루틴을 지키는 것은 겉으로 보기에는 아무것도 아닌 것 같지만 특정한 기억이나 감정을 떠올리는 수단이 된다. 이런 행동은 반복적이라는 특성 때문에, 그 후에 하게 될 일에 관한 감정과 긴밀한 관계를 맺는다. 육상선수가 경기에 나서기 전에 물병을 가지런히 정리한다든가, 우리가 초콜릿 상자를 열기 전에 손가락을 은박지 한가운데에 올려놓는 등의 동작도 모두 경기력이나 즐거움을 배가하기 위한 일종의 루틴이라고 볼 수 있다.

'귀가 후 루틴'도 전혀 다를 바가 없다. 그것은 일과가 끝나고 저녁이 시작된다는 것을 알려주는 중요한 행동이다. 집에서 텔레비전을 보든 나가서 춤을 추든 우선 업무와 분명하게 선을 긋는 표시가 필요한 것이다. 이런 루틴의 목적은 몸과 마음을 가라앉히기 위한 것이다. 물론 그렇다고 명상이나 공상을 해야 한다는 뜻은 아니다. 마음을 차분하게 가라앉히기 위해서라면 맛 좋은 진 토닉 한잔으로 충분히 효과를 낼 수 있다. 그러면서 기운도 차릴 수 있고, 진 토닉을 마시는 과정 자체가 하나의 루틴이 된다. 무엇을 하든 속도를 늦추고 지금 이 순간에 집중하는 것이 중요하다. 멈추기 위해서는 우선 행동을 천천히 해야 한다.

우리는 일과 중에 집중하고 이완하는 노하우와 생각을 뚜렷하게 하는 법에 관해 많은 정보를 얻었다. 이제 그런 지식에 과학적 통찰을 덧붙여 저녁 시간을 시작하는 완벽한 귀가 루틴을 만드는 법을 알아보도록 하자.

## 신선한 꽃을 사라

• • • • •    식물과 꽃이 주는 유익을 계속 언급하지 않을 수 없다. 주변에 꽃이나 식물이 있으면 화가 가라앉고, 아픈 후에 회복도 빨라지며, 사람들은 대화하고 협력하려는 마음을 가지게 된다. 집 안에서 식물을 기르면 심신이 건강해진다. 창밖으로 정원이나 나무를 볼 수 없는 집이라면 특히 도움이 된다. 도쿄의 한 연구팀이 이 사실을 뒷받침하는 연구를 수행했다. 그들은 사람들에게 장미꽃 화분 옆에 4분 동안 앉아있어 달라고 했다. 그리고 또 다른 사람들에게는 똑같은 방에 꽃 없이 앉아있도록 했다. 그 후 그들이 설문을 작성하는 동안 모니터를 통해 그들의 신체 상태를 측정했다. 장미꽃과 함께 앉아있던 사람들은 심박수와 호흡률이 모두 낮았고, 설문지를 작성하면서도 여유 있고 편안하며 아주 자연스러운 기분이었다고 대답했다.

눈앞에 꽃이 있으면 생리적·심리적으로도 유익할 뿐만 아니라, 여러 가지 행동과 좋은 기분이 이 꽃 한 송이와 연결된다. 꽃은 보살핌과 배려를 상징한다. 사실 그 꽃은 내가 샀지만, 마치 누군가로부터 선물 받은 것 같은 기분이 든다. 포장을 풀고, 가지를 친 다음, 화병에 가지런히 꽂는 과정은 약간 손이 가기는 해도 그리 힘든 일은 아니다. 그러는 사이에 머리를 채우고 있던 걱정을 잠시 잊고 마음을 가라앉힐 수 있어 일종의 영감의 순간을 맞이하게 된다. 이케바나生け花라고 하는 일본식 꽃꽂이는 이 과정에 작업자의 감정과 삶을 고스란히 반영하여 예술의 차원으로 승화시킨 것이다. 물론 우리가 그런 수준까지 도달할 필요는 없지만, 기왕 산 꽃이라면 화병에 그냥 풍덩 담아놓는 것보다

조금 더 정성을 기울일 수는 있다. 꽃꽂이를 매일 하지는 않을 것이므로, 포장을 풀고 꽃을 꽂는 행동을 일종의 루틴으로 삼아보는 것도 좋다. 꽃을 사지 않은 날은 그날 저녁에 주로 시간을 보내는 장소에 화병을 옮겨놓자. 집에 돌아온 순간부터 건강에도 좋고 긴장도 풀어주는 멋진 꽃을 바라보며, 살아 있다는 기분을 만끽할 수 있을 것이다.

## 나무를 만진다

• • • • •　　　　장미꽃의 효과를 실험했던 도쿄의 연구진은 또 다른 연구에서 나무를 만지는 행위가 스트레스를 줄여주며, 신경을 진정시키고, 심박수를 낮춰주는 효과가 있음을 밝혀냈다. 이 연구에서는 18명의 여성 피험자에게 눈을 감은 채 1분간 앉아있다가 어떤 단단한 물체에 90초간 손을 대보라고 했다. 연구진은 피험자들이 눈을 뜨기 전에 그 물체를 천으로 덮어서 그것이 무엇인지 보이지 않게 했다. 그런 다음 피험자들에게 몇 가지 질문을 하면서 그들의 심박수와 뇌파를 측정했다. 그들은 몇 가지 다른 물체, 즉 참나무, 대리석, 타일, 그리고 스테인리스강에 대해 똑같은 과정을 반복했다. 사람들은 나무를 만졌을 때 가장 마음이 편했고, 스테인리스강을 만질 때는 뇌파에서 스트레스 상승 신호가 감지되었다. 피험자들은 나무를 만지는 동안 심리적으로 가장 편안하고 긴장이 풀렸으며, 따뜻하고 자연적인 느낌을 받았다고 말했다. 반면 스테인리스강을 만질 때는 심리적으로도 가장 차가운 기분이 들었다고 했다.

PVC, 데님, 그리고 역시 스테인리스강과 같은 인공 재료를 만지면 혈압이 오르고 스트레스를 유발한다는 연구 결과가 발표된 적도 있다. 이 연구를 주도한 요시후미 미야자키<sup>Yoshifumi Miyazaki</sup>는 이런 현상이 일어나는 원인을 이른바 '자연 회귀 이론<sup>back-to-nature theory</sup>'에서 찾았다. 이것은 앞서 챕터 5에서 살펴본 '자연 친화 본능'과도 일맥상통하는 개념이다. 미야자키는 숲속에서 지낼 때 얻는 치유 효능에 관해 많은 책을 썼다. 그는 인간이 현대문명의 환경에서 살게 된 것은 오랜 진화과정에 비하면 불과 0.01퍼센트밖에 안 되는 기간이기 때문에 우리는 모두 자연 속에서 살려는 본능을 가지고 있다고 말한다.

미야자키에 따르면 우리는 어떤 종류든 자연과 관련이 있는 환경을 접하면 편안한 상태가 된다고 한다. 집 안에 자연의 소재를 들여놓는 것도 바로 이런 환경을 조성함으로써 자연이 우리의 정서와 건강에 베푸는 혜택을 누리는 방편이 될 수 있다. 어쩌면 나무 탁자에 앉는 행동도 이에 해당할 수 있다. 그렇다면 이제부터는 그것을 '귀가 후 루틴'으로 삼으면 된다. 아니면 집에 오자마자 늘 먹던 간식을 지금부터는 나무 도마에 올려놓고 먹을 수도 있다. 색다른 맛과 자연 친화적인 기분을 함께 즐길 수 있을 것이다.

## 소셜 스낵

····· 친구나 가족, 방문했던 장소, 신나는 기억 등이 담긴 사진은 살아오면서 하나둘씩 모은 다른 물건들과 함께 실내

장식의 중요한 요소가 된다. 이런 모든 장면은 과거의 기억과 다른 사람들을 생생하게 떠올리고, 우리의 정체성을 확인할 수 있는 수단이다. 사회심리학자들은 이런 물건이 정신적·사회적 허기를 채워준다는 의미에서 '소셜 스낵 social snack'이라는 명칭을 고안해냈다.

우리는 사진이 걸려있는 곳을 지나칠 때마다 어떤 감정이 솟아오르는 것을 느낀다. 내가 혼자가 아니라는 느낌이나 기억이 밀려드는 것이다. 우리는 그것을 통해 외로움을 잊고 일종의 소속감을 느끼므로 결국 정신건강에 도움이 된다고 할 수 있다. 나아가 집 안을 한순간에 따뜻하게 하는 힘을 발휘하기도 한다. 귀가 후 루틴을 따르는 곳마다 사진을 눈에 잘 띄게 놔둘 필요가 있다. 집에 돌아와서 현관이나 주방, 침실에 들러 신발을 벗거나 음료를 마실 때마다 바라보면서 잠깐이라도 생각에 잠길 수 있도록 벽에 사진을 걸어두어라. 가정에 대한 긍정적인 느낌을 얻고 자신의 정체성을 확인하는 데 도움이 될 것이다.

## 진짜 스낵이나 음료

·····        음식은 조용한 시간을 보내는 데 도움이 될 때가 있다. 또 음식은 어떤 목표나 과제를 완수한 것에 대한 보상이 될 수도 있다. 고된 일과를 마치고 쇼핑백을 잔뜩 짊어진 채 아이들과 함께 겨우 현관문을 들어섰을 때를 생각해보면 된다. 귀가 후 루틴에 뭔가를 먹는 것을 포함하여 저녁 시간의 시작을 알리는 신호탄으로 삼는 것도 좋다. 사실 먹고 마시는 행동이야말로 루틴으로 삼기에 가장 좋

다. 만족감을 뒤로 미루는 짧고 반복적인 절차를 통해 기대감을 고조시키고, 일과를 통해 지나치게 활성화된 두뇌 활동을 잠깐 멈추는 것이다. 예컨대 포도주병을 따는 행동은 루틴을 구성하는 강력한 요소가될 수 있다. 마개뽑이를 찾고 병 입구를 둘러싼 은박지를 풀어낸다. 코르크 마개를 뽑고, 냄새를 맡은 뒤 잔에 따른 다음 빙 돌리고, 다시 한번 냄새를 맡은 후 한 모금 맛본다. 긴 시간이 소요되는 이 과정의 모든 동작은 기대감을 고조하고 신경을 가라앉혀 결국 침착한 마음가짐을 얻게 된다. 맛을 볼 때쯤이면 이미 정신적·신체적인 유익함을 충분히 누리고 있다. 물론 이 음료는 굳이 술이 아니어도 된다. 어떤 음식을 먹고 마시든 일정한 루틴을 따르기만 한다면 긍정적인 방향으로 주의를 분산하여 사고의 속도를 늦추고 영감의 순간을 맞이할 수 있다.

자리에 앉아 음식을 먹을 때는 충분한 시간을 들여 맛을 음미하는것이 좋다. 이리저리 돌아다니면서 먹는 것은 별로 좋지 않다. 먹을 때는 맛과 식감을 음미하면서 성찰의 시간을 경험해야 한다. 그래야 종일 부산하고 시끄러웠던 마음을 정리할 수 있다.

## 자신만의 '브랜드 향'을 만든다

•••••　　　　　　　　　귀가 후 루틴의 마지막 요소는 어쩌면 가장 큰위력을 발휘하는 감각일지도 모른다. 그것은 바로 후각이다. 냄새는집에 들어서자마자 곧바로 느낄 수 있으므로 감각과 정서에 즉각적인영향을 미치는 신호기 역할을 한다. 기업들이 사용하는 독특한 향기에

우리가 정서적 애착을 느껴 결국 그들의 강력한 브랜드 자산이 되는 것처럼, 우리도 향기를 이용해 가정에 대한 애착심을 키우지 못할 이유가 없다. 우리 집만의 독특한 향기를 개발해보자. 그 냄새를 맡았을 때 안전함, 따뜻함, 편안함 등을 떠올릴 수 있는 것이라면 좋을 것이다. 집에 들어서는 순간 냄새를 맡을 수 있게 현관문 근처에 향초 스틱을 두거나, 귀가 후 루틴을 주로 하는 공간에 방향제 분무기를 설치해도 된다. 또는 향초에 불붙이기를 아예 귀가 후 루틴 목록에 포함해버리는 것도 좋은 방법이다. 그러면 일과 시간과 퇴근 후를 확실히 구분하는 데 도움이 될 것이다.

어떤 향기를 쓸 것인지는 어디까지나 개인의 취향이겠으나, 여기서는 가정에서 쓸 만한 것들을 개괄적으로 살펴보기로 한다. 물론 여러 가지를 써보면서 시행착오를 좀 거쳐야 할 필요는 있을 것이다. 자신만의 개성을 파악하고 거기에 어울리는 향을 찾아내는 일은 의외로 번거로울 수도 있다. 어쩌면 이 과정에서 이것저것 메모한 포스트잇이 책상 위에 한가득 쌓일지도 모른다. 그러나 무엇보다 먼저 향기가 어떤 기능을 하는지부터 생각해봐야 한다. 나는 향기가 어떤 역할을 해주기를 바라는가? 당장 생각할 수 있는 것은 집에 들어설 때 나를 따뜻하게 반겨주고 몸과 마음을 차분하게 가라앉혀주는 것 정도일 것이다.

마음을 차분하게 하는 향기라면 이미 앞에서 디 리모넨이라는 성분을 소개한 바 있다. 이것은 오렌지 계열 과일의 껍질이나 삼나무, 소나무, 향나무 등의 오일에 함유되어있으며 몸과 마음의 긴장을 풀어주는 역할을 한다. 라벤더를 포함한 여러 꽃향기에도 진정 효과가 있는 것으로 알려져 있다. 이런 나무와 꽃은 이미 서로 상승작용을 하고 있으므로 다른 삼각들과 조화를 이루기에도 좋다. 진정 효과가 있는 향기는 이것 외에도 많다. 따뜻한 바닐라 향이나 좀 더 밝고 강한 오렌지나 로즈메리 향 등이 여기에 해당한다. 이 가운데에서 자신에게 맞는 것을 고르면 되는데, 단 꾸준하고 일관되게 사용하는 것이 중요하다. 우리 집의 문을 열면 늘 똑같은 냄새가 나고 퇴근 후에도 항상 그 냄새가 나는 것이 포인트다.

여기서 여러 가지 다른 감각 요소를 함께 활용할 수도 있다. 음악을 틀어두는 것도 큰 효과를 발휘한다. 마음을 가라앉히고 집에 와 있다는 것을 실감할 수 있는 곡이라면 무엇이든 괜찮다. 온도 조절기를 사용해 실내 온도를 일정하게 맞춰두는 것도 감각의 조화라는 점에서 매우 중요한 요소가 될 수 있다. 이런 환경에 매일 꾸준히 접하다 보면 바쁜 일과로부터 마음을 차분하게 전환하는 데 큰 도움을 받을 수 있을 것이다.

---

### 귀가 후 루틴을 지키는 감각 처방

+ 꽃: 신선한 꽃을 곁에 두면 마음이 차분해지고 기분이 좋아진다. 화병에 꽃을 꽂으면서 정신적 수양을 경험할 수도 있다.
+ 소재: 나무를 비롯한 천연 소재가 좋다. 집 안에 나무 탁자가

---

있다면 그 앞에 앉는다. 간식을 먹을 때도 미식 레스토랑 스타일을 살려 나무 도마 위에 올려놓고 먹어본다.

✦ 사진: 귀가 후 루틴을 하는 곳에 사랑하는 사람이나 과거 방문했던 곳의 사진을 놔둔다. 이것을 소셜 스낵이라고 하는데, 나의 정체성을 확인하고 소속감과 정서적 안정을 찾는 데 도움이 된다.

✦ 맛: 음식을 먹는 것 자체가 일정한 루틴이 될 수 있다. 또 하나의 감각을 자극하는 역할을 하며, 음식 맛에 집중하는 동안 마음이 차분해진다.

✦ 냄새: 우리 집에서만 나는 '브랜드 향기'를 개발한다. 나의 취향이 반영된 향기는 집에 왔다는 것을 확인하는 감각적 신호기 역할을 한다.

귀가 후 루틴이 제대로 자리를 잡으면 저녁 시간을 미리 생각하고 집 안의 전체적인 분위기를 공감각적으로 바라보는 안목이 생기게 된다. 집 안 어디에 있든지 정서적으로 풍부한 경험을 할 수 있어야 한다. 이때, 각 공간의 성격과 그곳에서 하는 활동이 서로 어울려야 한다.

# 거실, 주방, 침실은 각자의 역할이 있다

집 안에서 지낼 때 심리적으로 중요한 요소가 있다면 각 공간의 고유한 성격을 잘 살려야 한다는 점이다. 집 안의 모든 방이나 공간에는 저마다의 목적과 기능이 있다. 따라서 그에 걸맞게 대해야 하며 함부로 무시해서는 안 된다. 침실은 수면과 부부 생활을 위한 곳이지 일하거나 텔레비전을 보는 장소가 아니다. 거실은 쉬거나 편히 있는 곳 또는 사람들과 만나는 장소다. 물론 성생활을 할 수도 있겠으나 손님이 와 있다면 절대 꿈도 못 꿀 일이다. 이런 구분이 뒤죽박죽된다면 서로 다른 성격의 활동과 감정들 사이에 뚜렷하게 선을 그을 수가 없게 된다. 귀가 후 루틴을 지키려는 것도 업무를 끝내고 가정에 돌아왔음을 확인하는 차원이듯이 집 안의 한 공간에서 다른 공간으로 옮겨갈 때도 한 가지 일을 끝내고 다른 일을 시작한다는 구분이 필요하다. 지금 거실에서 일하는 중이라면 일을 마친 후에는 어디로 갈 것인가? 침실에서 배우자와 함께 누워있으면서도 각종 청구서와 방학 계획에 관해 이야기한다면 도대체 언제 성생활을 하고 잠을 청한단 말인가? 이런 일들은 그것을 할 만한 방에서 하고, 다 끝나고 다른 방으로 옮겼으면 마음가짐과 행동도 바꿔야 한다. 바로 이럴 때 향기나 다른 요소가 분위기를 바꾸는 데 한몫하는 것이다.

사람들이 집 안의 각 공간에서 느끼는 보편적인 정서가 무엇인지를 조사한 연구가 최근에 있었다. 연구진은 200명의 피험자에게 집 안의 각 방에서 느꼈으면 하는 '중요한 정서와 인식'을 가장 잘 표현한 단어가 무엇이냐고 질문했다. 아래에 그 결과를 요약하였다. 여러분의 의견과는 얼마나 일치하는지 살펴보기 바란다.

**집 안 곳곳에 대한 보편적인 감정들**

- 현관: 응답자들은 집에 들어왔을 때 가장 먼저 느끼고 싶은 정서로 한결같이 '반가움'을 꼽았다.
- 거실: '느긋함', '가족', '편안함', '아늑함', '함께' 등이 1등으로 꼽혔다. 이들 사이의 비중은 사실상 우열을 가리기 힘들었다.
- 주방: 가장 많은 사람이 선택한 단어는 '유기적'이었다. 그다음으로는 '생산성', '가족', '풍성함' 등이 뒤따랐다.
- 침실: '로맨스'라고 답한 사람이 가장 많았고, '편안함', '여유', '사랑', '사생활' 등의 정서도 눈에 띄었다.
- 욕실: 욕실과 관련하여 가장 많은 사람이 떠올린 정서는 '여유'와 '원기 회복'이었다.

이런 결과를 통해 알 수 있는 사실은 주방이야말로 집안일을 하거나 사람들과 대화를 나누면서 풍요를 만끽하기에 가장 좋은 장소라는 것이다. 거실은 온화하고, 편안하며, 가족과의 유대를 확인하는 장소가 되어야 한다. 살림살이를 의논하는 곳이 아니라는 말이다. 욕실은 '원기 회복'에 걸맞게 산뜻한 느낌을 주면서 한편으로는 마음이 느긋해지는 장소여야 한다. 침실에서는 아이들과 놀거나 배우자와 이런저런 이야기를 나누면서 몇 시간을 보낼 수도 있지만, 역시 가장 중요한 목적은 친밀감을 쌓는 것이며 다른 일은 모두 부차적인 것으로 간주해야 한다. 더구나 다른 모든 활동은 그에 맞는 곳에서 마치고 맨 마지막에 잠자리에 들어야 수면의 질이 향상된다는 것이 모든 연구의 공통된 결론이었다.

물론 각 공간에 따라 고유한 감정과 기능이 있다는 주장에 모든 사람이 동의하지 않거나, 사람마다 조금씩 차이가 날 수도 있다. 그뿐만 아니라 집 안에 이런 독립적인 공간이 없어 한 자리에서 여러 가지 활동을 할 수밖에 없는 집도 많을 것이다. 어쨌든 각자의 사정에 맞는 방법을 찾아 이런 개념을 적용해볼 필요가 있다. 집 안의 각 공간이나 방에서 어떤 활동을 하고 싶은지 자문해보라. 그리고 가능한 한 그곳의 본래 목적을 지킬 방법은 무엇인지 생각해보라. 우선 목적을 명확히 해야만 감각적 장치를 동원해서 그 목적을 살릴 수 있다.

굳이 실내 환경을 완전히 바꾸지 않아도 향기를 활용해 간단히 목적을 달성할 수 있다. 향기는 가장 쉽게 도입할 수 있고 나의 감정이나 상황, 일정, 혹은 목적에 따라 언제든지 바꿀 수 있다. 그러나 우리는 여러 종류의 향기를 사용하는 것을 고려할 필요가 있다. 내가 말하고자 하는 바를 설명하기 위해 향기 복합물이나 개별적 원료라는 말보다는 '체험형' 향기라는 용어를 고안해보았다. 즉 과거의 경험을 떠올리는 향기를 사용하라는 것이다. 우리는 감정을 자극하고 스토리가 담긴 냄새를 활용하여 집 안의 모든 곳을 추억과 발견의 공간으로 삼아야 한다.

# 향기를 통해 집을 추억과 발견의 공간으로

창의적으로 일하는 법을 다루는 장에서 정신적 시간여행이라는 개념을 소개한 적이 있다. 점토 장난감에서 나는 냄새를 통해 과거의 감정을 떠올리는 방법으로 창의력을 증진한다는 내용이었다. 소비자심리학자인 울리히 오스<sup>Ulrich Orth</sup> 교수의 연구에 따르면 우리가 어떤 냄새 때문에 과거의 추억을 회상하게 되면, 그 과정에서 이른바 '감정적 동기 반응<sup>emotional motivational response</sup>'이 일어난다고 한다. 즉, 새로운 것을 발견하고 싶다는 긍정적인 감정이 갑자기 솟구친다는 것이다. 오스 박사가 이끄는 연구팀은 281명의 피험자에게 여러 가지 향기를 맡게 해주고 그중에서 어떤 것이 추억을 떠올리게 하는지 물었다. 블랙베리와 계피, 오렌지꽃 등이 포함된 목록 중에서 가장 많은 사람이 꼽은 것은 빵 굽는 냄새와 갓 깎은 잔디 냄새였다. 이 둘의 공통점은 우리가 실생활에서 감수성이 가장 고조되었을 때 맡을 수 있고, 과거 경험 중에서도 우리의 감정을 가장 강하게 자극하는 냄새라는 것이다.

우리 연구팀은 일할 때 이렇게 향수를 자극하는 '체험' 향기를 항상 사용한다. 사람들은 이런 냄새에 즉각적으로 반응한다. 사람들은 자신의 정체성과 방 안에 있는 물건, 그리고 그 공간의 특징과 기능에 관한 이야기가 담긴 냄새를 통해 특정한 감정을 떠올린다. 그래서 우리는 먼저 방 안에 이미 있는 물건을 사용하여 자연스러운 냄새를 강조한다. 또는 좀 더 추상적이지만 그 공간의 분위기와 밀접한 관계가 있는 어떤 것을 사용하여 감정이나 생각을 자극할 때도 있다. 예를 들어 한 고급 자동차 대리점에 어울리는 향기를 개발할 때, 우리는 고객들이 그 브랜드와 관련지을 수 있는 요소를 모두 골라 해당 공간에 골고루 배치했다. 자동차 주변에는 장인정신과 품위를 느낄 수 있게 로브 참나무English Oak 향을 뿌렸다. 자동차 인테리어를 선택하는 방에는 은은한 가죽 향기를 뿌려 전시된 샘플을 더욱 돋보이게 했다. 계산대 주변에는 갓 깎은 잔디 냄새를 연출했다. 광활한 야외를 연상시켜 고객의 모험심을 자극하려는 의도였다. 금방이라도 바람에 머릿결을 날리며 운전하고 싶은 마음이 들 것 같은 냄새였다. 우리가 사용한 냄새는 모두 각 공간과 전시된 제품을 강조함으로써 대리점 안을 둘러보는 것만으로 새로운 것을 발견하는 감성적 경험이 되도록 설계되었다.

집 안에서 사용할 향기에 대해서도 똑같은 방법으로 접근할 필요가 있다. 즉, 추억을 떠올리는 '경험' 향기를 사용하여 집에 머무르는 시간을 좀 더 정서적으로 충만하게 보낼 수 있는 것이다. 휴가 기간에 아름다운 옛날식 오두막을 빌려서 지냈던 과거의 기억을 떠올려보라. 프랑스 시골집의 소박한 주방에 들어서면서 풍겨왔던 갓 구운 빵 냄새를 생각해보라. 현관에 들어서면 라벤더와 재스민 향이 났었다. 거실에 가면 벽난로에서 나무 타는 냄새가 났는데, 그야말로 요즘 시대에는 만나기 힘든 진짜 옛날식 분위기가 흠뻑 밴 냄새였다. 우리는 그림처럼 아름다운 장소에 가면 언제나 이렇게 후각에 세심한 주의를 기울이고 풍부한 경험을 되살림으로써 매 순간 사소한 경이로움을 맛본다. 그렇다면 집에 있을 때도 똑같이 해보면 어떨까? 집에 들어갈 때마다 모든 감각을 예민하게 살린다면 매 순간을 즐겁게 보낼 수 있을 것이다.

사진을 통해 이른바 소셜 스낵 장치를 만들어내듯이 냄새를 이용해 나만의 독특한 사연과 인생을 통해 만났던 좋은 사람들, 그리고 중요한 장소를 떠올리는 분위기를 만들 수 있다. 이제 여러 가지 향기를 재미있게 테스트해볼 시간이다. 우선 다음과 같은 종류부터 시작해보자.

## 나무

‥‥‥ 방 안에 삼나무나 로브 참나무, 백단향 등의 향을 뿌리면 정서적으로 매우 유익하다. 따스한 느낌의 나무 향기를 매장이나 호텔 로비에 뿌리면 장인정신과 진품의 이미지를 살리고 ‘호화롭고’, ‘고급스러운’ 인상을 줄 수 있다. 아울러 나무를 만지는 것이 생리현상에 영향을 미친다는 요시후미 미야자키의 ‘자연 회귀 이론’에 따르면 나무 냄새는 심신을 안정시키는 효과도 발휘한다. 일본의 또 다른 연구에 따르면 삼나무 오일은 스트레스와 불안감을 해소하는 효능을 발휘한다고도 한다. 집 안에 나무 가구를 많이 들여놓거나 거실 바닥을 나무로 처리하면 나무 향기가 은은하게 배어나 소재의 자연미를 살려준다. 나무 냄새는 그 자체로 사람을 반겨주는 향기이므로 현관에 딱 맞는 소재라고 할 수 있다.

## 갓 깎은 잔디

..... 실내에서 잔디 깎은 냄새기 난다면 다소 생소
하게 여길 수도 있겠지만, 이 냄새야말로 집 안을 화사한 분위기로 가
꾸는 데 제격이라고 할 수 있다. 더구나 밝은 색상의 부드러운 천연 소
재 주변에 뿌려두면 완벽하게 어울릴 것이다. 잔디 냄새는 집 안에 탁
트인 공간의 느낌과 '자연 회귀' 요소를 더해준다. 울리히 오스 박사의
향기와 추억의 관계에 관한 연구에서 알 수 있듯이 잔디 냄새는 감각
을 추구하는 행동을 유발한다. 그래서 거실처럼 가족끼리의 모임이 중
요한 공간에서 사람들의 탐구심을 고취해야 할 필요가 있을 때 사용하
면 가장 좋다. 브리티시서머프루츠 British Summer Fruits 라는 산업단체의 이
사회가 주최하는 프로젝트에 참여하여 연구를 수행하던 중, 우리는 영
국 사람들이 가장 행복한 기분을 느끼는 두 가지 감각이 바로 갓 깎은
잔디 냄새와 딸기 맛이며, 특히 이 두 가지를 섞었을 때 최고의 효과를
발휘한다는 사실을 알아냈다.

2015년에 발표된 영국인이 가장 좋아하는 냄새에 관한 설문조사
결과, 갓 깎은 잔디 냄새는 빵 굽는 냄새와 베이컨 굽는 냄새에 이어
3위를 차지했다. 잔디 냄새는 쉽게 복제할 수 있다. 내가 주로 사용하
는 것은 풍자향 galbanum 이라는 정유 essentail oil 로서, 잔디를 깎을 때 발산되
는 핵심 화합물 중 하나이다. 이것은 확보하기가 매우 쉬운데다 기억
을 떠올리는 효과도 강력해서 많은 향기 디자이너와 회사가 가정용 향
기와 향수, 또는 향초 제품에 사용하고 있다.

# 리넨

••••• 막 세탁한 리넨 냄새는 추억을 떠올리는 효과가 엄청나다. 깨끗하게 빨아놓은 침대보에 누웠을 때의 그 냄새는 누구든지 사랑하지 않을 수 없을 것이다. 그 외에도 이 냄새를 맡으면 신선한 바깥바람이 느껴지는데, 그 이유는 깨끗한 세탁물을 보면 누구나 빨랫줄에 널어놓은 새하얀 천이 산들바람에 휘날리는 장면이 연상되기 때문이다. 나는 어떤 호텔 프로젝트를 할 때, 이른바 몰입형 오감 캡슐이라는 것을 고안해서 여기에 리넨 향을 써본 적이 있다. 즉 고객이 호텔 방 안에 마련된 이 캡슐에 들어가서 스크린을 바라보면 파란 하늘에 구름이 솜털처럼 흘러가는 장면이 나오고, 조용한 바람 소리가 들리면서, 깨끗한 리넨 냄새가 난다는 개념이었다. 이 세 가지 요소는 서로 완벽하게 어울렸고, 그 결과 마음이 차분해지고 기분이 산뜻해지면서 원기가 회복되는 효과를 발휘했다.

세제를 제조하는 한 대기업의 연구에 따르면 사람들은 신선한 리넨 냄새가 나는 흰 빨래가 아무 냄새도 나지 않거나 오렌지 냄새가 나는 빨래보다 더 깨끗하고 흰 것으로 인식했다고 한다. 리넨 냄새의 원료는 쉽게 구할 수 있다. 이 향기를 잠에서 깨자마자 침실에 뿌리거나 거실에 사용해서 부드럽고 깨끗하며 신선한 분위기를 연출해보자. 기분 좋은 봄바람이 방 안에 불어온 것 같은 느낌이 들 것이다.

## 비 내린 후의 흙냄새

여름철 비 내린 후에 나는 냄새를 페트리코<sup></sup>pet-richor라고 한다. 뜨거운 햇볕이 내리쬐면 천연 오일 성분과 박테리아 등이 식물과 토양, 도로, 그리고 인도 위로 올라온다. 이럴 때 비가 내리면 오일 성분이 대기 중에 분산되면서 특유의 아름답고 자극적인 향을 분출한다. 이것은 오직 여름에만, 그것도 모든 조건이 맞아떨어져야 발생하는 현상인 데다 대체로 특별한 추억이나 아련한 감정과 밀접한 관련이 있는 경우가 많으므로 전형적인 추억의 냄새라고 할 수 있다. 그러나 우리가 이 냄새에 애착을 가지는 데는 훨씬 더 깊은 원인이 자리하고 있다. 호주의 고고학자들은 이 냄새가 인간의 진화과정과 관련이 있다고 주장한다. 즉 이 냄새는 여름철에 내리는 첫 비와 이를 계기로 고대의 우리 조상들이 생사를 걸고 간절히 바라던 작물 성장을 알리는 신호였다는 것이다. 현대인에게는 그저 아름다운 향수를 부르는 냄새지만, 여기에는 깊은 진화론적 배경이 있는 것이다.

향기 디자이너들이 풍부한 상상력을 발휘하여 만들어낸 페트리코 제품이 시중에 나와 있다. 이 제품은 집 안 어디에 두어도 좋지만, 가장 어울리는 곳은 역시 욕실이다. 욕실 바닥에 떨어지는 물소리와 여름에 내리는 첫 비의 냄새가 어우러지면 그야말로 아름다운 장면이 완성된다. 느긋하게 원기를 회복할 수 있는 분위기를 원한다면 페트리코 향이 정답이다.

## 허브와 향신료

..... 동료인 조와 나는 영국인들에게 큰 인기를 끄는 한 유명 유통업체의 식품매장 겨울 채소 코너에 신선한 허브 향(샐비어, 로즈메리, 월계수 등)이 나게 해본 적이 있다. 이 향을 맡은 사람들은 저녁 시간에 아늑한 집에서 시간을 보내거나, 요리판 위에 차려진 따뜻한 저녁 식사 냄새를 떠올렸다. 향기 덕분에 진열된 채소들이 더욱 돋보였고 결국 매출도 증가했다. 계절이 바뀔 즈음 우리는 다시 매장을 방문해서 다른 향기로 교체했다. 봄이 왔으므로 분위기를 바꾸어야 했기 때문이다.

음식 냄새를 맡으면 누구나 추억을 떠올리고 기분이 좋아진다. 그리고 허브 종류의 향기는 과거의 경험이나 여행지를 떠올리는 작용을 한다. 맛있는 음식이나 잊을 수 없는 장소에는 저마다의 독특한 향기가 있다. 정향 냄새는 크리스마스를 떠올리게 하고, 장미 향수 냄새를 맡으면 금방이라도 모로코에서 휴가를 즐기던 때로 돌아간 듯한 기분이 된다. 우리는 모두 어떤 맛에 관한 자신만의 기억이 있다. 물론 문화적으로 공유하는 기억도 수없이 많지만 말이다. 음식 냄새는 사람들을 한데 모으고, 각자 살아가는 이야기를 함께 나누는 매개체가 되기도 한다.

집 안의 주방에서 나는 향기는 내가 거쳐온 장소와 계절, 그리고 먹고 싶은 음식 등을 반영하는 것이어야 한다. 예를 들면 겨울에는 샐비어, 로즈메리, 월계수, 그리고 여름이면 바질이나 신선한 토마토(내 경우에는 토마토 냄새를 맡으면 프로방스에서의 휴가가 떠오른다)가 될 수도 있다. 여행지에서 지역 음식을 먹을 때는 거기에 들어간 향료와 허브가 무엇인지 메모한 다음, 그 향을 조금씩 기저와 추억을 떠올리고 싶을 때 주방에 뿌려보는 것도 좋다. 이런 효과를 위해 실물을 사용할 수도 있다. 신선한 허브나 향기 원료를 병이나 그릇에 담아서 방 안에 향기를 퍼뜨리는 것이다. 분무기에 정유를 담아 꼭 필요할 때 뿌려보면, 주방에 '생산성'과 '유기적' 분위기를 더해주는 데 더할 나위 없이 좋다. 예컨대 박하나 계피가 생산성과 정신력을 향상하는 데 좋다는 것 정도는 이제 다들 알고 있으리라 믿는다.

## 바닐라, 캐러멜 등

..... 바닐라는 원래 향수 원료로 많이 사용되지만, 우리가 말하는 '경험' 향기의 범주에도 충분히 포함된다. 다른 어떤 곳보다 음식에서 많이 마주치는 냄새기 때문이다. 우리는 캐러멜이나 초콜릿, 딸기 등과 함께 이 냄새가 들어간 음식을 맛있다고 여기며, 실제로 그런 기분이 든다. 캐러멜이나 바닐라 향은 초콜릿 위에 두껍게 뿌려진 크림의 자태만큼이나 유혹적이다. 후각과 촉각의 관계를 연구한 한 논문을 보면 바닐라 향처럼 달콤한 냄새를 맡으면 부드럽고 매끄러운 촉감을 연상하며, 부드러운 소재를 만질 때 이 향기를 맡으면 그 소재가 더욱 부드럽게 느껴진다고 한다. 쇼핑 공간에 바닐라나 캐러멜 향기가 나면 사람들의 걸음이 느려지고 더 비싼 물건을 사는 경향이 있다. 진하고 풍부한 냄새가 전해주는 분위기 역시 느리고, 부드러우

며, 풍성하고, 호화로운 느낌이다. 이런 냄새는 침실에서 잠만 자려는 것이 아닐 때, 혹은 거실에서 조명을 어둡게 하고 저녁 시간을 보내고 싶을 때 적당하다.

지금까지 예로 든 것은 시작에 불과하다. 집 안에서 감성을 자극하고 각 공간의 성격을 강조하기 위해 사용할 만한 '경험' 향기의 종류는 무수히 많다. 나에게 특별한 의미가 있는 향기가 어떤 것일지 생각해 보고, 그중에서 집 안의 각 공간에서 느끼고 싶은 감정에 맞는 것을 골라보라.

추억을 되살리는 것은 그것만으로도 충분히 시간을 즐겁게 보내면서도, 심신에 좋은 영향을 미치는 방법이다. 이렇게 함으로써 근심을 덜 수 있고, 좀 더 너그럽고 열린 태도를 지니며, 두뇌의 특정 프로세스가 개선되는 효과를 얻을 수 있다. 치매를 비롯한 여러 퇴행성 질환의 치료에 추억을 되살리는 기법이 점점 많이 사용되는 이유도 바로 이것 때문이다. 노스다코타대학교 심리학자들의 연구에 따르면 추억을 떠올리며 시간을 보내는 사람일수록 '인생에는 목적이 있다.'라는 말에 동의하는 경우가 많다고 한다. 추억이 긍정적인 인생관을 형성하는 데 도움이 되는 것이다. 중국의 한 연구에 따르면 따뜻한 것을 기억하는 것만으로 실제로 몸이 따뜻해지기도 한다. 차가운 방 안에 있던 사람들에게 옛 기억을 떠올려보라고 부탁했을 때, 그렇게 했던 사람들은 실제로 따뜻해지는 기분을 느꼈다고 한다.

# 시간을 늦추다

저녁 시간은 눈 깜짝할 사이에 지나가기 쉽다. 별로 한 것도 없는데 어느새 잠자리에 들 시간이 되었다고 말하는 사람이 많다. 여유 있는 저녁 시간을 확보하여 거의 불가능해 보이는 일들을 해낼 수 있다면 좋을 텐데 말이다. 자, 이런 우리에게 감각에 관한 지식을 통해 얻을 수 있는 해결책이 있다. 퇴근 시간 직전에 시간을 빨리 가게 했던 감각 처방을 역으로 이용하면 시간이 천천히 흐르게 만드는 것도 충분히 가능한 일이다.

## 빠른 음악

·····　　　　　　　느린 단조 음악을 듣는 동안 시간이 빨리 흘렀다면 장조의 빠른 음악을 들으면 시간이 천천히 흐르는 것처럼 느껴질 것이다. 이 가설을 검증하기 위해 다양한 조건에서 연구해본 결과, 과연 그렇다는 것이 증명되었다. 밝고 신나는 음악을 들었을 때 시간이 천천히 흐르는 것처럼 느껴졌다는 연구 결과가 있었다. 보르도의 한 연구소가 진행한 실험에서 피험자들은 좁은 칸막이 공간에 앉아 다양한 음악을 듣고 기분이 좋은지 그렇지 않은지, 또 마음이 차분해지는지 신나는지를 대답했다. 그리고 자신이 들은 곡의 연주 시간이 얼마나 되는지 추정해보라는 질문을 받았다. 그들은 1분 정도 되는 음악이

약 1분 30초 정도 연주된 것 같다고 대답했다. 즉 피험자들은 음악의 템포가 빠를수록 연주 시간이 길다고 느낀 것이다. 또한 그들은 좀 더 '신나는' 음악일수록 시간이 느리게 흐른 것으로 느꼈다. 시간이 1분 정도 흐른 것을 두고 마치 1분 45초 정도쯤 되는 것 같다고 대답했다.

연구진은 음악을 거꾸로 틀어서 그것이 어떤 종류의 곡인지, 또는 기분이 좋은지 아닌지조차 알아차리지 못하게도 해보았으나 결과는 마찬가지였다. 빠르고 열광적인 음악일수록 사람들은 곡이 더 길게 연주된다고 느꼈다. 곡을 들을 때 기분이 좋아지느냐 여부는 사람들이 느끼는 시간의 길이에 별로 영향을 미치지 못했다. 시간의 길이에 관한 인식은 얼마나 신나는 음악인가 여부에 좌우되었다.

## 자극적인 색상, 빨간색이나 노란색

﹒﹒﹒﹒﹒　　　　　　앞에서 파란색이 시간의 흐름을 가속하는 효과가 있다고 언급한 적이 있지만, 같은 연구에서 반대 효과를 일으키는 색상은 좀 더 자극적이고 따뜻한 계열의 색임이 밝혀졌다. 사람들에게 어떤 웹사이트에서 콘텐츠를 다운로드하도록 한 다음 기다리는 시간이 얼마나 길었느냐고 물었을 때, 노란색 화면을 바라보던 피험자들이 가장 시간이 천천히 흐른 것 같다고 대답했다. 자극성의 정도를 말하자면 빨간색이 가장 활기차고 두뇌를 자극하는 색상이라는 사실은 언제나 변함이 없다. 빨간색과 노란색은 모두 감각적으로 밝은 음악과 어울리므로, 온라인 검색 등을 할 때는 이 두 가지 색상의 물건을

주변에 두는 것이 좋다. 시끄러운 음악을 들으면서 어떤 일을 하면 느끼기에는 약 30분 정도가 흐른 것 같은데 실제로 지나간 시간은 15분밖에 되지 않는다.

## 밝은 조명

..... 밤이 깊어지면 실내 조명을 좀 더 편안한 밝기로 조절해야 한다. 머리맡에 두는 전등을 환하게 밝히는 것은 누구에게라도 별로 좋은 선택이 아니다. 눈 아래로 그림자를 드리우는 조명은 사람을 피곤하고 초라하게 만들며, 그렇다고 구석구석을 환하게 비추는 조명은 집 안을 적나라하게 드러내서 쉴 만한 데가 없다는 느낌이 든다. 그러나 저녁에는 정신을 바짝 차려야 시간이 천천히 흐르기 때문에 이럴 때는 밝은 조명이 유리하다. 마치 사무실의 형광등을 다시 켠 정도의 밝기로 퇴근 후의 차분한 분위기마저 깨면 안 되겠지만, 집안일에 집중할 때는 주방 전등이나 책상 위 램프 정도는 밝게 켜두는 것이 좋다.

## 무취 혹은 나쁜 냄새!

..... 냄새를 이용해 시간이 천천히 흐르게 만든다는 것은 여간 까다로운 일이 아니다. 여러 연구 결과 기분 좋은 냄새를 맡으면 오히려 시간이 빨리 흐르는 것으로 알려졌기 때문이다. 그러나

집 안에서 '기분 나쁜' 냄새가 나면 확실히 시간이 천천히 흐르기는 한다. 프랑스 연구진은 사람들을 좁은 공간에 앉아있게 한 후, 백색소음이 얼마나 지속되는지 판단하게 했다. 피험자들은 방진 마스크를 끼고 있었는데 그중 절반은 데칸산<sup>decanoic acid</sup>이 배어있었다. 이 물질에는 상한 음식과 땀내가 섞인 듯한 냄새가 났다. 운도 없이 이 냄새 나는 마스크를 끼고 있던 사람들은 예상대로 시간이 확연히 느리게 흘러가는 것처럼 느꼈고, 백색소음도 완전히 사라졌다. 물론 이것이 결코 유쾌한 방법은 아니지만, 그래도 저녁 시간을 넉넉히 확보해야겠다고 생각하는 사람은 방 안에 나쁜 냄새를 조금 뿌려보면 확실한 효과를 볼 수 있다. 아니면 자녀 중에 십 대 청소년이 있다면 아이 방에 들어가 있는 것만으로도 시간이 멈춘 것 같은 기분이 들 것이다.

---

### 시간을 늦추는 감각 처방

- ✦ 음악: 빠르고 신나는 음악을 틀어라. 희망찬 기분으로 밝은 음악을 들으면 시간이 느려진다.
- ✦ 색상: 빨간색이나 노란색과 같은 자극적인 색상을 바라보면 정신이 맑아진다.
- ✦ 조명: 환하게 켠다. 초저녁에는 전등을 밝게 켜서 활기찬 분위기를 연출한다.
- ✦ 냄새: 별로 권하고 싶지는 않지만, 나쁜 냄새를 맡으면 시간이 천천히 흐른다. 저녁 시간이 금방 지나가는 것이 도저히 견딜

---

시끄러운 전자음악이 들리고 밝은 적색 조명이 켜져 있으면 마치 베를린의 어느 사창가에 온 듯한 기분이 들지도 모른다. 그러나 일단 이 감각 처방을 그대로 따라 해보라. 그런 다음 하던 일을 계속하다가 시계를 쳐다보면 생각보다 시간이 별로 흐르지 않은 것을 알고 입가에 슬며시 웃음이 지어질 것이다.

저녁 시간이 아직도 많이 남았다. 그렇다면 지금부터 공감각의 재미를 본격적으로 맛볼 시간이다. 하던 일이 무엇이든 상관없다. 오감의 조화를 이루면 어떤 경험이든 한 차원 높은 경지를 맛볼 수 있다. 다음 장에서는 모든 감각을 총동원하여 저녁 식사의 깊은 맛을 경험할 수 있는 이른바 '감각적 만찬'에 관해 다룰 예정이다. 그 전에 먼저 여러분에게 통찰을 안겨줄 창의적인 아이디어를 몇 가지 소개하고자 한다.

## 집을 영화관처럼

바야흐로 체험경제가 붐을 이루고 있다. 지난 10년간 초콜릿 제조업

246

체에서부터 스포츠 브랜드에 이르는 모든 경제주체는 고객에게 몰입형 체험을 안겨주기 위해 애써왔다. 오늘날을 관통하는 화두는 PET라는 머리글자로 정리할 수 있다. 즉, 목적$^{purpose}$, 경험$^{experience}$, 그리고 이야깃거리$^{talkability}$를 뜻한다. 다시 말해 어떤 브랜드가 뚜렷한 목적을 기반으로, 그것이 함축된 경험을 창출하여 마침 제때 만난 고객에게 스토리로 전달해줄 수 있다면 고객은 그 특별한 기억을 주변에 열심히 퍼뜨리게 된다는 뜻이다.

나 역시 지난 10년간 이런 몰입 체험 프로젝트에 여러 번 참여해왔다. 어떤 체험에 브랜드의 목적을 진정성 있게 담기 위해 가장 먼저 고려해야 할 분야가 바로 감각 과학이다. 과연 어떤 소리와 냄새, 맛, 색상, 질감, 그리고 행동이 가장 정확한 메시지를 전달할 수 있는가? 이 질문에 대한 대답이 바로 감각 처방이고, 그것을 근거로 고객에게 안겨줄 체험을 설계할 수 있다. 이 작업이 제대로 이루어진다면 강력한 상승효과를 다시 만들어낼 수 있다. 오감의 모든 요소를 결합하여 이전보다 모든 면에서 훨씬 더 나아진 경험을 창출하는 것이다.

최근 들어 이런 이벤트가 큰 인기를 누리는 것만 봐도 사람들이 이것을 얼마나 좋아하는지 잘 알 수 있다. 몰입형 식사와 칵테일 체험 행사가 곳곳에서 열리고 있으며(다음 장에서 집중적으로 설명한다), 공감각형 설치 미술과 체험형 극장도 마찬가지다. 언더그라운드 문화의 일종으로 치부되던 시크릿시네마$^{Secret Cinema}$(런던에 본사를 둔 몰입형 영화 및 텔레비전 공연 기획사-옮긴이)는 승승장구를 거듭하더니 급기야 디즈니라는 대형 영화사와 계약을 맺기에 이르렀다. 그들이 펼치는 공연에서는 극장과 변장 의상, 음식, 칵테일, 그리고 영화관 등과 거대한 군중이 한데 어울려 장관을 연출한다. 고객들은 세심하게 연출된 정교한 환경 속에서 놀라운 발견을 잇달아 경험한다. 그들이 여러 가지 놀라운 발견을 즐기는 모습은 낯선 도시나 고장을 둘러볼 때와 비슷하지만 그 수준은 우리의 상상을 훨씬 뛰어넘는다. 그곳에서 경험하는 모든 순간은 친구들에게 입소문으로 전달되고, 거기에서 얻은 아이디어는 일상에까지 스며들게 된다.

그렇다면 오감을 충분히 활용하는 창조적인 생활을 위해 우리 집에도 몰입형 영화관을 만들어보는 것은 어떨까? 이런 활동을 통해 즐거움을 얻는 데는 과학적인 근거가 있다. 모든 요소가 서로 어울리게 조합된 환경에서는 앞에서 말한 '초강력 상승효과'가 일어나 일상이 더욱 즐거워질 것이다. 그렇다고 매번 이 모든 것을 철저히 지켜야 한다는 것은 아니다. 어떤 장면을 보고 싶은지 미리 생각해보고 일상에 즐거움을 더하기 위해 어떤 감각을 강화할지 결정하기만 하면 된다. 평일 저녁에도 영화에 어울리는 음식을 곁들이는 것만으로 몰입도와 재미를 배가할 수 있다. 예를 들면 최근에 아들 라이너스와 함께 〈어벤져스The Avengers〉를 볼 때는 '토니 스타크 버거'에 '헐크 소스'(녹색 마요네즈였다)를 발라 '캡틴 아메리카 프라이'를 곁들여 먹었다. 방 안의 조명은 모두 파란색과 빨간색으로 맞췄고, 아들 녀석은 슈퍼히어로 복장을 차려입었다. 그리고 음식을 준비하는 동안에는 영화 사운드트랙을 틀어놓았다. 그저 텔레비전으로 영화를 본 것뿐인데 이것이 흥미진진한 이벤트로 격상되어버렸다.

유명 영화 몇 편을 예로 들어 가볍게 시작하는 방법을 설명해보자.

**몰입형 영화관 만드는 법**

- 〈위대한 개츠비 The Great Gatsby〉

  - 영화가 시작하기 전부터 고전 재즈 음악을 틀어둔다.

  - 보드카 마티니 또는 샴페인을 곁들인다.

  - 연어 케이크 같은 간식을 준비한다.

  - 1920년대의 향락적 분위기가 물씬 풍기는 향수를 뿌린다. 직접 만들고 싶다면 가죽, 아이리스, 베티베르, 일랑일랑, 삼나무, 파촐리, 바닐라, 용연향, 머스크 등의 원료를 적절히 혼합해보면 된다.

- 〈대부 Godfather〉, 〈좋은 친구들 Goodfellas〉 및 기타 마피아 영화

  - 대부의 주제곡이나 루이스 프리마 Louis Prima, 프랭크 시내트라 Frank Sinatra 같은 대중가수의 곡을 틀어둔다.

  - 큰 접시에 소시지와 토마토 파스타를 차려 내온다(얇게 썬 마늘을 곁들인다).

  - 시칠리아산 적포도주를 함께 마신다.

  - 영화가 끝날 때쯤 먹을 카놀리를 준비한다.

- 〈펄프 픽션 Pulp Fiction〉

  - 영화가 시작되기 전에 미리 분위기를 고조할 사운드트랙을 틀어둔다.

  - 영화에 나오는 빅 카후나 버거와 비슷하게 파인애플을 넣은 치즈버거를 만든다.

  - '5달러짜리 밀크셰이크'를 만들어둔다. 레시피는 생각하기 나름이지

만, 버번을 기본으로 삼으면 무난할 것이다.

- 〈다운튼 애비 Downton Abbey〉
  - 커피 테이블에 말끔하게 다린 흰색 식탁보를 덮고 식기류를 가지런 히 놓아둔다.
  - 찻주전자와 찻잔을 준비하여 칵테일이나 차를 마신다.
  - 카나페 요리를 준비한다. 굴이나 오이 샌드위치, 게살 카나페 등이 어울린다.
  - 얼그레이 차의 주원료인 베르가못 향을 방 안에 뿌린다.
- 〈피키 블라인더스 Peaky Blinders〉
  - 맥주나 위스키를 한잔 따라둔다.
  - 스모키 향을 방 안에 뿌린다.
- 〈왕좌의 게임 Game of Thrones〉
  - 큰 잔에 맥주를 부어놓는다. 혹은 구할 수만 있다면 벌꿀 술이 더 좋다.
  - 빵과 고기, 치즈 등을 큼직하게 썰어서 접시에 담아놓는다.

이렇게 해서 평소 시간을 보내던 곳이 근사한 공간으로 변했다. 이 정도면 꽤 괜찮은 분위기에서 몇 시간이고 즐겁게 보낼 수 있다.

# 감각 여행 준비하기

온라인을 통해 휴가 여행을 준비하다 보면 처음에는 설레는 마음으로 시작하지만 수많은 선택에 시달리다 결국 좌절한 경험이 다들 있을 것이다. 먼저 집 안에 오감의 조화를 추구하는 환경을 구현해두면, 여러 가지 감정과 함께 감각을 추구하는 모험심이 발동하여 이런 준비 과정이 좀 더 즐거워질 것이다.

겨울철에 따뜻한 해변으로 떠날 휴가 계획을 세울 때는 다음을 고려해보라.

- 배경음으로 쏼 부서지는 파도 소리와 열대 수림의 새소리 등을 찾아본다.
- 가고자 하는 여행지를 떠올리는 음악을 고른다.
- 선크림을 꺼내 손등에 바른다. 이때 노트북 컴퓨터 등에 묻지 않게 조심한다.

목적지는 정했으나 아직 휴가 예약은 하지 않았다면, 그 지역의 과자를 사거나 음식을 요리해보라.

- 지중해 지역으로 갈 계획이라면 올리브와 돼지고기를 산다.
- 태국으로 갈 예정이라면 고기와 채소가 들어간 동남아식

롤을 만들어본다.
- 남미가 목적지라면 역시 타코가 답이다.

주말에 도심지를 잠깐 벗어날 때도 같은 방법으로 설레는 시간을 맞이할 수 있다.

- 뉴욕에서 들를 만한 식당을 물색 중일 때는 루 리드Lou Reed나 제이Z Jay-Z, 또는 조지 거슈윈George Gershwin 등의 음악을 들으면 분위기를 더 살릴 수 있다. 물론 뉴욕의 어떤 측면을 느끼고 싶은지에 따라 달라지겠지만.
- 또는 뉴욕을 배경으로 한 영화를 보는 것도 좋은 방법이다. 〈맨해튼Manhattan〉, 〈워킹 걸Working Girl〉, 〈택시 드라이버Taxi Driver〉 등 셀 수 없이 많은 작품이 있다.

적절한 분위기를 연출하고 오감의 조화를 추구하는 데 조금만 시간을 투자하면 집에 머무는 모든 순간을 한층 더 즐겁게 보낼 수 있다.

이제 감각적 체험의 진짜 재미있는 측면을 알아볼 시간이다. 다음 장에서는 지금까지 배운 모든 것을 최대한 실현하면 과연 어느 수준까지 오를 수 있는지 알아본다. 즉 먹고 마시는 일에 오감을 활용하는 방법이다. 식사야말로 모든 감각이 동원되는 행동으로서 우리는 새로운 공감각적 발견을 효과적으로 적용하여 궁극의 식사 시간을 창출할 수 있다. 그 전에 먼저, 미각 분야에 대해 좀 더 상세히 살펴보자.

# 미각

## : 모든 감각과 감정이 만나는 지점

*Sense*

　　　　　　　　　　미각만 따로 떼어 생각하기는 매우 어렵다. 우리가 인식하는 맛은 다른 수많은 요소와 뒤섞인 결과이기 때문이다. 음식을 먹고 마시는 행위만큼 공감각을 동원해야 하는 일은 없다. 따라서 이 시간이야말로 감정과 주변 환경에 따른 영향이 엄청나게 커진다. 우리는 이미 들어가는 글에 등장한 프로방스 로제 와인의 역설을 통해 이런 사실을 잘 알고 있다. 그리고 다음 장에서 살펴보겠지만, 미각은 음악이나 음료가 담긴 잔의 모양, 또는 식기류의 무게와 같은 온갖 변수에 따라 왜곡된다.

　우선 맛과 향은 서로 불가분의 관계라는 것을 알아야 한다. 전문가들은 우리가 인식하는 맛의 최소한 80퍼센트는 냄새에서 나온다고 말한다. 우리도 이런 사실을 잘 알고 있다. 감기에 걸렸을 때 식욕이 떨어진다거나, 쓰디쓴 약을 먹기 위해 코를 틀어쥔 경험을 통해서 말이다. 나는 이 점을 이용해서 주류 샘플을 나눠주는 것이 금지된 공항에서 헤이그 클럽$^{Haig\ Club}$ 위스키의 시음회를 여는 혁신적 방법을 고안해 낸 적도 있다(여기에는 데이비드 베컴$^{David\ Beckham}$의 공도 일부 있다). 아랍에미리트, 베트남, 싱가포르 등은 모두 '암흑시장'으로 분류되는 곳이지만, 그러면서도 위스키 산업의 수익성이 매우 좋은 지역이기도 하다. 신규 고객을 확보하는 가장 좋은 방법이 시음회라는 점을 고려하여, 우리 에이전시는 사람들이 헤이그 클럽 위스키를 실제로 마시지 않고도 맛을 볼 수 있는 방법을 고안해내야 했다. 우리는 향에 주목했고, 본사 양조공장과 협력하여 이 술의 향을 정확하게 정의해냈다. 그런 다음 술맛과 똑같은 냄새가 나는 향기를 개발했다. 그것은 위스키 냄새와는 전혀 다른 것이었다. 손등에 한 방울 떨어뜨려 냄새를 맡아보면 먼저 알코올 냄새가 훅 풍긴 다음, 그보다 가볍고 신선한 향이 느껴진다. 그러나 혀끝에 갖다 대면 바나나 빵이나 브리오슈와 비슷한 달고 진한 맛과 끈적한 질감이 느껴진다. 결국 우리는 단맛과 점성이 극대화된 헤이그 클럽의 맛과 똑같은 향을 개발했다.

우리는 이 향을 파란색 잉크에 첨가했고, 헤이그 클럽 문양이 들어간 도장을 만들었다. '시음회'를 여는 방법은 다음과 같다. 홍보 직원이 먼저 잠재 고객이 될 만한 행인을 물색한다. 그리고 "헤이그 클럽 위스키를 한번 맛보시겠습니까?"라고 말을 건넨다. 상대방이 동의하면 향기가 배어있는 파란색 도장을 그 사람의 손등에 찍어준다. 그리고는 마치 술잔을 들듯이 손을 눈높이까지 올린 후 마시는 시늉을 하면서 손등에서 나는 냄새를 맡아보라고 권한다. 고객은 그 자극적인 향을 들이켜면서 실제로 위스키를 마시지 않고서도 술맛을 본 것과 거의 유사한 경험을 하게 된다.

향기는 수많은 종류가 있지만 맛은 오직 다섯 가지만 존재한다. 원래는 짠맛, 단맛, 신맛, 그리고 쓴맛, 총 네 가지 밖에 없었으나 1908년에 일본의 이케다 기쿠나에$^{Kikunae\ Ikeda}$라는 화학자가 찾아낸 우마미$^{Umami}$(감칠맛)가 더해져서 오늘날까지 이어지고 있다. 우마미는 버섯이나 토마토, 생선 소스 등에서 나는 짭짤한 특성에서 온 것으로, 지금도 제대로 대접받지 못하는 맛이라고 할 수 있다. 혀에는 이 다섯 가지 맛을 모두 감지하는 기능이 있다고 알려져 있다. 혀에 포함된 미각수용기가 음식에 함유된 아미노산을 감지하여 뇌에 정보를 전달하면 먹을 수 있는 것인지를 누뇌가 판단하게 된다. 각각의 맛에는 나름대로 신화과정상의 목적이 있다. 단맛은 탄수화물, 짠맛은 미네랄, 신맛은 산, 쓴맛은 독성물질, 그리고 감칠맛은 단백질을 감지하기 위한 것이다. 물론 이 다섯 가지 맛 외에도 더 많이 있을 것이라는 주장도 있다.

물론 매운맛도 있지만, 그것은 맛이 아니라 일종의 통증이라고 봐야 한다. 고추에 포함된 핵심 성분은 캡사이신이라는 것으로, 이것이 혀에서 분자 단위의 온도계 역할을 하는 감각수용기를 자극한다. 이 수용기는 체온이 일정 수준을 넘으면 작동하기 시작하는데, 캡사이신이 이 기준점을 내리는 역할을 해서 우리가 느끼기에는 뜨겁다는 생각이 드는 것이다. 매운맛이 미각이 아니라 촉각의 영역으로 분류되는 이유가 바로 이것 때문이다.

감칠맛에 이어 여섯 번째 맛이 될 후보로 꼽히는 것이 있다면 바로

'고쿠미Kokumi'(풍부한 맛)이다. 고쿠미는 입안에 든 음식의 맛을 풍성하게 해주는 느낌이다. 즉, 다른 맛을 더욱 깊게 해주는 일종의 보조제 역할을 한다. 문제는 '우리가 지금 여기에서 다루는 것이 맛이냐, 감각이냐'라는 것이다.

고쿠미는 1989년 일본의 식품기업 아지노모토의 연구소에서 발견되었다. 이 회사를 설립한 사람이 바로 감칠맛을 발견한 이케다 기쿠나에 박사다. 마늘에서 추출한 아무 맛이 없는 아미노산을 다른 용액에 첨가해보았는데 거기서 갑자기 맛을 풍부하게 하는 특성이 나타났다. 과학자들은 특정 음식에 그런 만족감을 부여해주는 종류의 아미노산을 분리하기 시작했고, 그때부터 똑같은 성분이 파마산 치즈와 하우다 치즈, 가리비, 이스트 추출물, 양파, 그리고 맥주에도 함유되어있음을 알게 되었다. 고쿠미는 혀에 있는 감칠맛을 감지하는 미각수용기에 의해 포착되며 진화과정상의 목적도 감칠맛과 똑같다. 즉 단백질을 감지하는 것이다. 그래서 고쿠미를 맛으로 분류해야 한다는 주장이 나오는 것이다.

MSG(글루탐산나트륨이 바로 감칠맛을 내는 재료다)가 통조림 식품과 가공육에서 향미증진제로 또 저염 식품에서 맛의 균형을 잡는 용도로도 쓰이는 것처럼, 고쿠미도 장차 음식의 식감을 살리거나 저지방 식품의 맛을 강화하는 데 사용될 가능성이 크다. 물론 그렇게 되면 MSG가 그랬던 것처럼 건강 문제나 인공식품 논란을 초래할 수도 있겠지만, 신예 요리사의 눈으로 볼 때 고쿠미는 음식의 맛을 살리는 데 있어 더할 나위 없는 비장의 무기임이 틀림없다. 고쿠미에 풍부하게 함유된 원료를 써서 음식에 풍미를 더할 수 있다면 마찬가지 원리로 훌륭한 요리를 만드는 데 우마미를 쓰지 못할 이유가 없다.

금속성 맛도 또 하나의 맛이 될 후보에 속한다. 샐비어 같은 허브류나 피를 맛볼 때, 혹은 혀를 금속에 갖다 댈 때 이런 맛이 난다. 입에서 피 맛이 느껴지는 것은 임신의 초기 신호이거나 신장 및 간 질환, 또는 치매의 전조 증상일 수도 있다. 따라서 우리가 금속의 맛을 느낄 수 있다는 것은 분명하고, 그 목적이 신체 이상을 알려주는 신호기 역할에 있다는 주장에도 충분히 신빙성이 있다. 그러나 이것이 과연 미각의 범주에 속하는가 하는 문제는 여전히 논란의 여지가 있다. 다른 맛도 그렇지만 과연 혀에 금속성 맛을 감지하는 수용기가 있는가에 관해서는 아직 아무도 증명한 바가 없다.

금속을 맛볼 때 그 짜릿한 느낌은 누구나 곧바로 알 수 있다. 따라서 그것이 일종의 전기충격이라는 이론이 있는 것도 사실이다. 코넬대학교 연구진은 혀에 약한 전류를 흘려서 금속성 감각을 재현할 수 있다는 사실을 밝혔다. 마치 9볼트짜리 전지에 혀를 가져다 댔을 때와 같은 느낌이 난다고 한다. 그러나 피험자들이 코를 쥔 채 이 실험을 했을 때는 금속 맛을 느낄 수 있었던 반면, 코를 쥐고 황산철에 혀를 댔을 때는 아무 맛도 느끼지 못했다. 이런 결과로부터 금속성 맛이란 사실 혀에 있는 미각수용기에 전해지는 전기 자극, 즉 촉각의 일종이라는 가설이 성립된다. 또 비강을 통해 전달되는 냄새의 일종이라는 설명도 있다. 따라서 정확하게 말하면 '맛'이라고 볼 수 없는 것이다.

그 외에도 우리가 아는 여러 가지 맛은 실제로 맛일 수도 있고 그렇지 않을 수도 있다. 기름 맛, 또는 크림 맛이라고 알려진 것도 맛에 포함된다는 주장이 있으나, 그것은 단지 고쿠미 및 우마미와 관련된 또 다른 감각일 가능성이 크다. 그 외에도 우리는 칼슘 맛을 느낄 수 있는데, 여기에도 진화론적인 근거가 있다. 칼슘 섭취는 건강에 매우 중요하기 때문이다. 수돗물을 마시거나 케일이나 시금치를 먹을 때도 이 맛이 난다. 이것은 주로 쓴맛과 신맛, 그리고 석회질과 비슷한 맛 등으로 묘사할 수 있다. 과학자들은 쥐의 체내에서 칼슘 맛을 인식하는 유전자를 발견했고, 인체에도 동일한 유전자가 있다는 이론을 정립했다.

쓴맛이 나는 채소나 지방질 함량이 너무 많은 음식을 유난히 싫어하는 사람은 이른바 '절대 미각'의 소유자일 확률이 높다. 우리는 모두 미맹이거나 보통 수준의 미각, 또는 절대 미각의 소유자로 분류된다. 절대 미각의 소유자라고 해서 맛을 감별하는 능력이 뛰어나다는 것이 아니라, 쓴맛과 지방질 맛에 민감한 유전자를 체내에 보유한 사람이라는 뜻이다. 이런 사람들이 주로 마른 체형을 지닌 이유도 선천적으로 지방을 소화하는 능력이 떨어지기 때문이다. 이들은 대개 체내에 철분과 칼슘 성분도 부족한 경우가 많다. 자신이 절대 미각의 소유자인지 알아보는 방법이 있다. 가느다란 종이 조각에 프로필다이오유러실prop- ylthiouracil이라는 인체에 무해한 화학성분을 묻혀 혀에 갖다 대보는 것이다. 맛에 둔감한 사람은 아무 맛도 못 느낄 것이고, 보통 수준의 미각을 지닌 사람은 뭔가 맛이 나긴 하는데 강하게 전해오는 느낌은 없을 것이다. 그런데 절대 미각을 지닌 사람은 도저히 참을 수 없을 정도로 역겨운 맛을 느끼게 된다. 내가 직접 여러 사람을 상대로 이 실험을 진행해본 적이 있었는데, 참 볼만한 광경이 펼쳐졌던 기억이 난다. 방 안에 가득 찬 사람 중에 몇몇은 역겨운 맛에 신음을 내뱉고 있는데, 또 다른 사람들은 '도대체 왜 저러지?'라는 표정으로 멀뚱히 쳐다보기만 할 뿐이었다. 절대 미각을 지닌 사람이 아니면 도저히 이해하기 어려웠기 때문이다. 양배추나 시금치라면 쳐다보지도 않을 만큼 싫으면서도 왜 그런지 이유를 몰랐던 사람이라면 이제 자신이 지나치게 까탈스러운 사람이 아닐까 하는 걱정은 떨쳐버려도 좋다. 당신은 어쩌면 절대 미각을 지녔을지도 모르니 말이다.

문제를 더 복잡하게 만드는 일이 또 하나 있다. 맛을 '감각'하는 것과 그것을 '인식'하는 것은 서로 다르다는 사실이다. 지금까지 설명한 것은 혀와 코가 감지하는 현상을 말하는 것이고, 우리가 경험하는 맛은 감정을 비롯한 여러 가지 감각에 따라 크게 좌우된다. 내가 하는 일 중에 여러 식음료 기업과의 프로젝트가 많은 이유도 바로 그것 때문이다. 음식을 맛볼 때 다른 모든 감각을 고려하는 것이야말로 사람들의 즐거움을 배가하여 먹고 마시는 행위를 잊지 못할 경험으로 만드는 방법이라고 믿기 때문이다.

공감각적인 삶을 추구하는 데 있어 미각은 경이로운 존재라고 할 수 있다. 모든 감각과 감정이 만나는 지점이 바로 미각이며, 이를 통해 그것들이 우리가 평소 생각했던 것처럼 서로 동떨어진 것이 아니라는 사실을 곧바로 알 수 있기 때문이다. 어쩌면 미각을 개발하는 것은 삶 전체를 바꾸는 일일지도 모른다. 나 역시 공감각의 세계에 발을 들여놓으면서 그런 변화를 경험했다. 이제 공감각을 총동원하여 먹고 마시는 것이 얼마나 놀라운 일인지 다음 챕터에서 살펴보자.

**CHAPTER
11**

# 음식과 요리

*Sense*

**먹고 마시는 일은 일상생활 중에서도 공감각이 가장 많이 동원되는 활동이다.** 식사 시간에 어떤 감각을 가장 많이 활용하느냐는 질문을 방 안 가득 들어찬 사람들에게 던진 후 반응을 살펴보면 오감이 골고루 언급된다는 것을 알 수 있다. 그들은 물론 미각과 후각을 이야기한다. 그런데 음식을 눈으로 먹는다는 말에도 그들은 충분히 공감한다. 잘 차려진 음식은 보는 것만으로도 유혹적이다. 질감이라는 대답도 종종 들린다. 비슷해 보이는 음식도 막상 입 안에 들어가면 식감이 천차만별인 경우가 허다하다. 소리라고 대답하는 사람도 있다. 씹었을 때 바삭거리는 소리나 후루룩 마시던 장면을 떠올리며 그것이 얼마나 음식에 강렬한 인상을 남겼는지 기억하는 것이다. 자, 이렇게 오감이 모두 언급되었다.

그러나 이런 대답은 단지 부분적으로만 옳을 뿐이다. 이 모든 요소가 음식을 먹는 경험의 일환이기는 하나, 여전히 그것은 음식 자체를 중심으로 한 경험이다. 즉, 음식을 먹을 때의 외관과 냄새, 질감, 소리 등이 어땠는가 하는 것이다. 그 외에 내가 인식하는 주변의 다른 모든 요소는 여기에 포함되지 않았다. 오감이 식사에 미치는 영향을 온전히 이해하기 위해서는 접시 색깔이나 식탁보, 주방의 상황, 그리고 조명까지 잘 살펴야 한다. 식기류나 잔의 질감은 어떤지, 냅킨이 부드러운지, 의자는 편한지에 따라서도 달라진다. 방에서 나는 소리와 들리는 음악, 음식을 먹는 방법 등도 중요하다. 한 발 더 뒤로 물러나 방 안의 전체적인 분위기와 나의 기분은 어떤지도 고려해야 한다. 이 모든 요소가 우리가 인식하는 맛에 큰 영향을 미친다.

음식을 먹고 마시는 모든 과정은 경험으로 요약된다. 이 책의 맨 앞에서 프로방스 로제 와인의 역설을 소개한 바 있다. 햇살이 밝게 내리쬐는 목가풍의 오두막에 앉아 기분 좋게 2유로짜리 로제 와인을 마실 때의 그 맛은 그야말로 환상적이다. 인생에서 가장 맛있게 먹었던 음식을 떠올려보면 그 자리에는 여러 가지 감성적인 요소가 함께 작용하고 있었음을 깨달을 수 있다. 우리가 가장 좋아하는 식사도 주변 여건이 마침 딱 맞아떨어져 완벽한 장면을 연출했던 순간인 경우가 많다. 휴가철에 바다가 내다보이는 판잣집에서 먹었던 음식, 온 가족이 식탁에 둘러앉아 가졌던 기념행사 시간, 그리고 여름철에 친구들과 놀다가 즉석에서 열었던 바비큐 파티 등이다. 행복했던 기억이 한 장면 떠오르기 위해서는 이 모든 상황과 장소, 감정, 사람들, 그리고 맛 등이 어우러진 완벽한 감각 요소가 뒷받침되어야 하는 것이다. 그리고 프로방스 로제 와인의 역설에서도 알 수 있듯이, 만약 모든 감각이 서로 어우러진 제대로 된 식사를 연출할 수 있다면 음식의 맛이 한 차원 높아지는 것도 충분히 경험할 수 있다.

이른바 '다이닝 경험dining experiences'이란 헤스턴 블루먼솔Heston Blumenthal이나 그랜트 아카츠Grant Achatz, 폴 페레Paul Pairet같이 뛰어난 셰프가 운영하는 극소수의 고급 식당에 가야만 누릴 수 있는 것으로 아는 사람이 많지만, 사실은 집에서도 누구나 충분히 즐길 수 있는 일이다. 와인에 어울리는 음악을 고르는 일부터 완벽한 디너 파티를 구현하기 위해 공감각을 총동원하는 일까지, 미각의 과학을 이해하면 우리도 충분히 할 수 있는 일이다.

이런 놀라운 세계를 더 깊이 이해하는 차원에서 친구들을 저녁 식사에 초대했다고 가정해보자. 이제 그들의 오감을 자극하여 오늘 저녁 경험한 일을 온 동네에 소문내고 다닐 만한 몰입형 정찬의 경험을 준비해야 한다.

그런 디너 파티라면 다음과 같은 정도는 준비해야 할 것이다.

- 향기 칵테일: 칵테일 맛에 공감각을 활용한다.
- 전채 요리
- 주요리: 음식을 돋보이게 하는 감각적 요소 완비
- 요리 사이에 미각 바꾸기: 색상과 맛의 불일치
- 디저트: 입맛 채우기
- 식후주

# 손님이 도착하기 전에

손님이 도착하기 전에 몇 가지 생각할 점이 있다. 그들에게 최고의 경험을 선사하고 음식이 돋보이도록 하기 위해서는 차림새와 분위기 연출에 세심한 주의를 기울여야 한다.

## 나이프와 포크

····· 어느 식당에서 실험한 내용이다. 식사를 차릴 때 절반은 연회에 사용되는 무거운 식기류를 가지런히 배열했고, 나머지 절반에는 구내식당에서나 쓰일 법한 가볍고 저렴한 나이프와 포크를 내놓았다. 차려진 음식은 모두 같은 것이었다. 무거운 식기를 쓰며 식사한 사람들은 모두 예술적인 음식이라고 평했고 다른 쪽보다 더 맛있게 먹었다. 설문조사 결과 약 11퍼센트 정도 더 맛있었다고 한다. 그리고 원래 가격보다 약 14퍼센트 정도 더 비싸도 상관없다고 대답했다.

## 예술 작품 같은 상차림

····· 음식의 차림새가 얼마나 중요한지 이야기하면서 옥스퍼드대학교 공감각 연구실의 '칸딘스키의 맛'이라는 연구를 예로 든 것을 기억할 것이다. 사람들은 음식이 미술품처럼 차려져 있으

면 맛과 품질도 더 우수하다고 평한다. 앞에서 언급했던 무거운 식기류에 관한 연구에서도 차림새가 음식 평가에 미치는 영향을 조사한 내용이 있었는데, 역시나 사람들은 '전문 요리사' 수준으로 차린 음식을 더 높이 평가한 것으로 나타났다. 눈으로 음식을 먹는다는 말처럼, 사람들은 창의력을 발휘하여 차린 음식을 더 좋아하게 되어있다. 그것은 단지 오일을 약간 뿌리거나 허브를 조금 흩어놓았을 뿐이라 해도 마찬가지다.

## 손님의 참여도

ㆍㆍㆍㆍㆍ　　　　미슐랭 평가 등급에서 별을 몇 개 받을 것이냐에 따라 고객을 접대하는 수준도 달라진다. 큰 접시에 차려진 음식을 고객이 손수 덜어 먹게 할 수도 있고, 손님마다 작은 용기에 스프를 별도로 담아 내놓으며 접시에 멋지게 따르는 법을 안내해줄 수도 있다. 그런데 손님들은 음식을 차리는 데 손수 참여할수록 그 음식이 더 좋아진다. 이런 현상을 다른 말로는 '이케아 효과the Ikea effect'라고 부른다. 이 용어는 2011년 하버드 경영대학원의 마이클 노튼Michael Norton 교수가 창안한 것으로, 사람들이 자신이 직접 만든 이케아 가구와 레고 블록, 종이접기 등에 얼마나 애착심을 가지는지에 관한 연구에서 나온 것이다. 그들은 자신이 직접 만지고 하나하나 만들어가는 과정에서 대상물에 심미적·정서적·금전적으로 대단히 큰 가치를 부여했다. 한 그룹의 사람들에게 평범한 이케아 상자를 조립하도록 한 후, 똑같이 생긴 다

른 이케아 상자와 함께 경매에 붙였다. 나머지 상자들은 자신이 조립한 것이 아니었다. 그들은 당연히 자신이 손수 만든 상자를 샀고, 매장에서 팔리는 것에 비해 평균 38퍼센트나 높은 가격을 불렀다. 똑같은 실험을 종이접기에도 적용해보았는데, 사람들은 자신이 손수 접은 작품에 대한 경매가를 다른 사람보다 무려 다섯 배나 높게 불렀다. 다른 사람이 보기에는 그저 서투른 솜씨의 어설픈 물건일 뿐이었지만 말이다.

이 결과를 바탕으로 스위스의 한 연구진은 이케아 효과가 음식에도 적용될 수 있다는 것을 증명했다. 사람들은 어떤 음식에 애착을 보이면 그것을 더 맛있게, 그리고 더 많이 먹게 된다는 것이다. 연구진은 사람들에게 한번은 이미 만들어놓은 밀크셰이크를, 또 한번은 레시피에 따라 손수 만든 밀크셰이크를 먹어보라고 했다. 그들은 자신이 직접 만든 밀크셰이크를 더 좋아했고, 맛도 더 자연스럽다고 했으며, 이미 만들어진 것을 먹었던 사람들보다 먹는 양도 훨씬 더 많았다.

이런 결과만 보면 손님들에게 직접 요리를 하도록 시키는 것도 좋을 것 같지만, 사실 음식을 준비하는 과정에 손님이 모두 관여할 필요는 없다. 그들에게 조금만 역할을 맡겨도 이케아 효과가 충분히 나타날 수 있다. 1950년대에 유행했던 인스턴트 케이크 제품도 이 이론에 따라 흥미로운 마케팅 스토리가 된 사례다. 이 제품이 처음 시장에 나왔을 때는 철저히 실패했다. 당시 주부들은 이 제품을 별로 좋아하지 않았다. 조리 과정이 너무나 쉬워서 가정주부로서의 존재감이 사라진다는 느낌을 받았기 때문이다. 나중에 이 제품이 시장에 다시 출시되었을 때는 약간 달라진 점이 있었다. 요리하기 전에 먼저 달걀을 깨서 제품에 섞어야 하는 과정이 추가되었다. 그러자 이번에는 날개 돋친 듯이 팔려나가기 시작했다. 사실 조리 과정에 한몫한다는 느낌만 살짝 추가된 것뿐인데 고객은 그 케이크를 자신이 만든 작품이라고 생각했다.

고객이 준비 과정에 참여해서 하는 일은 심지어 요리와 전혀 상관없어도 괜찮다. 앞서 언급했던 하버드 경영대학원의 마이클 노튼 연구팀은 100여 명의 학생에게 아무 행동이나 해보라고 했다. 예를 들어 초콜릿 바를 먹기 전에는 식탁을 세 번 쾅 내려치고, 당근을 먹기 전에는 한 번 쳐보라는 식이었다. 이런 동작을 한 학생들은 음식이 더 마음에 든다고 했고, 맛을 더 오래 음미했으며, 심지어 더 많이 먹기도 했다. 그 아무 의미 없는 행동을 한 뒤에도 말이다. 이런 현상이 일어나는 원인으로는 학생들의 행동 때문에 음식을 차리는 과정이 약간 지연되면서 기대감이 올라갔기 때문이라고 설명할 수도 있겠지만, 막상 학생들은 자신이 직접 그 과정에 적극적으로 참여하는 기분이 들었다고 말했다. 손님들이 스프를 손수 접시에 담는 행동도 이와 비슷한 효과를 발휘한다. 혹은 이런 효과를 극대화하려면 사람들에게 할 일을 분명히 알려주고 몇 가지 과정을 완수하게 하는 것도 좋은 방법이다. 친구들은 분명히 직접 참여하는 기분을 만끽하고, 더 큰 애착심을 보이며, 더 많이 먹게 될 것이다. 무엇보다 그들은 오늘의 만찬을 사랑하게 될 것이다.

## 와인과 어울리는 음악

••••• 음식과 와인의 궁합이 중요하다는 사실을 우리는 잘 알고 있다. 그렇다면 와인과 음악이 서로 어울려야 한다는 점은 어떻게 생각하는가? 미국의 펑크 록 밴드 블론디[Blondie]의 〈하트 오브 글래스[Heart of Glass]〉를 들으며 소비뇽 블랑[Sauvignon Blanc](프랑스 보르도 지방에서 유래한 청포도 품종-옮긴이) 와인을 마시면 짜릿하고 신선한 맛이 약 15퍼센트 정도 더해진다. 왜 그럴까? 이 노래의 분위기가 짜릿하고 신선한 느낌이기 때문이다. 음악의 정서와 음식의 맛과 향이 조화를 이룰 때, 맛을 더 강렬하게 느낄 수 있다는 사실은 수많은 연구 결과로 뒷받침되었다. 이 분야에서 가장 왕성하게 연구 활동을 펼치는 학자로는 에든버러 해리엇와트대학교 생명과학과의 에이드리언 노스[Adrian North] 박사를 꼽을 수 있다. 그는 와인을 마시면서 듣는 음악이 '정서적으로 어울리는' 곡일 때는 항상 와인 맛이 우수하게 느껴진다는 사실을 밝혀냈다. 즉 화이트 와인을 마실 때는 밝고 가벼운 음악이, 레드 와인에는 극적이고 어두운 음악이 어울린다는 것이다. 한 연구에서 음악은 틀지 않은 채 피험자들에게 말벡[Malbec9](프랑스 남부 까오르 지역에서 유래한 적포도-옮긴이) 와인의 맛을 평가해달라고 했다. 그런 다음 독일의 작곡가인 카를 오르프[Carl Orff]의 〈카르미나 부라나[Carmina Burana]〉를 들려주며 다시 맛을 봐달라고 했다. 사람들은 음악을 들으면서 마신 와인에서 15퍼센트 정도 더 풍부하고 진한 맛이 난다고 평했다.

이것을 직접 실험해보려면 레드 와인과 화이트 와인을 각각 잔에 따른 다음, 여러 가지 음악을 들으면서 어느 쪽에 더 손이 가는지 지켜보면 된다. 두 잔을 앞에 놓고 블론디 음악을 틀어보라(마음속으로 들어도 되지만, 실제로 듣는 것이 당연히 더 좋다). 둘 중 어느 쪽에 손이 저절로 가는가? 틀림없이 차가운 화이트 와인일 것이다. 그럼 이제 세르주 갱스부르Serge Gainsbourg와 브리지트 바르도Brigitte Bardot가 부른 〈보니 앤 클라이드Bonnie and Clyde〉를 틀어보라. 이제는 어느 쪽인가? 분명히 레드 와인 잔에 손이 갔을 것이다. 와인의 종류별로 어울리는 음악이 따로 있다는 정도야 누구나 짐작하는 바이지만, 어울리는 음악을 곁들이면 실제로 맛이 더 좋아지고 그렇지 않으면 반대가 된다는 것은 실로 놀라운 발견이라 하지 않을 수 없다. 블론디 음악과 말벡 와인은 서로 상극이다. 그 음악을 듣고 있자면 타닌 성분에서 나오는 떫은 기운이 올라와 맛의 균형이 모두 무너져버릴 것이다.

와인과 완벽하게 어울리기 위해서는 음악의 정서뿐만 아니라 악기를 포함한 제반 특성도 고려해야 한다. 〈하트 오브 글래스〉를 들을 때의 그 신선하고 밝은 느낌은 음악을 구성하는 모든 요소를 통해 나오는 것이다. 기타는 깨끗하고 펑키한 고음으로 연주된다. 풋 심벌즈 소리는 담백하고 산뜻하다. 보컬을 맡은 데비 해리Debbie Harry는 반짝반짝 빛나는 고음의 목소리를 낸다. 이 점은 〈보니 앤 클라이드〉도 마찬가지다. 듣자마자 저음의 두껍고 거친 음색이 곧바로 느껴진다. 갱스부르Gainsbourg의 걸걸하고 나지막한 목소리와 바르도Bardot의 낮고 부드러운 목소리가 들린다. 이 모든 요소가 어우러져 음악과 감정이 만들어졌고, 이는 다시 짝을 이루는 와인의 맛과 완벽하게 어울린다.

이 점을 이해하면 오늘 저녁에 마시기로 한 와인과 어울리면서 그

맛을 더욱 살려주는 음악이 어떤 것인지 한마디로 정리할 수 있을 것이다. 이것은 음식과 어울리는 음악을 찾는 데도 당연히 적용된다. 똑같은 이론을 따르면 되기 때문이다.

아래에 레드 와인과 화이트 와인, 그리고 가벼운 맛과 풍부한 맛이 가진 특성을 모두 정리해보았다. 그리고 각각에 어울리는 곡을 몇 가지 예로 들었다. 음악은 최대한 폭넓은 분야에 걸쳐 골라보았다. 이를 바탕으로 여러분의 취향에 따라 더 적당한 것을 찾아보면 될 것이다.《더 나은 나를 위한 하루 감각 사용법》 웹사이트에도 와인의 종류에 따라 어울리는 곡이 모두 올라와 있다.

### 와인의 특성

- 가벼운 화이트 와인(소비뇽 블랑, 알바리뇨, 그뤼너 펠틀리너, 피노 그리)
  - 감성: 밝고 발랄하며 행복한 느낌
  - 음악: 고음과 스타카토 리듬의 깨끗하고 산뜻한 곡
  - 악기: 강하고 날카로운 기타, 고음의 종소리, 산뜻한 풋 심벌즈와 타악기
  - 어울리는 곡: 블론디의 〈하트 오브 글래스〉, 플리트우드 맥Fleetwood Mac의 〈에브리웨어 Everywhere〉, 록시 뮤직Roxy Music의 〈러브 이즈 더 드럭Love Is the Drug〉 등

- 풍부한 화이트 와인(샤르도네, 비오니에, 쎄미용)
  - 감성: 보통 빠르기, 가벼운 화이트 와인보다는 다소 사색적이면서도 긍정적인 느낌

- 음악: 부드럽고 밝은 곡, 풍성하고 묵직한 곡, 고음이나 중간 정도의 음역

- 악기: 현악기, 느린 리듬의 기타, 신시사이저, 부드러운 백 보컬

- 어울리는 곡: 홀리스<sup>Hollies</sup>의 〈디 에어 댓 아이 브리드<sup>The Air that I Breathe</sup>〉, 플릿 폭시스<sup>Fleet Foxes</sup>의 〈미코노스<sup>Mykonos</sup>〉, 티 렉스<sup>T. Rex</sup>의 〈코스믹 댄서<sup>Cosmic Dancer</sup>〉 등

- 가벼운 레드 와인(가메, 피노 누아)

  - 감성: 가볍고 발랄한 느낌, 중간부터 경쾌한 템포로

  - 음악: 저음, 과하지 않을 정도의 산뜻한 곡, 스타카토 리듬의 약간 거친 곡

  - 악기: 강렬한 전기베이스, 강렬한 기타, 신시사이저, 현악기, 호른

  - 어울리는 곡: 토킹 헤즈<sup>Talking Heads</sup>의 〈디스 머스트 비 더 플레이스<sup>This Must Be the Place</sup>〉, 스틸리 댄<sup>Steely Dan</sup>의 〈두 잇 어게인<sup>Do it Again</sup>〉, 뱀파이어 위켄드<sup>Vampire Weekend</sup>의 〈케이프 코드 콰사 콰사<sup>Cape Cod Kwassa Kwassa</sup>〉 등

- 풍부한 레드 와인(카베르네 소비뇽, 말벡, 시라, 템프라니요, 보르도)

  - 감성: 극적이며 대담하고 진지함, 다소 고집스런 느낌

  - 음악: 풍부한 저음, 거칠고 울리는 소리, 중간부터 느린 템포까지

  - 악기: 베이스, 저음의 걸걸한 보컬, 살짝 비튼 기타 소리, 어쿠스틱 기타, 현악기, 트럼본

  - 어울리는 곡: 세르주 갱스부르의 〈보니 앤 클라이드〉, 톰 웨이츠<sup>Tom Waits</sup>의 〈하트어택 앤 바인<sup>Heartattack and Vine</sup>〉, 리처드 하울리<sup>Richard Hawley</sup>의 〈더 워터스 오브 마이 타임<sup>The Waters Of My Time</sup>〉 등

# 오감 몰입형 디너 파티

요리를 완성해서 세팅까지 마쳤고 음악도 모두 준비되었다면 이제 파티를 열 시간이다. 지금부터는 오감을 통해 저녁 내내 놀라운 발견을 이어가는 방법을 알아본다.

맨 먼저 공감각적 칵테일을 소개할 텐데, 이것은 오감을 자극하여 파티를 재미있게 시작할 수 있는 가장 좋은 방법이다.

## 향기 칵테일

····· '향기 칵테일'이란 용어를 처음 들은 것은 모 위스키 브랜드의 마케팅 콘셉트를 기획할 때였다. 나는 칵테일 분야를 좀 더 깊이 파고들고 싶었지만, 스페이사이드 Speyside(스코틀랜드 북부의 유명 위스키 산지-옮긴이) 지역 증류소들이 힘들여 빚은 싱글 몰트의 순수성을 해치고 싶은 마음은 없었다. 위스키 잔에 액체를 섞는 방식이 아니라 향기의 형태로 맛을 첨가하면 위스키의 농도를 희석하지 않고도 칵테일을 만들 수 있을 뿐 아니라, 하나의 술에 '어울리는 향'이 무엇인지 다양하게 테스트해볼 수 있다는 장점이 있다. 다양한 향을 시험해보는 과정은 그 자체로 너무나 재미있는 일이다. 어떨 때는 두세 종류의 향을 한꺼번에 시험하기도 하는데, 특히 지금 설명하는 오감 몰입형 파티의 초반부에 이런 시연 행사를 선보이면 참석한 손님들의

오감을 곤두세워 흥미진진한 탐험의 분위기도 연출할 수 있다. 아울러 손님들이 새로운 조합을 찾는 과정에서 서로 이야기꽃을 피우며 활발한 교류를 이어갈 수 있게 된다.

**우선, 칵테일을 만든다**   진 토닉을 쓰거나 보드카에 토닉을 섞어도 되지만, 숙성된 럼주나 위스키 같은 진한 술을 바탕으로 만드는 것이 더 좋다. 이런 술을 베이스로 삼아야 화려한 향의 재료가 더 잘 어울리기 때문이다.

가장 좋은 방법은 엄지와 검지로 잔을 쥔 손등에 향을 발라, 잔을 입술에 갖다 댈 때 그 향을 맡아보는 것이다. 그리고 잔을 한 모금 마시면서 코로 깊게 들이쉰다. 그러면 입으로 맛보면서 동시에 코로 향을 맡을 수 있다. 두 가지 감각을 한꺼번에 느끼면서 마음속으로는 하나로 인식하는 것이다. 이것이 바로 향기 칵테일이다! 아니면 다른 방법도 있다. 양손에 다른 향기를 묻힌 다음 잔을 두 손에 번갈아 쥐고 마시면 두 종류의 칵테일을 한꺼번에 즐길 수 있다.

**원료를 펼쳐둔다**   향료와 허브를 식탁이나 주방 탁자 위에 멋지게 나열해보자. 그러면 사람들이 즉각 반응을 보이면서 감각을 총동원할 것이다. 그릇에 가지런히 담아두고 손님들이 이리저리 골라보며 직접 체험해보게 한다. 로즈메리를 손등에 조금 묻히면 칵테일을 마실 때 매력적인 향을 함께 즐길 수 있다. 그다음에는 아니스 씨가 맨 위에 올라오게 향료를 겹겹이 쌓는다. 이제 손님들이 직접 여러 가지를 취향대로 섞어 서로 테스트해보게 한다. 이렇게 시험해볼 향료를 예로 들면 다음과 같다.


- 감귤류 껍질: 오렌지, 레몬, 라임, 그레이프프루트 등
- 생강
- 로즈메리
- 신선한 박하
- 고수 씨, 또는 카르다몸 꼬투리(둘 다 막자사발에 넣어 곱게 갈아 쓴다)


'체험형 향기'라는 측면에서 보면 굳이 허브나 향료만 고집할 필요도 없다. 머리에 떠오르는 대로 자유롭게 사용하면 된다!


- 솔잎
- 꽃
- 갓 자른 풀
- 파이프용 담배
- 연필 깎은 부스러기


**정유**essential oil**도 쓸 수 있다**　　　이렇게 말하면 분자 요리에 푹 빠진 괴짜 과학자나 할 법한 소리로 들릴지도 모른다. 먼저 여러 가지 향기를 병에 담아 준비한 후, 향기 스트립을 넉넉히 구해서(향수 매

장에 가면 살 수 있다) 하나씩 병에 담아 향을 묻힌다. 그리고 칵테일을 마실 때 스트립을 코끝에 갖다 댄다. 이 방법의 좋은 점 중 하나는 여러 향기를 한꺼번에 테스트할 수 있어 온갖 기상천외한 조합을 만들어낼 수 있다는 것이다. 각종 풀, 오렌지, 바닐라, 럼주 등 무엇이든 가능하다.

이렇게 모두 감각을 총동원하는 분위기가 조성되었으므로, 이제는 본격적으로 식사를 해볼 차례가 되었다.

# 감각으로 식욕 돋우기

차례대로 요리가 나올 때 꼭 염두에 두어야 할 일은 그때마다 각 요리의 고유한 맛이 돋보이도록 감각적 분위기를 바꿔야 한다는 사실이다. 조명의 색과 밝기를 조절하거나, 식탁 위에 향기를 발산하거나, 배경음악을 바꾸는 등으로 말이다. 오늘 파티의 주인공은 뭐니 뭐니 해도 음식이다. 가장 중요한 목적은 맛을 강조하는 것이지 압도하거나 다른데로 주의가 뺏겨서는 안 된다.

어떤 요리를 할지는 여러분의 몫이지만 이번 사례의 목적을 위해, 또 요리를 돋보이게 할 감각적 분위기가 어떤 것인지 보여준다는 차원에서 전채 요리로 신선한 생선류를 마련했다고 가정해보자.

음악은 가벼운 화이트 와인에 어울리는 곡으로 준비한다. 그 곡을 계속 틀어둘 수도 있지만, 다른 곡을 덧입히거나(블루투스 스피커를 식탁 아래에 숨겨두면 된다) 상황에 따라 다른 분위기의 곡으로 완전히 바꿀 수도 있다. 어떤 방법을 쓰든 지금부터 세계 최고 수준의 식당에서 맛볼 수 있는 매우 유명한 요리를 재현해볼 시간이다.

## 해변의 소리

••••• 미슐랭 3스타에 빛나는 팻덕<sup>Fat Duck</sup>은 괴짜 과학자 겸 요리사인 헤스턴 블루먼솔<sup>Heston Blumenthal</sup>이 운영하는 식당이다. 이곳에서 경험하는 식사는 새로움을 발견하는 한 편의 여정과도 같다. 코스를 시작한 후 1시간쯤 지나면 일곱 번째 요리가 나오는데, 이것이 바로 이 식당에서 가장 유명한 '바다의 소리<sup>Sound of the Sea</sup>'라는 메뉴다. 나는 놀랍도록 창의적인 이 요리를 개발하는 데 한몫을 담당하게 된 것을 기쁘게 생각한다. 내가 한 일은 여기에 어울리는 배경 음악을 설계한 것이다. 조그마한 모래 상자 위에 유리로 된 아름다운 대좌가 올려져 있고, 다시 그 위로 회 요리와 타피오카, 해포석, 그리고 절인 해초 등이 놓여있다. 거기에 함께 놓인 커다란 소라 껍질 사이로 이어폰 한 쌍이 튀어나온 것이 보인다. 소라 껍질 안에 숨겨진 미니 아이팟에서는 파도 부서지는 소리와 갈매기 울음소리가 흘러나온다. 손님들은 식사하기 전에 이어폰을 귀에 꽂아보고 곧바로 해변에 와있는 듯한 느낌을 받는다. 소리와 맛이 완벽하게 어우러져 생선을 더욱 신선하고 맛

있게 즐길 수 있다. 여기서 다음과 같은 일이 일어난다. 평소와 다른 일을 경험함으로써 뜻밖의 기대감이 생기고, 그 덕분에 특이한 일들을 선뜻 받아들일 수 있다. 바닷소리는 그 자체로 기분이 좋아진다. 파도 소리는 누구에게나 좋은 기억으로 남아있다. 이미 살펴봤듯이 추억은 우리 정서에 긍정적으로 작용하여 즉각 오감이 발달하게 된다. 그래서 바닷가에서 경험했던 다른 감각의 기억이 돌아온다. 해초, 젖은 모래, 조약돌, 그리고 신선한 공기가 어우러진 바다 냄새, 부서진 파도가 얼굴을 때리던 느낌 등이 생생하게 떠오른다. 해변의 낡은 오두막에서 껍데기를 막 벗긴 신선한 굴을 먹던 기억이 되살아난다. 오감이 총동원된 이 모든 기억과 느낌이 합쳐져 요리의 맛이 더욱 강렬해진다.

## 바다 공기 냄새, 또는 요리의 향

·····　　　　　　음식을 차리는 동안 식탁 위에 분무기로 향기를 조금 뿌리면 신비로운 분위기가 연출되면서 손님들의 얼굴에 미소가 번지게 된다. 구할 수 있다면 '오존', 또는 '바닷바람'이라고 불리는 또 다른 '체험 향기'를 구해두는 것도 좋다. 이것은 해변이나 바다 한복판에서 느껴지는 신선한 오존의 냄새와 짭짤한 해조류 향을 향수 제조업체들이 재현해놓은 제품이다. 이것을 구하기가 어렵다면 요리 원료 중 하나를 골라도 된다. 예컨대 딜이나 감귤 같은 신선한 허브 향을 물에 타서 쓰는 방법도 있다.

### 조명

환하게 밝혀라. 천장 전등이 너무 밝아 손님들이 불편해할 정도라면 안 되겠지만, 음식의 신선한 맛을 살리고 바다 분위기를 내려면 아무래도 밝기를 좀 높일 필요가 있다.

# 주요리: 실내에서 바비큐를

아주 맛있고 근사한 주요리, 예를 들면 구운 고기나 천천히 익힌 꽃양배추를 준비하고 버섯을 조금 곁들였다고 생각해보자.

### 가을 숲의 소리

이런 식사에는 가을철의 숲이나 삼림지대 분위기가 어울린다. 바람에 낙엽이 흩날리다가 바닥에 뒹구는 소리가 제격이다. 나뭇가지가 삐걱거리는 소리도 들린다. 멀리서 들려오는 부엉이 울음소리와 나무꾼이 장작 패는 소리도 있다. 이런 소리는 모두 버섯의 감칠맛 나는 특성을 살려주고 구운 고기나 양배추에서 나는 장작 연기 냄새와 잘 어울린다.

## 어두운 조명이나 촛불

⋯⋯ 요리가 나올 때마다 조명도 조절해야겠지만 그렇게 하는 목적이 단지 요리의 맛을 살리기 위한 것만은 아니다. 이 모든 것이 결국 체험의 일환이며, 조명이 바뀌면 사람들은 또 무슨 새로운 일이 일어날까 하는 기대감을 안게 된다. 뭔가 중요한 일이 있기 전에는 항상 조명이 바뀐다. 촛불이 켜진 생일 케이크가 나오기 전에는 항상 모든 불이 꺼지는 것과 같다. 오늘 같은 디너 파티에도 주요리가 등장하기 전에는 촛불을 켜고 조명을 어둡게 하는 것이 좋다. 단, 가능하면 조명 색상은 따뜻한 오렌지색으로 하자.

## 장작불의 연기 향

⋯⋯ 요리가 나오기 전에 마지막으로 식탁 위에 향을 조금 뿌려서 오감을 풍성하게 장식한다. 나라면 연기 냄새를 조금 피우고 여기에 어울리는 음악을 튼 다음, 조명은 약간 어둡게 하고 촛불을 켤 것이다. 이쯤 되면 블루리지산맥의 어느 통나무 오두막에라도 와있는 기분이 든다.

# 노란 물에서 레몬 맛이 난다?

주요리와 디저트 사이에 색상을 이용하여 손님들의 미각에 혼란을 줌으로써 그들의 입맛을 바꿔볼 수도 있다. 색상과 실제 맛이 서로 다른 두세 종류의 젤리를(예를 들면 보라색 젤리에서 오렌지 맛이 나는 식이다) 손님에게 주고 맛을 보게 한 다음 무슨 맛이 나느냐고 물어본다. 손님들은 생각했던 것과 전혀 다른 맛이라고 여기거나, 아니면 무슨 맛이 나는지 몰라 곤란해할 것이다.

이 방법이 먹히는 이유는 색상이 우리가 기대하는 맛에 미치는 영향이 너무 커 실제로 느끼는 맛을 압도해버리기 때문이다. 우리는 색상과 맛이 서로 다르면 마음속으로 생각했던 맛과 같다고 느끼거나(와인 전문가조차 빨간 색소를 넣은 화이트 와인을 맛보고 레드 와인이라고 했다는 이야기를 앞에서 했다), 전혀 다른 맛으로 느끼기도 한다. 한번은 웨스트 런던의 웨스트필드 쇼핑센터에서 내가 개최한 행사 중 미각이 얼마나 쉽게 조작될 수 있는지를 보여준 적이 있다. 우리는 쇼핑센터의 한 공간을 빌려 여러 종류의 과일 주스에 다른 색소를 첨가한 후 사람들에게 어떤 맛이 날지 말해보라고 했다. 빨간 색소를 넣은 사과주스에 대해서는 체리 맛이 날 거라고 말하는 사람이 가장 많았고, 노란 색소를 첨가한 물은 다들 레몬 맛일 거라고 말했다. 아이들을 상대로도 비슷한 실험을 해보았다. 보통의 바닐라 아이스크림을 맛보게 한 후 똑같은 아이스크림에 갈색 색소를 넣었더니 아이들은 한결같이 초콜릿 아이스크림이라고 대답했다. 같은 실험에서 아무 맛이 나지 않는 젤리에 빨간색과 노란색을 입혀 아이들에게 줘보기도 했다. 아이들은 빨간색 젤리에서는 딸기 맛, 노란색은 레몬 맛이 난다고 했다.

젤리를 이용한 미각 혼란 기법은 매우 간단하다. 요리 사이에 다음과 같은 분자 요리 기법을 활용하면 친구들에게 신선하고 강렬한 인상을 안겨줄 수 있다.

**젤리를 이용한 미각 혼란 기법**

- 서로 다른 맛이 나는 젤리를 두세 종류 준비한다.
- 아무 맛이 없는 식용 색소를 사용하여 젤리의 원래 맛과 다른 색을 입힌다. 예를 들면 다음과 같다.
  - 레몬 맛 젤리는 빨간색으로
  - 사과 맛 젤리는 파란색으로
  - 귤 맛 젤리는 녹색으로

    아니면 대담하게 맛을 좀 더 강조하는 방법도 있다.
  - 골든비트 맛 젤리는 노란색으로 예상치 못한 맛을 더욱 강조
  - 당근 맛 젤리는 검은색으로
- 젤리를 쟁반에 담아 똑같은 크기로 네모나게 자른다.
- 기다란 쟁반에 가지런히 나열하여 손님들에게 보여준다. 색상이 뚜렷하게 보이도록 조명을 환하게 켠다.
- 친구들에게 하나씩 먹어보고 무슨 맛이 나는지 말해달라고 한다. 실제 맛과 다르게 말하는 사람이 많을 것이다.

# 디저트는 동그란 접시에

식사를 마무리하기 위해 우리는 감각적 분위기를 활용하여 원래 맛있는 디저트를 더욱 맛있게 할 것이다. 이번에 선보일 디저트는 신선한 라즈베리를 곁들인 초콜릿 치즈 케이크와 달콤한 라즈베리 콤폿compo-te(설탕에 졸여 차게 식힌 디저트-옮긴이)이다. 색상으로나 질감으로나 보기만 해도 맛있을 수밖에 없는 모습이다.

## 진하고 선명한 색상

••••• 진하고 선명한 색상을 보면 누구나 본능적으로 진하고 풍부한 맛을 떠올린다. 딸기를 살 때만 생각해봐도 약간 흐릿한 쪽보다는 빨간색이 선명한 딸기가 더 맛있다는 것을 알기에 그쪽으로 손이 간다. 진하고 선명한 색깔은 언제나 맛과 강도, 그리고 당도도 우수하다는 것을 알려주는 증표가 된다. 그러므로 오늘처럼 화려한 요리를 뒷받침하는 모든 요소에도 진하고 선명한 색상을 써야 한다. 달콤한 빨간색이나 진하고 유혹적인 초콜릿 브라운, 풍부한 크림 등도 모두 마찬가지다.

- 손님에게 디저트를 대접할 때도 따뜻하고 밝은 색상의 냅킨에 받쳐서 내온다.

- 디저트를 담는 그릇도 진한 색상을 쓴다. 빨간색, 브라운, 심지어 검은색도 좋다.
- 조명을 어둡게 하거나 따뜻한 호박색 빛이 나게 한다.


## 둥근 모양

· · · · · 　　　　앞에서 살펴봤듯이 단맛은 둥글고 부드러운 모양과 관련이 있다. 크림 맛이나 관능적인 맛도 마찬가지다. 따라서 네모난 모양의 접시는 디저트에 어울리지 않는다. 물론 이것은 접시에만 국한된 것이 아니라 다른 식기류도 모두 마찬가지다. 아주 동그란 스푼을 한번 써보는 것도 좋다. 아니면 디저트 자체를 삼각형이 아니라 동그랗게 만드는 것도 생각해볼 만하다. 제과 브랜드 캐드버리<sup>Cadbury</sup>의 유명한 초콜릿바 제품 데어리 밀크<sup>Dairy Milk</sup>는 원래 단면이 사각형이었는데, 몇 년 전에 동그란 모양의 신제품이 출시된 적이 있었다. 그러자 곧바로 소비자들로부터 '성분이 달라진 것 같다, 당도가 오른 것 같다' 하는 불만이 쇄도했다. 그러나 사실 모양 말고는 달라진 것이 전혀 없는 제품이었다.


## 매끄럽고 부드러운 소재

· · · · · 　　　　손님의 손에 닿는 모든 것은 디저트로 나오는 음식의 풍부한 식감을 반영해야 한다. 냅킨은 비단이나 벨벳처럼 부드

럽고 반짝이며 짙은 소재로 된 것이어야 한다. 이런 촉감은 다른 감각에서도 비슷한 느낌을 받으리라는 기대감으로 이어진다. 음식을 집을 때 냅킨에서 튼튼한 천의 질감이 느껴진다고 상상해보라. 초콜릿 치즈케이크를 씹으면서도 왠지 약간 거친 식감이 느껴질 것이다. 디저트의 맛을 살리기 위해서는 무엇이든 부드럽고 광택이 나는 것을 써야 한다.

## 초콜릿 향

····· 미리 초콜릿 향을 뿌려두거나 바닐라 향초를 피워두면 분위기를 더욱 풍성하게 살릴 수 있다. 단, 음식이 나오기 전에 너무 오래 향이 지속되는 것은 좋지 않다. 손님들의 감각이 무뎌져서 과일 샐러드를 달라고 할지도 모른다. 손님들이 무겁고 동그란 스푼으로 디저트를 떠서 막 입에 넣으려는 순간, 모든 감각이 활짝 열리는 틈을 타서 향기를 뿌려야 한다.

## 감미로운 음악

····· 디저트 시간에는 음악도 단맛을 강조하는 것으로 골라야 한다. 실제로 나는 과학적으로 입증된 '감미로운' 음악을 개발하여 학술 논문으로 발표하기도 했다. 물론 혼자 한 것은 아니고 팻덕의 두 요리사 조키 페트리<sup>Jocky Petrie</sup>와 스테판 코서<sup>Stefan Cosser</sup>, 그리고 옥스퍼드대학교 공감각 연구실의 찰스 스펜스와 앤 실비아 크리시넬

Anne-Sylvie Crisinel과의 공동 연구를 통한 결과였다. 나는 이 작업을 하면서 처음으로 신경과학 연구 분야에 발을 들여놓기도 했다. 바다의 소리가 완성되자 페트리와 코서, 그리고 나는 음악과 소리에 따라 맛이 달라지는 현상을 더 깊이 연구해보고 싶다는 열의에 사로잡히게 되었다.

나는 소리와 맛이 서로 영향을 주고받는 효과에 관한 논문을 모조리 읽기 시작했다. 이런 논문들이 이구동성으로 하는 말이 있었다. 우리 귀에 들렸을 때 단맛을 비롯하여 신맛과 짠맛, 쓴맛, 감칠맛 같은 기본적인 맛이 떠오르는 소리에는 일정한 패턴이 있다는 것이었다. 이른바 '맛 소리'를 찾아내기 위해서는 음악가들에게 '달콤한 음악'을 연주해달라고 부탁하거나, 그들을 신시사이저 앞에 앉혀놓고 특정한 맛과 어울린다고 생각하는 음역을 키보드에서 찾아달라고 하는 등 다양한 방법이 있었다. 이런 연구를 통해 사람들은 언제나 피아노 또는 실로폰 같은 타악기에서 나오는 장조의 높은음을 들으면 단맛을 떠올린다는 사실을 알게 되었다. 쓴맛은 트럼본이나 현악기로 연주하는 저음의 길고 느린 음악과 관련이 있었다. 나는 논문을 읽다가 '단맛'이나 '쓴맛'의 음악을 서로 다른 맛에 적용하면 어떤 결과가 나오는지를 연구한 사람은 아무도 없다는 사실을 깨달았다.

그래서 나는 음식의 맛을 실제와 다르게 느끼게 할 음악을 두 편 작곡했고, 그동안 페트리와 코서는 '신더 토피cinder toffee'를 만들었다. 이것은 단맛을 기본으로 쓴맛과 탄 맛이 함께 느껴지는 디저트 음식이다. 영국식 '달고나'쯤으로 생각하면 된다. 우리는 이 두 요소를 스펜서 교수가 우리 이론의 타당성을 검증하기 위해 실험을 준비하고 있던 옥스퍼드 공감각 연구실로 가져갔다. 이 실험에서 피험자들은 음향 부스에 앉아 헤드폰을 귀에 썼다. 이들에게 음식을 맛보게 하면서 쓴맛과 단맛이 어느 정도인지, 또 그 맛이 마음에 드는지 물어보았다. 실험이 시작되면 음식을 조금만 덜어서 주고 음악은 종류별로 한 곡씩 틀었다. 한 곡이 끝나고 다른 음악이 나오면 다시 적은 양의 음식을 제공했다. 피험자들은 몰랐지만 음식은 두 번 모두 똑같은 신더 토피였다. 그러나 그들은 음악에 따라 한번은 너무 달고, 또 한번은 너무 쓰다고 말했다. 음악에 따라 그들의 입맛은 극과 극으로 달라졌다. 그리고 단맛의 음악을 들으면서 먹은 신더 토피가 훨씬 더 맛있었다고 대답했다.

이렇게 해서 나의 첫 공식 연구 논문 〈단맛과 쓴맛의 심포니, 음악의 특성에 따른 음식 맛의 변화A Bittersweet Symphony: Modulating the Taste of Food by Changing the Sonic Properties of the Soundtrack Playing in the Background〉가 세상에 선보이게 되었다. 《더 나은 나를 위한 하루 감각 사용법》 웹사이트에 올라가 있는 이 음악을 들으면 음식의 단맛이 약 17퍼센트 정도 증대된다.


# 마지막 술 한잔


이제 식사는 다 나왔다. 아마 다들 기분이 흡족하고 감각은 소진된 상태일 것이다. 마지막으로 술 한잔 곁들이며 마무리할 텐데, 여기서도 미각에 영향을 미치는 또 하나의 감각을 시험해볼 수 있다. 그것은 바로 촉감이다.

손으로 만지는 물건이 어떤 모양과 질감이냐에 따라 우리는 거기에 어울리는 맛을 떠올린다. 맛을 음악에 비유하면 우리는 마치 뮤직박스에 앉아있는 디제이처럼 전체적인 맛을 구성하는 여러 가지 요소 중 어느 하나의 볼륨을 키워 다른 요소보다 더 크게 들리게 할 수 있다.

문제는 내가 강조하고자 하는 맛이 무엇인지 정확히 파악하고, 그 맛에 어울리는 질감이나 모양을 골라내는 것이다. 최근에 나는 어떤 글로벌 맥주 브랜드가 아시아 시장 공략용으로 쓸 맥주잔 디자인에 이 개념을 적용한 적이 있다. 전 세계인의 입맛은 사람마다 모두 다르지만, 특정 문화권 내에서는 대체로 일관된 특성을 띤다. 대체로 아시아인들은 단맛을 좋아한다고 볼 수 있으며, 쓴맛에 대해서는 예컨대 동유럽인에 비하면 그리 맛있다고 생각하지는 않는 편이다. 참고로 중국과 대만에서 많이 팔리는 위스키는 주로 단맛이 우세한 종류다. 베트남 맥주도 쓴맛보다는 단맛이 강한 데 비해, 체코 맥주는 쓴맛이 훨씬 더 세다. 나에게 프로젝트를 의뢰했던 회사의 제품은 맛의 균형이 잘 잡힌 편이었지만, 맛의 구성면에서는 확실히 서구의 기준에 가깝다고 보아야 했다. 즉 쓴맛이 다소 강해서 다른 라거 맥주에 비해 아시아 소비자들에게 그리 큰 매력을 주지 못하고 있는 형편이었다. 나는 감각과학이 적용된 맥주잔 디자인을 제안했다. 먼저 잔을 손에 쥘 때 손가락이 닿는 앞부분을 둥근 모양과 둥그런 질감으로 처리했고, 마실 때 시선이 닿는 아래쪽에는 빨간색 원을 넣었다. 잔의 형태와 질감을 통해 전체적으로 단맛을 좀 더 강조하려는 의도였다. 아시아 애주가들이 선호하는 맛은 분명히 단맛인데, 이 회사가 거액을 투자해 단맛이 강한 제품을 개발하는 것은 결코 추천할 만한 일이 아니었다.

식후주로 내놓을 술의 종류나 선호하는 입맛에 따라 가장 적당한 잔을 준비해야 한다. 먼저 특정한 맛을 보완할 것인지, 아니면 강조할 것인지를 결정한다. 예컨대 쓴맛이 강한 네그로니Negroni 칵테일을 준비했다면 '단맛에 어울리는 잔'으로 균형을 잡을 수도 있고, 오히려 '쓴맛이 나는 잔'을 써서 더 강조할 수도 있다는 말이다. 어떤 것이 더 좋을지는 직접 실험해보면 된다. 식후주로 쓸 술을 여러 가지 잔에 따른 다음, 어떤 차이가 있는지 마셔보고 가장 마음에 드는 것으로 정하는 것이다. 이제 그 술을 마실 때만 쓰는 잔이 따로 마련된 셈이다. 우선 간단하게 시도해보는 방법을 아래에 예로 들었다.

**술의 종류나 선호하는 입맛에 따른 적당한 잔**

- 달고, 진하고, 끈적한 맛: 둥근 모양에 표면이 매끄럽고 묵직한 잔이 좋다. 가장자리가 부드럽게 처리되어 입술이 닿을 때도 그 느낌이 전해져야 한다.
- 신맛: 오렌지의 신맛에 집중할 수 있는 날카롭고 각진 모양과 질감이 좋다. 각진 모양은 술의 신선한 맛을 강조한다.
- 매운맛: 거칠고 불규칙한 질감은 럼주나 팔로마에 포함된 매운맛을 강조해준다. 쓴맛을 강조하는 효과도 있다.
- 훈연 및 나무 맛: 유리잔이 아니어도 된다. 도기나 나무잔을 쓰는 것이

더 좋다. 나무통에서 숙성된 주류와 잘 어울린다.

- 깨끗하고 뚜렷한 맛: 모양이 말쑥하고 질감이 매끄러우며 가벼운 잔이 좋다. 내용물의 느낌과 균형을 그대로 살려주기 때문이다. 순수한 느낌을 전달하고 미묘한 맛을 살려준다.

이런 감각적 통찰은 하룻밤 성대한 잔치에만 쓰고 버릴 일이 아니라 매일 맞이하는 모든 식사 시간에 다 적용할 수 있다. 매 식사를 온전히 누리려면 잔과 컵, 식기류 등에 조금만 신경 써서 음식과 조화를 맞춰주면 된다.

지금까지 우리는 오감의 세계를 새롭게 발견하고 확장해왔다. 그런데 조금만 더 눈을 크게 뜨면 미처 생각지도 못했던 감각의 세계가 보인다. 지금부터 마저 찾아보자.

# 다른 감각들

## : 감각의 종류는 셀 수 없다

*Sense*

**지금까지는 오감을 통해 세상을 바라보는 방법을 배웠다.** 그러나 여전히 생각보다 복잡한 문제들이 많다. 오감의 각 요소가 따로따로 작용하는 줄 알았다가 그렇지 않다는 것을 알았듯이, 우리가 경험하는 세상이 이 다섯 가지 감각만으로 구성된다는 생각 역시 오해라는 것이다. 실제로 우리가 가진 감각은 관점에 따라 9개에서 30여 개까지 될 수 있다는 것이 현대 학계의 공통된 결론이다.

물론 오감은 우리가 인식하는 세상의 거의 모든 부분을 구성한다. 이 책이 주로 오감에 관한 내용을 다루는 이유도 바로 그 때문이다. 공감각적 생활을 영위하기 위해서는 외부 자극에 주의를 기울여야 한다. 즉, 평소 당연하게 여기거나 깨닫지도 못했던 소리, 냄새, 색깔, 모양, 조명, 질감, 무게 및 그 밖의 모든 측면을 말한다. 우리는 이런 감각적 경험 요소를 통제하고 조절하여 더욱 큰 효과를 누릴 수 있다.

　그러나 우리가 자신과 내면에서 일어니는 모든 일에 관해 느끼고 아는 것은 아리스토텔레스가 정의한 이 다섯 가지 감각만으로는 도저히 다 설명할 수 없다. 내면에 자리한 다른 감각 능력에도 관심을 기울일 필요가 있다. 사실 이것은 최근 들어 학계가 더욱 주목하는 영역이기도 하다. 다음은 우리가 그 존재도 미처 모르지만 지금 당장 이용할 수 있는 몇 가지 '다른' 감각의 예들이다.

## 자기自己 수용 감각

· · · · ·　　　　　　눈을 감고 한 손을 내밀어 보라. 이제 눈은 여전히 감은 채 손으로 코를 만져보라. 코를 찾았는가? 좋다. 방금 여러분은 자기 수용 감각을 직접 체험했다. 자기 수용 감각이란 팔다리의 위치를 파악하는 능력, 즉 '관절의 위치에 관한 유·무의식적인 인지 능력'을 말하는 것이다. 이것은 시각이나 후각, 미각, 청각, 촉각 등 그 어느 것과도 직접적인 관계가 없다. 이것이 없으면 우리는 걷지도 못할 것이며 사실 그 어떤 동작도 제대로 할 수 없다. 일시적으로나마 자기 수용 감각이 마비되는 것은 술에 취할 때뿐이다. 술 취한 상태에서는 똑바로 걸을 수가 없으므로, 경찰관들도 음주 여부를 테스트할 때 몇 발자국 걸어간 후 코를 잡아보라고 하는 것이다. 운동선수의 자기 수용 감각은 일반인보다 훨씬 더 정교하다. 그들은 잡고, 치고, 차는 등의 동작을 정확히 제어하기 위해 오랫동안 훈련해왔기 때문이다. 우리

가 미처 깨닫지도 못했던 자기 수용 감각이 사실은 일상생활에서 가장 기본적으로 필요한 감각인 셈이다. 사실 이것은 육감이라는 이름으로 불리기도 한다.


## 균형 감각

····· 지금 허리를 똑바로 펴고 앉아있는가? 그렇다면 균형 감각이 있다는 증거다. 그렇지 않다면 바닥에 쓰러지거나 어지러움을 느낄 것이다. 사실 우리는 균형 감각이라는 말을 많이 쓰면서도('외줄 타기 장인은 균형 감각이 탁월하다.' 등), 이것을 기존의 오감에 대비되는 또 다른 감각이라고 생각하지는 않는다.

인체의 균형 감각을 관장하는 전정기관이 있는 위치는 내이<sup>內耳</sup>, 또는 속귀라고 하지만 그렇다고 이것이 청각과 직접적인 관계에 있는 것은 아니다. 청각 장애인도 스케이트보드를 잘 타는 것을 보면 알 수 있다. 청각과 균형 감각이 동반 작용을 보이는 것은 이 속귀에 이상이 발생했을 때뿐이다. 그러나 소리 때문에 균형을 잃는 경우도 있다. 약 백 명 중 한 명꼴로 나타나는 '툴리오 현상<sup>Tullio phenomenon</sup>'이 그것으로, 1929년에 이탈리아의 생물학자 피에트로 툴리오<sup>Pietro Tullio</sup>가 발견한 증상을 말한다. 바이올린이나 트럼펫 같은 악기 소리가 크고 오래 울려 전정기관을 자극하면 두뇌에 이상이 발생했다는 신호가 대뇌에 전달되고, 시야가 빙글빙글 도는 듯한 회전성 어지럼증이 찾아온다. 그렇게 되면 신체의 균형이 일시에 무너지며, 이 소리가 그쳐서 내이에 진동을 일으켰던 액체의 흐름이 멈춰야 비로소 균형이 회복된다.

이로써 우리는 균형 감각이 시각과도 밀접한 관련이 있음을 알 수 있다. 이것은 일종의 명령 체계라고 볼 수도 있다. 인체의 균형 기관이 눈에 신호를 보내면 팔다리 관절이 이에 반응하여 몸의 자세를 바로 잡는 식이다. 텔레비전을 시청하다가도 롤러코스터 장면이 나오면 마치 내 몸이 균형을 잃는 것처럼 느껴진다거나, 가상현실 헤드셋을 썼을 때 평평한 바닥에서도 발을 헛디디는 경우도 모두 이런 착시 효과에서 힌트를 얻을 수 있다. 그러나 균형 감각은 눈을 감아도 여전히 작동하므로 완전히 시각에만 의존하지는 않음을 알 수 있다. 균형 감각은 별도의 기관이 관장하는 독립된 감각이지만 다른 감각의 영향을 받고, 또 밀접한 관련을 맺는다. 우리가 경험하는 공감각에 포함되는 또 하나의 주인공인 것이다.


## 운동 감각

ⴰⴰⴰⴰⴰ 정차한 열차 객실에 앉아 창밖을 바라보다가 다른 철로에서 반대 방향으로 움직이는 열차를 보면서 마치 내가 움직이는 듯한 착각을 일으킨 적이 있을 것이다. 이런 현상은 나의 시야가 운동 감각을 속이기 때문에 일어나는 일이다. 운동 감각은 자기 수용 감각과 비슷하지만 한 가지 차이점이 있다. 자기 수용 감각이 3차원 공간에서 내 관절이 어디에 있는지를 인식하는 감각이라면, 운동 감각은 내 몸이 어떻게 움직이는지를 아는 감각을 말한다.

앞에서 소개한 감각 과학 분야의 전문가 배리 스미스 교수에 따르면 공감각 효과가 거꾸로 작용하면 운동 감각 때문에 오히려 시각이 뒤바뀌는 일이 일어난다고 한다. 예를 들어, 우리가 활주로에 서 있는 비행기 객실에 앉아있다고 해보자. 이때 고개를 숙여 조종석 문 쪽으로 뻗어있는 통로 바닥을 내려다보면 비행기가 평평하다는 것을 알 수 있다. 통로 끝에 있는 문과 내 시선은 같은 높이를 유지한다. 그런데 비행기가 이륙해서 구름을 향해 올라갈 때쯤 다시 통로를 바라보면, 이번에는 문의 위치가 내가 바라보는 시선보다 위에 있고 비행기가 향하는 방향도 위쪽으로 느껴진다. 그러나 내 시야는 아까와 전혀 달라지지 않았다. 내가 앉아있는 자리와 통로 끝에 있는 문의 위치만 생각하면 활주로에 있을 때나 지금이나 높이가 똑같아야 하는데, 희한하게 지금은 저 앞이 더 높아 보이는 것이다. 왜 이런 일이 일어날까? 인체의 운동 감각과 균형 감각이 내가 지금 공중을 향해 올라가고 있다고 말해주기 때문이다. 시야는 그 감각이 알려주는 정보를 바탕으로 지금의 상황을 다시 해석하여 확인한다.


## 내부 수용 감각

•••••                        지금 배가 고픈가? 그것을 어떻게 아는가? 이것이 바로 내부 수용 감각이다. 말 그대로 인체 내에서 일어나는 변화를 감지하는 능력이다. 허기와 불안을 느끼거나, 어디가 아프거나, 화장실에 가고 싶다는 느낌 등이 모두 여기에 포함된다. 체내의 각종 수

용기가 끊임없이 이런 느낌을 감지하여 인체의 항상성을 유지하는 것이다.

나아가 내부 수용 감각은 자아정체성의 큰 부분을 담당한다. 내 몸을 내 것으로 인식하는 것이야말로 자아 인식 중에서도 가장 중요한 내용이다. 이 점은 우리가 부모로서 아이들과 대화할 때 조심해야 할 부분이기도 하다. 아이들은 자아정체성이 형성되는 중요한 시기에 부모로부터 자신의 내부 수용 감각에 관해 잘못된 메시지를 듣는 경우가 너무나 많다. 아이들이 배고프다고 하는데도 부모는 식사 시간이 아니라며 조금만 참으라고 한다. 피곤하다는 아이에게 우리는 격려랍시고 절대로 그럴 리가 없으니 힘내라고 말하기도 한다. 아이들은 이런 말을 들으면 매우 혼란스러울 수밖에 없다.

이런 정보는 감정의 형성 과정과 우리가 그것을 느끼는 데 토대가 되기도 한다. 즉 우리는 내부 수용 감각을 통해 안토니오 다마지오가 말한 '신체 표지somatic markers'를 얻게 된다. 어떤 상황과 감정을 한번 관련짓고 나면, 다음부터는 똑같은 감정을 느낄 때마다 당시 상황에 맞는 신체적 반응이 나오는 현상을 말한다. 유독 어떤 사람과 가까이 있으면 심장박동이 빨라지고 몸이 떨릴 때가 있다. 우리는 과거의 경험에 비추어 이런 감정이 무엇을 뜻하는지 알기 때문에 비로소 내가 사랑에 빠졌음을 깨닫게 된다.

## 자기磁氣 **수용 감각**

<sub>•••••</sub>  유달리 방향 감각에 민감한 것도 일종의 감각
이라고 할 수 있다. 자기 수용 감각이라고 하니까 마치 초능력처럼 들
릴지도 모르지만, 이것은 금속 물질을 마음으로 조종한다는 뜻이 아니
라 지구 자기장의 방향을 인식하는 능력을 말한다. 우리는 동물들에게
도 이런 능력이 있다는 사실을 이미 알고 있다. 철새들이 겨울철에 북
쪽으로 이동하는 능력이 쥐나 박쥐, 두꺼비, 심지어 일부 연체동물에
서도 관찰된다. 그러나 유독 인간에게는 이런 능력이 없다는 것이 그
동안의 상식이었다.

그러나 최근 캘리포니아공과대학<sup>California Institute of Technology, CIT</sup>(칼텍)의 연
구 결과, 인간도 이런 능력을 지니고 있다는 것이 밝혀졌다. 이 실험에
서 피험자들이 자기장이 흐르는 패러데이 상자 안에 앉아있는 동안 연
구진은 그들의 뇌파가 어떤 움직임을 보이는지를 측정했다. 그 결과
두뇌가 '분명하고 반복적인 거동'을 보인다는 사실이 포착되었고, 이
로부터 인체 내에 자기장을 감지하는 능력이 있다는 결론이 내려졌다.
연구진은 우리 스스로 이런 능력을 지니고 있다는 사실을 오랫동안 잊
은 채 살아온 것으로 추정했다. 그러나 이것이 사실인지 여부와는 상
관없이 우리는 모두 본능적인 방향 감각을 살려 행동해본 기억이 있
다. 낯선 도시에서도 자신이 묵고 있는 호텔이 어느 방향인지 저절로
알 수 있는 것처럼 말이다.

물론 감각을 얼마나 세분화할 것이냐에 따라 우리가 몰랐던 감각
의 종류를 얼마든지 더 열거할 수도 있을 것이다. 더 세분화해야 한다

고 생각하는 사람도 있다. 온도를 느끼는 감각은 촉각의 일종으로 봐야 할까, 온도 감각이라는 별도의 감각으로 구분해야 할까? 뜨거움과 차가움을 각각 다른 감각으로 나누어야 한다는 과학자도 있다. 하나의 감각이 갑자기 세 개의 감각으로 나뉘어버린 것이다. 고통을 느끼는 것 역시 촉각에 포함할 것이 아니라 통각이라는 별도의 감각으로 봐야 한다는 주장도 있다. 그뿐만 아니라 어떤 사람은 시각도 더 세분화해서 색상을 인지하는 것과 움직임을 감지하는 것으로 나누어야 한다고 한다. 이런 점을 모두 고려한다면 인간의 오감은 금세 스무 가지 이상으로 늘어나게 된다.

감각의 정의를 더욱 폭넓게 확대하면 이 수는 거의 무한대로 늘어난다. 친밀함을 느끼는 감각, 유머 감각, 자부심, 정의감, 스타일 감각 등을 생각하면 가히 셀 수조차 없다. 정도의 차이가 있을 뿐 사람들이 이런 감각을 지니고 있다는 것은 분명한 사실이다. 물론 남보다 유난히 감각이 뛰어난 사람도 있고, 또 어느새 갑자기 잃어버리기도 하지만 말이다. 어떤 사람이 사고로 시력을 잃었지만 그 대신 청력이 더욱 예민해졌다거나 상황 분별력이 더욱 발달했다는 이야기를 종종 듣는다. 그들은 비록 앞을 못 보지만 누군가의 생일이나 기념일을 축하할 때는 전과 전혀 다름없는 열정적인 태도를 보여준다.

감각의 종류가 과연 얼마나 되는가 하는 질문에 대해서는 과학적·철학적 관점에 따라 여러 가지 대답이 존재할 수 있다. 그러나 감각을 아무리 좁게 정의하고 몇 가지 감각을 하나로 묶는다 해도(예컨대 열과 고통, 촉각 등을 하나로 본다면), 감각의 종류는 최소한 일곱 개에서 아홉

개 정도가 된다고 말할 수 있다. 감각의 종류를 몇 가지로 정의하든 가장 중요한 점은 그 어느 것도 독자적으로 작동하는 것은 없다는 사실이다. 시끄러운 음악은 균형 감각을 무너뜨리고 냄새는 허기를 유발한다. 어떤 냄새 때문에 내 팔이 어디 있는지조차 모르는 일도 일어난다. 사실 이런 일은 술에 취하기만 해도 경험할 수 있다. 감각이 아무리 많다 한들 우리는 어차피 공감각적인 존재다. 이런 사실을 얼마나 잘 깨닫고 활용하느냐에 따라 우리는 자신과 주변 환경을 더 잘 이해할 수 있고, 더 나은 삶을 살 수 있다.

CHAPTER
13

섹스

*Sense*

**사람들은 모두 집으로 돌아갔고, 모든 감각은 무뎌졌으며, 각종 체험에 대한 욕구와 허기도 모두 채워졌다.** 이제 부부만 집에 남아 서성거리다가 문득 '자, 청소는 누가 하지?'라는 생각이 든다. 그러나 남아있던 방향제와 허브, 분무기, 젤리 틀 등을 다 치우고 조명 기구와 숨겨놓은 스피커 등을 정리하고 나면 뭔가 허전하다는 생각과 함께 또 다른 욕구가 느껴진다. 우리가 원하는 공감각적인 행동 중에 먹는 것보다 더 강렬한 것이 있다면 그것은 바로 섹스다.

고객의 성생활에 적합한 감각 디자인을 의뢰받는 경우는 좀처럼 드문 편이지만, 그런 경우가 딱 한 번 있기는 했다. 관능적인 분위기를 돋우고 섹스가 더욱 즐거워지는 디자인을 개발해달라는 의뢰였다. 그 의뢰를 받고 우리가 개발한 혁신적인 진동 안마기 미스터리바이브<sup>Mys-teryVibe</sup>는 지금 시장에서 가장 잘 팔리는 상품이 되었다. 그 제품의 차별화 요소는 다양성이었다. 어떤 모양으로든 바꿀 수 있었다. 또 각각 따로 움직이는 여섯 개의 모터가 있어서 진동의 크기와 유형을 자유자재로 조절할 수 있었다. 내가 합류했을 때 그 프로젝트는 아직 시제품 제작 단계에 머물러있었다. 내가 맡은 역할은 고객들에게 친밀감과 개성이라는 특성을 강하게 전달하고 섹스에 대한 기대감을 고취할 수 있는 디자인을 제안하는 것이었다.

그 회사의 제품 디자인은 유려한 곡선을 주요 특징으로 삼고 있었다. 제품 광고와 휴대 전화 앱에서도 나지막한 속삭임과 섬세한 목소리가 브랜드를 상징하는 소리로 사용되고 있었다. 심지어 제품이 담긴 상자를 열 때도 '쉭'하는 부드러운 소리가 났다. 포장에는 부드럽고 달콤한 향기가 배어있었고, 본 제품이 담겨 있는 퀼팅 소재의 주머니는 펼쳐서 안대로 쓸 수도 있었다. 제품의 모든 부분은 부드러운 소재로 되어있어서 만져보고 싶은 호기심을 유발했다.

감각적 효과를 더하기 위해 우리 팀이 수행하는 작업은 늘 비슷한 과정을 거친다. 우리는 먼저 문헌 조사를 통해 기존에 알려진 연구 결과를 검토한다. 그렇게 해서 공감각을 통해 '핵심 특성'을 전달할 힌트를 얻은 다음에는 제품과 브랜드에 맞는 연결고리를 찾아내고, 공감각을 통해 불러일으킬 감정과 정서가 어떤 것인지 파악한다. 미스터리바이브 프로젝트가 특히 힘들었던 것은 인간의 성 심리와 과학적 배경을 깊이 파고들수록 뚜렷한 실체를 파악하기가 점점 더 어려워진다는 점이었다. 사람마다 취향과 선호, 경험은 모두 다르며 이 모든 것이 성적 반응에 압도적인 영향을 미친다.

그러나 특정한 소리와 향기, 색상, 모양 등은 모든 사람의 생리에 공통된 영향을 미친다. 그리고 그 영향은 개인적 차이에 상관없이 모두 일정하다. 성관계를 나누기 전과 도중에 우리가 받아들이는 감각적 신호는 모두 짝짓기라는 유전적 목적과 관련이 있다. 인간이 아무리 성에서 쾌락과 기쁨을 누린다고 해도 우리가 원초적인 존재라는 점에는 변함이 없다. 감각의 조화를 염두에 두고 이런 신호를 제대로 파악한다면 성생활에 필요한 감각 처방을 도출해낼 수 있다.

## 쾌락의 문을 여는 향기

향기는 배우자에게 어필할 수 있는 매력의 핵심 요소이자 오늘 밤 쾌락의 문을 여는 가장 중요한 열쇠가 된다. 향기가 육체적 매력에 미치는 역할은 최근까지도 큰 주목을 받지 못했으나, 시간이 지날수록 이것이 실질적인 효과를 발휘한다는 증거가 쌓였다. 그것은 페로몬의 위력에 힘입은 결과만은 아니었다. 인체에서 분비되는 호르몬 계열의 방향 분자를 무의식적으로 감지한 다른 사람들은 특정한 심리적 행동 반응을 보이게 된다. 향기가 매력으로 이어지는 과정은 우월한 유전자를 추구하는 인간의 본능과 관련이 있다. 예컨대 자신과 다른 면역 체계를 지닌 사람과 관계를 맺음으로써 질병에 내성을 지닌 자녀를 출산하고 싶다는 욕망도 바로 이 냄새를 매개로 실현된다.

여성들에게 자신과 같거나 다른 유전 형질을 지닌 남성이 입었던 티셔츠를 입어보게 한 매우 독창적인 실험이 있었다. 이 실험에서 여성들이 선호한 티셔츠는 주로 자신과 유전적으로 다른 남성이 입었던 것이었다. 이것과 비슷한 또 다른 실험에서는 마스크를 쓴 남성들에게 여성의 사진을 보여주었는데, 마스크 중 절반에는 안드로스테론이 배어 있었다. 이것은 여성 호르몬이라고 알려진 물질이다. 실험 결과 냄새가 밴 마스크를 쓴 남성일수록 사진 속 여성이 더 매력적이라고 대답했다.

인간이 키스를 하게 된 것은 남녀가 서로의 코와 혀를 가장 가까이 밀착하여 냄새와 맛을 통해 상대가 배우자로 적합한지를 알아내기 위해서라는 설명이 있다. 키스야말로 오감이 총동원된 행동이다. 서로가 무언의 동의 아래 촉각과 후각, 미각, 그리고 청각까지 동원하여 상대방을 파악하는 방법이라고 볼 수 있다. 우리는 그렇게 가장 친밀한 순간에 모든 감각이 활짝 열리지만, 그중에서도 가장 효과적인 매력 전달 수단은 바로 후각인 것 같다.


## 자연적인 체취를 발산하라

••••• 　　　　　　브라운대학교의 심리학자 레이첼 허츠[Rachel Herz]는 사람들이 냄새를 얼마나 중요하게 생각하며, 사람의 원래 체취와 향수 같은 '인공적인 냄새'를 과연 어떻게 구분하는지를 파악하기 위

해 설문조사를 진행했다. 허츠 박사 연구팀은 총 18문항으로 구성된 '연애 관심도 조사'를 개발하여 브라운대학교 내의 남성 99명과 여성 99명을 상대로 설문조사에 나섰다. 설문 항목 중에는 '귀하의 연인이 될 사람의 외모와 목소리, 살결, 냄새 등이 최소한 평균 정도는 된다고 가정할 때, 그중에서 평균을 넘어서면 좋겠다고 생각하는 점은 무엇입니까?'라는 내용이 있었다. 이 질문에 대해 여성들은 냄새와 외모라고 답했고, 남성은 외모를 최우선으로, 다음으로는 냄새를 꼽았다. 또, 성적인 매력이라는 점에서 상대방의 체취와 그가 선택한 향수가 얼마나 중요하다고 생각하는가를 묻는 항목도 있었다. 설문 결과, 남성과 여성 모두 상대방이 깨끗하고 그 체취가 마음에 들 때 성적인 매력을 느끼며, 깨끗하지만 체취가 마음에 들지 않을 때는 그렇지 않다고 답했다. 또한 상대방이 뿌린 향수 냄새가 마음에 들면 매력을 느끼기는 하지만, 그것이 원래 체취보다 중요하지는 않다는 대답도 있었다. 전체적으로 냄새를 중시하는 태도는 남성보다 여성이 더 높았지만, 양쪽 모두 냄새가 매우 중요하다고 답했다.

이상의 결과를 통해 우리는 다른 사람의 인공적인 냄새보다는 자연적인 체취에 더 큰 매력을 느끼는 것을 알 수 있다. 남녀가 함께 있을 때는 본능적으로 서로의 체취에 끌릴 가능성이 크다. 따라서 가장 중요한 교훈은 자연 그대로의 체취를 발산해야 한다는 점이다. 긴 하루를 보내고 샤워를 한 다음에 인공적인 향을 몸에 뿌리는 것은 별로 바람직하지 않다. 다른 냄새가 섞이지 않은 체취를 그대로 발산하는 편이 더 낫다.

## 따스한 냄새가 나는 향초를 켜라

..... 호박파이 냄새를 맡으면 남성 생식기의 혈류량이 40퍼센트 정도 증가한다. 이는 시카고대학교 연구팀의 조사를 통해 입증된 과학적 사실로서, 이 연구에 참여한 피험자는 '록 음악 방송국'에 낸 광고를 통해 모집한 사람들이었다고 한다. 그러면 누구나 이렇게 생각할 수 있다. 호박파이는 록 음악을 좋아하는 남성들의 발기에 큰 도움이 된다는 것이다. 그러나 사실 이 실험에는 온갖 종류의 냄새가 동원되었다. 그들이 시험해본 조합은 무려 30종류에 달했다. 모두가 피험자의 발기에 어느 정도 도움이 되었고, 도움이 되지 않는 경우는 관찰되지 않았다. 크랜베리 향은 약 2퍼센트의 효과가 있었다. 그 중에서 가장 큰 효과를 보인 향이 바로 호박파이와 라벤더를 섞은 것으로, 앞에서 말한 것처럼 40퍼센트의 효과를 보였다. 그런데 2위를 차지한 조합은 도넛과 감초 냄새를 섞은 것으로, 31퍼센트의 혈류량 증가 효과를 보였다. 세 번째로 큰 효과를 보인 것은 호박파이와 도넛 냄새의 조합이었다.

연구진은 음식과 관련된 냄새가 남성의 발기에 효과를 발휘하는 이유를 진화과정에서 찾았다. 먼 옛날 우리 조상들은 사냥을 마치고 집에 돌아온 후에 성적인 욕구를 가장 크게 느꼈을 것이다. 혹은 사라진 과거를 향한 추억이 성감을 추구하는 태도와 관련이 있는지도 모른다. 향수를 불러일으키는 데 가장 큰 효과를 보이는 것은 역시 음식 냄새다. 앞에 언급된 종류가 주로 미국인의 식생활과 관련이 있는 것이라면, 영국인에게는 대황 디저트나 딸기 크림 등이 같은 역할을 할 수 있을 것이다. 그저 내 생각일 뿐이다.

이상에서 남성이 생리적·정서적으로 유혹적인 냄새에 반응하는 경향이 있다는 사실을 알 수 있는데, 이런 일은 여성에게도 마찬가지라고 생각할 수 있다. 이런 종류의 익힌 디저트의 핵심적인 특징은 따뜻하고 매콤하며 단맛이 난다는 것이다. 계피, 육두구, 바닐라, 아니스 등은 이 실험에서 가장 큰 효과를 보인 세 종류의 냄새에 모두 포함된 핵심 원료다. 달콤한 향기가 나는 초를 밝히면 그 자체로 따뜻한 분위기가 조성되며, 여기에 이런 음식 원료 향기가 더해지면 더할 나위 없는 분위기를 조성할 수 있다. 특히 배우자와 내가 식사 중에 술을 많이 한 후라면 더욱 그렇다.


## 빨간 옷을 입는다

· · · · ·　　　　　　짝짓기할 때 빨간색을 과시하는 것은 모든 동물에게서 공통적으로 관찰되는 행동이다. 특히 조류의 경우, 깃털을 활짝 펴고 짝이 될 상대를 향해 펄럭이는 모습을 볼 수 있다. 인간도 마찬가지다. 학자들은 빨간색이 모든 생물에게 '생산 적합 활동 reproduction-relevant behaviour'을 촉진하는 고유한 신호 역할을 한다는 가설을 제시했다. 뉴욕대학교의 한 연구에 따르면, 남성은 여성이 녹색이나 파란색보다 빨간색 셔츠를 입고 있을 때, 그녀에게 더 가까이 다가가며 진한 농담과 사적인 질문을 많이 던지는 경향을 보였다고 한다. 또 다른 연구에서 여성은 사진 속의 남성이 빨간 옷을 입고 있거나, 빨간색 배경

을 뒤로 하고 서 있는 남성을 모두 더 매력적으로 본다는 것을 알 수 있었다.

　이런 이론에 따르면, 여성이 빨간색 립스틱을 하고 있을 때 더 매력적으로 보이는 이유도 충분히 설명된다. 나이에 상관없이 빨간색이 성과 욕망, 열정의 상징으로 인식되는 것은 이런 원초적 신호에 그 기원을 두고 있다.


## 주황색 조명을 켜라

..... 　　　　　남성이 여성을 유혹할 때 빨간색 조명을 켜는 것은 그것이 유전적이든 사회적 학습에 의한 것이든 성적 흥분을 드러내는 표시인 것 같다. 그러나 빨간 조명은 너무 야한 느낌을 줄 수도 있고 다른 감각 요소와도 썩 어울린다고 볼 수 없는 것이 사실이다. 그보다는 더 따스한 느낌의 주황색 조명이 훌륭한 대안이 될 수 있다는 연구 결과가 있다. 2016년, 호텔 체인 트래블로지가 2,000명의 영국인 고객을 대상으로 침실 벽의 색상과 성생활 사이의 관계에 관해 설문조사를 진행했다. 그 결과 침실 벽의 색이 캐러멜 색깔이라고 답한 사람이 일주일에 평균 3.5회로 가장 잦은 성생활을 하는 것으로 나타났다(참고로 영국인 전체의 평균은 일주일에 2회다). 연구진은 이런 결과가 나온 것은 캐러멜이나 초콜릿을 먹는 즐거움과 그 색상을 관련 짓는 후천적 학습 효과에 그 원인이 있다고 결론지었다. 나아가 이런 효과는 초콜릿과 섹스 사이에도 성립한다. 방을 밝히는 멋진 호박색 불

빛은 호화로운 캐러멜색을 재현할 수 있는 가장 쉬운 방법이며, 감각적으로도 바닐라나 육두구, 호박파이 등의 따스한 냄새와 가장 가까운 색상이다. 이렇게 각 요소가 다른 요소를 강화하면서 관능적인 분위기를 살려낸다.

## 둥근 모양과 무늬

••••• 인간은 대체로 직선이나 각진 모양보다는 유려한 곡선 형태를 더 좋아한다. 일부 모던 디자인 애호가들은 그렇지 않을지도 모르지만, 이런 결과는 심리학 중에서도 미적 감각을 연구하는 분야에서는 이미 확립된 결론이다. 우리가 둥근 형태를 좋아하는 것은 인간과 비슷한 형상에 본능적으로 끌리는 생물학적 친화 현상이 그 원인이라고 할 수 있다. 1947년에 캠브리지대학교 심리학자 로버트 H. 사울레스Robert H. Thouless는 곡선이 인체의 바탕을 이루므로 우리가 곡선을 아름답다고 생각하는 마음은 사실 성욕에서 오는 것이라고 설명했다. 곡선을 이루는 모양을 바라보는 것이 즐거운 또 다른 이유는 시선이 물체를 부드럽게 따라갈 수 있기 때문이다. 직선이나 날카로운 선으로 구성된 모양을 바라볼 때 시선의 방향이 갑자기 변하거나 짧게 끊어지는 불편함을 겪지 않아도 되는 것이다.

앞에서도 살펴보았듯이 둥근 모양은 단맛, 진한 맛, 풍부한 맛, 그리고 화려한 맛 등과 깊은 관련이 있다. 그리고 둥근 모양과 성욕 사이의 관계가 이 공감각 효과 때문에 발생하는 것인지도 모른다. 상품 디자인과 포장 분야를 잘 살펴보면 외관이 훌륭하다고 생각되는 상품은 대개 그래픽이나 글쏠, 로고, 포장 등에 유선형이 많이 적용된다는 사실을 알 수 있다. 나 역시 초콜릿 브랜드에서 진동 안마기에 이르는 여러 상품의 시각 언어를 제안할 때도, 가장 먼저 출발점으로 삼은 요소는 둥근 모양과 부드러운 곡선이었다. 둥근 모양은 누가 봐도 재미있고 즐겁다는 느낌이 든다. 또한 냄새와 조명, 그리고 분위기 등과 연결되어 따뜻한 정서와 감각을 부여한다.

밤늦은 이 시간에 침대보나 바닥에 깔 양탄자, 또는 침실을 장식할 물건을 찾는다면 두말할 것도 없이 둥그스름한 모양이나 그런 무늬가 들어간 것으로 골라야 한다. 방 안 분위기가 더욱 기분 좋고 풍성하며 화려하게 변할 것이다.


## 음악 선택의 주도권은 여성에게

‥‥‥ 　　　　　친밀한 시간을 보낼 때 어떤 음악을 들을 것인지는 순전히 개인적인 선택의 문제다. 그러나 런던 골드스미스대학교의 음악 심리학자 다니엘 뮐렌시펜Daniel Müllensiefen 교수의 연구에서 힌트를 얻을 수 있다. 그는 2012년에 2,000명의 남녀를 대상으로 섹스 전과 도중에 어떤 음악을 주로 듣는지를 물어보았다. 그 결과 남성들은 마빈 게이Marvin Gaye의 〈렛츠겟잇온Let's get it on〉을 가장 선호한다고 답했으며, 여성들은 영화 〈더티 댄싱Dirty Dancing〉의 주제곡을 최고로 꼽았다. 예상과는 사뭇 다른 결과라고 할 수 있다. 또 남성은 상대방에게 매력을

줄 수 있는 곡을 선택하기 위해 심사숙고하며, 필요하다면 자신의 취향을 과감히 포기하는 경향이 있는 것으로 드러났다. 놀랍게도 남녀 모두 퀸<sup>Queen</sup>의 〈보헤미안 랩소디<sup>Bohemian Rhapsody</sup>〉를 섹스 자체보다 더 좋아하는 것으로 나타났다. 따라서 침실에 들기 전부터 이 음악을 듣다 보면 남녀 모두 분위기가 식어버릴 수 있으므로 결코 추천할 만한 곡이 못 된다.

설문조사를 통해 나온 곡들을 분석한 결과, 분위기 조성에 꼭 필요한 키워드는 '편안함', '부드러움', '평화로움', '행복', '차분함' 등이었다.

## 고조되는 분위기

여기서 말하는 '섹스 도중'이란 삽입 행위만이 아니라, 서로를 만지기 시작하여 친밀감을 천천히 쌓아가며 성감이 고조되고 가벼운 터치와 소리까지 주고받는 과정을 모두 포함한 개념이다. 지금이야말로 모든 감각을 통해 친밀감을 주고받으며 공감각적인 경험을 함께 나누는 순간이다.

## 감각에 집중하라

 ·····        이 순간에 몰입하라. 성적 친밀감이 고조되어
절정에 올랐는데 오히려 생각이 다른 데로 분산되는 사람들이 있다.
그러나 성적 흥분이 고조되는 동안에는 마음을 집중해야만 더욱 큰 희
열을 맛볼 수 있다는 연구 결과가 있다. 관능이라는 개념 자체가 오감
을 온전히 경험한다는 의미다. 테크닉을 세심하게 발휘하고 감각을 충
분히 활용하여 지금, 이 순간에 몰입해야 한다. 상대방의 터치와 냄새,
소리, 그리고 맛을 충분히 느껴야만 더욱 몰입할 수 있다.


## 터치

 ·····        피부의 감촉은 생리 및 정서적 차원에서 성적
자극을 가장 강렬하게 전달하는 수단이다. 서로를 부드럽게 어루만지
면 이른바 '사랑의 호르몬'이라는 옥시토신이 분비되어 배우자와 로맨
틱한 유대감이 형성된다. 옥시토신은 원래 오르가슴을 경험하고 다산
을 촉진하는 물질이다. 옥시토신 수치는 관계를 나누기 시작하고부터
약 6개월간 폭발적으로 증가하다가, 시간이 지날수록 서서히 줄어드
는 특성을 보인다. 평균적인 남녀관계에서 처음 1년간 터치를 주도하
는 쪽은 남성이며, 이후에는 여성이 그 역할을 넘겨받는다. 유명 섹스
치료학자 린다 드 빌리어스 Linda De Villiers는 이른바 '서두르지 않는 관능
적 터치'를 열렬히 주창한다. 그녀는 남녀가 서로의 팔과 등을 어루만
지며 어느 정도 터치를 주고받는 데 익숙해진 후에 더욱 깊은 단계로

나아가라고 권한다.


## 애무 연습

・・・・・ 　　　　　배우자의 살결 외에 성적인 자극을 일으킬 다른 소재를 이용할 것인가 여부도 물론 개인적 취향에 달린 문제다. 드 빌리어스는 커플들끼리 다양한 촉감을 시도해보고 가장 마음에 드는 것을 찾아보도록 권한다. 다양한 소재와 질감, 온도를 지닌 물건을 열 가지 정도 모아보라는 것이다. 예를 들면 털장갑, 비단 리본, 사각 얼음, 에머리 보드, 부드러운 붓, 칫솔 같은 것들이다. 그런 다음 아무것도 걸치지 않은 채 누워 배우자에게(혹은 자신이 직접) 몸을 구석구석 쓰다듬어보라고 한 후 어디가 얼마나 좋은지, 어떤 느낌인지 말해본다. 이를 통해 어쩌면 지금까지 전혀 알지 못했던 환희의 세계를 새롭게 경험할 수 있을지도 모른다. 드 빌리어스는 이 모든 과정을 기록해보라고 하지만, 나는 오히려 휴대 전화를 꺼내 들고 녹음하는 편이 더 좋다고 생각한다. 이 방법의 장점은 좋은 느낌을 멈추지 않고 계속할 수 있고, 촉감이 전달하는 기쁨이 목소리에 그대로 담길 수 있다는 점이다. 혹시 다음에 이 섹시한 목소리를 자극의 원천으로 활용할 수 있을지도 모른다.

## 숨결과 속삭임

..... 성감이 고조되고 친밀감이 증대되면 둘 사이에 가장 가깝고 내밀한 소통 수단으로 남는 것은 바로 조용한 숨소리다. 세르주 갱스부르Serge Gainsbourg와 브리지트 바르도Brigitte Bardot가 부른 〈쥬뗌므 마 농 플뤼Je t'aime moi non plus〉라는 노래도 섹시한 숨소리가 들어갔다는 이유로 방송 금지 처분을 당했다. 속삭이는 목소리는 원래부터 감성에 호소하며, 친밀함과 보살핌, 관심, 믿음직함 등과 관련된 추억을 자극한다. 최근 온라인을 중심으로 이른바 ASMRAutonomous Sensory Meridian Response(자율 감각 쾌락 반응)이라는 새로운 열풍이 불고 있다. 이것은 속삭임과 같은 매우 친밀하고 섬세한 소리를 들을 때 발생하는 자극이 머리에서 척추를 지나 발끝까지 이어지면 행복감과 이완된 기분을 느끼게 된다는 것을 말한다. 이 용어는 2009년에 제니퍼 알렌Jennifer Allen이라는 사람이 이런 현상을 경험했다는 사람들의 말을 듣고 여기에 과학적인 이름을 붙인 것에 불과하다. 최근 들어 이것이 과연 과학적인 근거가 있는지 검증이 진행 중인 것은 사실이다. 한 연구에서는 현역 의사들이 영상을 시청하는 동안 그들의 두뇌를 fMRI로 스캔한 결과, 그들의 뇌파가 동물을 쓰다듬을 때 나타나는 반응과 유사한 거동을 보이는 것으로 나타났다. 즉, 사회 인지와 자기 인식, 사회 행동 등을 관장하는 두뇌 영역이 활성화된 모습이 관찰되었다. 아울러 전전두엽 피질도 활성화되었는데, 이것은 옥시토신이 분비되었음을 알려주는 주요 징후였다. 이것이 어쩌면 ASMR의 이완 효과와 관련이 있을 수도 있다.

ASMR은 그 자체로는 성생활이 아니지만, 그로 인한 희열과 자극은 꽤 깊은 수준이어서 두 사람이 이미 도달한 쾌락의 순간에 친밀감을 더해줄 수 있는 것만은 분명하다. 섹스를 시작할 때 옥시토신 분비량이 많을수록 로맨틱한 유대감을 강화하는 데 도움이 된다. 부드러운 대화나 속삭임만으로 곧바로 성감이 자극되지는 않지만, 둘 사이에 친밀하고 알뜰한 마음이 커지는 것은 분명하다. 이렇게 섹시하고 친밀하며 사적인 분위기를 조성하는 데 도움이 되는 음악으로는 기본적으로 ASMR의 요소가 들어있고, 조용한 숨소리가 포함된 것이 좋을 것이다.

## 음악을 통한 '스킨 오르가슴'

‥‥‥ 음악의 특성 중에는 사랑을 나누는 동안 감정뿐만 아니라 육체적으로도 도움이 되는 요소가 포함되어있다. '예상을 깨는' 악절이 포함된 음악은 이른바 '스킨 오르가슴'을 유발할 수 있다는 사실이 알려졌다. 1991년 진행된 한 연구에서는 피험자들이 음악을 듣다가 갑자기 화음이 바뀌거나, 두 가지 속성 사이에 특이한 부조화가 발생하는 예상 외의 대목에 이르자 그들 중 80퍼센트가 척추에 전율이 흐르는 것을 경험했다고 한다. 응답자 중 38퍼센트는 이런 감각이 성적 흥분과 관련이 있다고 대답했다. 또 다른 연구에서 응답자들은 소름이 돋거나 팔에 짜릿한 느낌이 들 때 성적인 흥분을 맛본 적이 있다고 대답했다. 이런 감각 자체가 성적 경험은 아니라 하더라도 쾌락의 순간에 다채로운 경험을 안겨줄 수 있는 것만은 분명하다.

여러분도 틀림없이 이런 느낌이 무엇인지 잘 알고 있을 것이다. 이와 같은 현상을 촉발하는 음악이나 노래가 사람마다 따로 있을 것이다. 곡에 예상치 못한 부분이 포함되어있고 그것을 알고 있는 경우에도 이런 경험을 하게 된다. 웨슬리안대학교 심리학과에서 이 분야를 연구해온 사이키 루이 Psyche Loui 같은 학자는, 음악과 감정 사이에 존재하는 특정한 관련성을 기억하는 사람이라면 음악 속에 그런 부분이 포함되어있다는 것을 알 때 오히려 더욱 강력한 효과를 경험할 수 있다고 말한다.

스킨 오르가슴을 일으키는 것으로 알려진 음악으로는 라흐마니노프의 피아노 협주곡 2번과 가수 아델 Adele 이 부르는 〈썸원 라이크 유 Someone Like You 〉 등이 있다. 누구나 좋아하는 음악이 있겠지만 가장 중요한 것은 갑작스러운 변화의 요소가 담긴 곡이어야 한다는 점이다. 여기에 해당하는 곡을 골라 틀어두면 친밀감이 최고조에 오른 순간에 감각이 더욱 민감해지는 것을 체험할 수 있을 것이다.


## 체취를 극대화하라

• • • • •        후각이 민감한 사람은 성생활에서 더 큰 만족감을 얻는다. 다른 사람보다 후각이 발달한 여성일수록 오르가슴을 더 많이 느끼는 것으로 알려졌다. 드레스덴대학교 연구진은 사람들의 후각 능력을 파악하는 '스니핀 스틱 Sniffin Stick ' 방법을 최초로 고안했다. 이것은 피험자들이 향기를 묻힌 종이에 코를 가까이 대서 냄새를 어느

정도나 감지할 수 있는지 측정하는 방법이다. 이렇게 각자의 후각 능력을 파악한 다음에 연구진은 성적 욕망과 취향, 경험 등에 관해 질문했다. 그 결과 후각과 성적 만족도 사이에는 직접적인 관련이 있는 것으로 나타났다.

냄새는 다른 사람에게 매력을 느끼는 데 큰 영향을 끼칠 뿐만 아니라 사랑을 나누는 행위에서도 막중한 역할을 담당한다. 드레스덴대학교 연구팀은 우리 몸에서 나는 자연적인 체취가 섹스에 매우 중요한 요소가 된다고 말한다. 따라서 관능적인 향기가 방 안에 가득 차 있을 때 후각에 민감한 사람들은 더 큰 쾌락을 맛보게 된다. 거꾸로 말하면 후각이 민감하지 않은 사람들은 냄새를 잘 맡을수록 성생활 능력이 향상되는 것으로 볼 수 있다. 따라서 향기를 사용하면 후각이 발달하여 섹스에서 더 큰 기쁨을 누릴 수 있다. 그렇다면 이제 어떤 향기를 쓸 것인가라는 문제가 남는다. 아로마테라피 분야를 잘 살펴보면 최적의 효과를 발휘할 만한 몇 가지 후보가 눈에 띈다.

**재스민**　　　　　재스민은 아시아 문화권에서 오랫동안 최음제로 사용되어왔고, 여기에는 그럴 만한 충분한 이유가 있다. 재스민에는 인돌indole이라는 향기 성분이 포함되어있다. 나쁜 냄새의 원인이 되기도 하는 이 성분은 초콜릿, 대변, 그리고 인체의 피부 등 여러 곳에 존재한다. 인돌은 인체의 은밀한 부위에서 땀이 나거나 무언가와 마찰을 일으킬 때 분비되므로, 사실상 '섹스 냄새'의 큰 부분을 차지한다. 따라서 후각이 민감하지 않은 사람은 재스민 향을 방에 뿌려두면 성생활 도중 미처 놓치기 쉬운 원초적이고 섹시한 향을 보완할 수 있다.

**생강** 생강에는 혈액 순환을 돕는 효능이 있다. 다시 말해 이 성분을 섭취하면 땀과 페로몬이 많이 방출된다는 뜻이다. 생강의 효능을 철저히 믿었던 사람은 바로 로마인들로, 남성들은 섹스하기 전에 생강을 날것으로 씹었다고 한다. 생강의 색깔인 주황색은 섹스에 필요한 조명으로도 적합하다.

**앰버** 앰버, 즉 호박도 예로부터 최음제로 널리 이용되어왔다. 따뜻하고 남성적인 나무 향이 난다. 인디애나대학교 연구팀에 따르면 여성이 남성적인 향을 맡을 때 더욱 강렬한 성적 판타지를 경험한다고 한다. 앰버 역시 혈액 순환을 통한 성적 흥분과 페로몬 촉진에 효능을 발휘한다. 앰버의 색깔도 섹스에 필요한 감각 처방에서 제시한 조명으로 쓸 수 있다.

**바닐라** 바닐라 향도 남녀를 불문하고 성적 흥분을 촉발하는 것으로 알려져 오랫동안 최음제로 사용되어왔다. 무려 1800년대에 출간된《존 킹의 미국 약품 편람King's American Dispensary》이라는 책에 보면 이 향에 취한 사람은 '성 충동이 자극된다.'고 나와 있다.

**백단향**　　　　백단향은 남성적인 향기 중 하나로, 터치에 대한 반응을 촉진하는 효능이 있다고 하여 인도의 밀교식 성행위에서 최음제로 사용된다. 2006년에 동인도산 백단향에 대한 생리적 반응을 조사한 연구에 따르면, 이 나무에서 추출한 정유가 피험자의 맥박과 '피부 전도성 수치'를 높이는 것으로 나타나 이 성분이 왜 그토록 오랫동안 사람들의 사랑을 받아왔는지 알 수 있었다.

이 모든 성분을 제대로 활용하기 위해서는 최고의 시간을 보내는 완벽한 감각 처방이 필요하다. 그 내용을 정리해보면 다음과 같다.

---

### 섹스를 위한 감각 처방

- ✦ 색상: 준비 단계에서는 빨간색 옷을 입는다.
- ✦ 조명: 따뜻한 주황색 조명을 켠다.
- ✦ 향기: 따뜻하고 매콤한 냄새는 여러 면에서 도움이 된다. 방 안을 가득 채우는 편이 좋다.
- ✦ 터치: 서로의 몸을 애무하면서 깊은 관계로 들어간다. 살결 외에 다양한 촉감과 온도를 지닌 다른 물체를 활용하여 색다른 감각적 즐거움도 추구해본다.
- ✦ 음악: 숨소리에 가까운 감성적이고 짜릿한 음악을 틀어라.
- ✦ 소리: 부드러운 속삭임을 주고받으며 친밀감과 짜릿함을 느껴보라.

---

# 여운, 또 한 번을 위한 준비

섹스 후에 담배를 한 대 물던 풍경은 이제 옛날이야기가 되었다. 금연이 일상화된 이 시대에, 사랑을 나눈 후에 담배를 꺼내 무는 행동은 침실은 고사하고 실내에서는 꿈도 못 꿀 일이다. 그렇다고 섹스 후에 피우는 담배를 흉내 낸다고 인공 안개를 공중에 뿌려봤자 영화에서처럼 멋있는 분위기가 연출되는 것도 아니다. 그렇다면 왜 옛날 사람들은 담배를 피웠던 것일까? 담배 연기가 긴장을 풀어주고 오르가슴 후에 몸이 회복되는 시간을 단축하는 효능이 있다고 생각했기 때문이다. 실제로는 어떤가 하면, 니코틴을 흡수하면 남성의 성욕이 곧바로 약 33퍼센트 감퇴한다고 한다. 그러니 사랑을 나눈 후에 담배를 피운다는 것은 또 한 번 관계를 나눌 여력을 완전히 걷어차 버리는 것과 같다.

한밤의 거사가 지나고 나면 두뇌에서 발생한 모든 일은 그대로 남아 숙면을 도와준다. 오르가슴 이후에는 프로락틴과 세로토닌, 그리고 다량의 옥시토신이 분비되어 긴장이 풀어지고 잠이 찾아온다. 2012년의 연구에서 막 관계를 끝낸 사람들의 두뇌를 단층 촬영한 결과 전전두엽 피질의 움직임, 즉 정신 활동이 멈추는 것이 관찰되었다. 이런 사실로부터, 섹스 직후 신체 상태는 침대를 빠져나와 이를 닦는 것 정도를 제외하면 잠에 빠질 준비가 되었음을 알 수 있다. 그렇다면 우리가 이 과정에서 감각적으로 어떤 일을 할 수 있는지 다음 챕터에서 이야기해보고자 한다. 또 한번의 관계를 원한다면 꼭 읽어보기를 권한다. 다시 한번 일을 치르는 데에는 신체적인 장벽이 분명히 존재하며, 그 중에서도 나이가 가장 큰 부분을 차지한다. 남성의 오르가슴 회복기가 여성보다 길다는 것은 잘 알려진 사실이다. 십 대라면 몇 분 정도겠지만 오십 대에 들어선 사람이라면 12시간까지 늘어날 수도 있다. 그저 젊은 시절이 그리울 뿐이다.

오십 대지만 아직 왕성한 성적 능력을 자랑하는 분이 있다면, 물론 그분들은 예외다. 나이 말고도 여러 요인이 작용하는 것은 물론이다. 배우자와의 평소 관계, 서로에게 느끼는 성적 매력, 건강 상태, 왕성한 성욕 등은 회복기를 획기적으로 단축할 수 있는 요인이다. 여기에 몇 가지 감각적 팁이 더해진다면 그것도 분명히 도움이 된다.


## 향기를 바꿔보라

· · · · · 　　　　　오르가슴 직후에 체내에서 분비되는 프로락틴 호르몬은 잠이 드는 데 큰 역할을 하는 것이 사실이지만, 두뇌를 자극

하여 후각 신경구에서 더 많은 신경 세포가 생산되도록 함으로써 후각을 강화하는 기능도 담당한다. 냄새는 성적 환희로 이끄는 강력한 원동력이므로, 바로 이때 후각을 조금만 더 강화해보는 것도 좋은 방법이 될 수 있다. 방 안은 이미 섹스와 향초 냄새로 가득 차 있지만, 지금이야말로 이제껏 익숙해 있던 냄새와 전혀 다른 향기를 써서 분위기를 바꿔볼 필요가 있다. 새로운 냄새를 맡으면 감각이 새롭게 살아나 다시 집중하는 데 도움이 된다. 그러므로 서로의 몸을 어루만지며 몇 분정도 시간을 보낸 다음에는 일어나 새로운 향초에 불을 피워보기를 권한다. 냄새가 달라지면 감각이 새롭게 깨어나고 다시 한번 관능적인 분위기가 무르익을 것이다.

## 초콜릿과 크림

•••••      저녁 식사를 마치고도 배가 그리 부르지 않거나 섹스 후에 갑자기 허기가 진다면, 지금이 바로 섹시한 음식을 즐길 때다. 체내에 있는 다른 호르몬의 억제 작용으로 도파민 분비량이 부족하면 성적으로 잘 흥분되지 않는 문제가 발생할 수 있다. 다행히 초콜릿이나 크림, 딸기 같은 이른바 '섹시 푸드'가 바로 이 도파민 분비를 촉진한다.

최근에 새롭게 만난 연인끼리는 달콤한 음식을 먹으면서 서로를 향한 감정이 더욱 뜨겁게 불타오를 수 있다. 인디애나주 퍼듀대학교 연구진에 따르면, 커플끼리 단 음식이나 음료를 먹거나 마시면 상대방에게 더 매력을 느끼고 장기적인 관계를 진지하게 고민하게 된다고 한다. 그러나 이미 꾸준히 관계를 이어온 커플끼리는 눈에 띄는 차이가 없는 것으로 나타났다. 연구진은 이런 효과를 가리켜 '은유적 사고<sup>meta-phorical thinking</sup>'라고 불렀다. 즉, 누군가에 대한 쾌락의 감정을 달콤한 맛과 연관 짓고 이 맛을 상대방에 투사하는 심리를 말한다. 이미 꾸준히 관계를 이어오던 커플에게는 달콤한 맛이라는 즉각적이고 단기적인 효과보다는 친숙함이나 경험 등의 요소가 더 중요하다.

서로 만난 지 얼마 안 된 시기에는 달콤한 음식의 도움으로 섹스를 시작하는 것도 훌륭한 방법이 될 수 있다. 물론 오랫동안 사귀어온 연인끼리도 맛있는 음식을 먹는 기쁨은 여전히 중요하므로, 도파민이 분비된 덕분에 열정과 성감이 깨어나는 효과를 누릴 수 있다는 사실은 당연하다. 이 방법을 사용해보기로 마음먹었다면 사랑을 나누는 도중이라도 잠옷 바람으로 일어나 냉장고로 가서 달콤하고 맛있는 음식을 한 접시 담아오면 된다.


## 가장 좋아하는 음악을 듣는다

• • • • •　　　　　　　친숙한 음악을 듣는 것도 두뇌의 도파민 분비량을 증대할 수 있는 좋은 방법이다. 캐나다 신경과학자들이 음악을 듣는 사람들의 뇌파 거동을 측정한 연구 논문이 있다. 그들은 도파민 분비 과정이 2단계로 구성된다는 사실을 밝혔다. 첫 번째는 어떤 곡이 연주될지 기대하는 단계며, 그다음은 곡을 들으면서 즐기는 단계다.

이미 잘 알고 좋아하는 음악을 들을 때는 노래를 따라부르면서도 도파민이 분비되지만, 특히 좋아하는 곡이 나올 때쯤 기대 심리가 발동하면서 호르몬이 한 차례 더 분출하게 된다.

둘이 함께 나란히 누워 음식을 먹고 음악을 듣다 보면 어느새 피곤이 사라지고 성욕이 다시 솟구치면서 제2단계로 돌입할 준비가 된다. 그리고 두 번째까지 무사히 마친 후에는 마침내 모든 감각을 소진하고 잠에 빠져든다.

**CHAPTER
14**

# 잠들 때

*Sense*

**자, 이렇게 공간가을 마음껏 발휘해본 하루가 다 지났다.** 지금까지 책에 나온 대로 잘 따라왔다면 이제 단잠에 빠질 준비를 마친 셈이다. 밝은 빛에 새소리를 들으며 잠에서 깨어나 적당한 시간에 운동도 하고 최소 몇 시간 정도 햇볕을 쬐었다면, 생체 리듬이나 체내의 수면 유도 호르몬은 완벽한 균형을 유지할 것이다. 수면은 몸과 마음의 건강을 유지하는 데 결코 간과할 수 없는 중요성을 지닌다. 수면은 음식과 물에 버금가는 생명의 기반이다. 신경과학자이자 심리학자인 매슈 워커Matthew Walker는 《우리는 왜 잠을 자야 할까Why We Sleep》라는 책에서 이렇게 말했다. "인체 내의 모든 세포조직과 두뇌에서 일어나는 모든 일은 수면 없이는 지탱할 수 없다. 수면이 부족하면 이 모두가 손상을 입는다."

그러나 현대인은 누구나 수면과 관련한 문제를 안고 있다. 오늘날

성인의 30퍼센트는 하루 수면 시간이 6시간에도 못 미친다고 한다. 50년 진민 해도 이 비율은 3퍼센트 미민이었다. 앞서 챕터 1에서 살펴보았듯이, 현대인은 고된 일과와 인공조명, 컴퓨터 화면, 자연을 충분히 마주하지 못하는 주위 환경과 기타 요인 등으로 생체 리듬이 심각하게 무너진 탓에 밤잠을 제대로 이루지 못한다. 게다가 온갖 나쁜 습관으로 생체 시계는 더욱 악화해 간다. 그러나 이제는 이런 악순환을 멈춰야 한다. 우리 자신과 감각을 아끼는 마음이 있다면 가장 먼저 숙면을 취할 줄 알아야 한다.

이 챕터에서 불면증이 깨끗이 낫는 비법을 알 수 있는 것은 아니다. 그런 문제는 전문의의 상담을 받아야 할 일이다. 그러나 감각에 관한 몇 가지 사항만 알고 있어도 큰 효과를 볼 수 있고, 반대로 꼭 피해야 할 일들도 있다. 숙면의 비결은 잠들기 전에 우리가 매번 반복하는 일상적인 행동에 숨어있다. 잠자리에 들기 2~3시간 전부터는 오감에 급격한 자극을 줄 만한 일이나 그런 일에 진지하게 파고드는 행동은 삼가야 한다. 그런 일은 모두 숙면에 방해되지 않게 한쪽으로 치워두어야 한다. 고요하고 편안하며 느긋한 상태를 유지하라. 밤과 낮의 사이클과 일치하는 자연스러운 생체 리듬을 어기지 않도록 노력해야 한다.

숙면에 필요한 감각 처방을 하나씩 따르다 보면 어느새 눈을 감고 잠들 수 있을 것이다. 우리가 할 일은 가장 잘 잤던 시절로 돌아가 그때와 똑같이 하는 것이다. 우선 이미 잘 알고 있지만 실천하기는 참 어려운 이야기부터 시작해보자.

# 카운트다운 시작

## 2~3시간 전: 전자기기를 끄고 조명은 어둡게

• • • • •  휴대 전화, 노트북, 텔레비전 등에 주로 쓰이는 LED 조명은 청색광을 다량 발산하는데 이것은 인체의 멜라토닌 분비를 억제한다. 이것이 바로 숙면에 꼭 필요한 수면 호르몬이다. 수면의학 분야의 권위자인 하버드 의학전문대학원의 찰스 체이슬러Charles Czeisler 박사는 잠들기 직전에 LED 화면을 들여다보는 것이야말로 깊은 수면을 방해하는 가장 큰 요인이라고 말한다. 적어도 잠들기 2시간 전에는 모든 화면을 꺼야 하며, 3시간 전이면 더욱 좋다. 텔레비전은 화면에서 멀리 떨어져서 보기 때문에 상대적으로 덜하지만, 휴대 전화나 태블릿, 컴퓨터 등은 수면에 치명적인 해악을 미친다.

우리 몸은 진화를 통해 밤과 낮이 바뀌는 자연의 질서에 맞추어 자고 일어나는 리듬을 익혀왔다. 그러나 인공조명의 등장으로 그 리듬이 무너져버렸다. 인공조명 아래에서 늦게까지 깨어있는 습관 자체가 생체 리듬에 해악이 되지만, 밝은 청색광이 수면에 미치는 영향은 그야말로 독과도 같다. 우리 몸은 밝은 청색광 아래에 있으면 본능적으로 깨어있으려고 한다. 비행기 조종석에는 새벽이 되면 조종사의 피로를 방지하기 위해 청색 조명이 밝혀진다. 거의 모든 욕실 조명에도 어떤 이유에서인지 이 청색광이 많이 사용되고 있다. 그런데 잠자리에 들기 전에 양치질할 때 절대로 피해야 할 것이 바로 이 청색 조명이다. 요즘 가정마다 환하게 밝혀진 이런 청색광 조명은 결코 좋은 것이 아니다. 물론 한밤중이라고 해서 칠흑같이 깜깜할 수는 없지만 밝은 조명만 피해준다면 밤낮이 바뀜으로 인해 인체에 미치는 피해를 조금이나마 줄일 수 있다.

2013년도에 앨라배마대학교 의과대학은 ADHD로 인한 불면증 환자를 대상으로 청색광 조사량을 제한하여 치료하는 연구를 진행했다. 이 연구에서는 조사에 참여한 환자들에게 매일 밤 8시 30분부터 11시까지 청색광 차단용 안경을 쓰도록 했다. 그 결과 수면의 질이 대폭 개선되었음이 여러 생리적 수치로 증명되었고, 다들 잠을 청할 때 찾아오던 불안감이 상당히 해소되었다고 말했다.


## 2시간 전: 오렌지색의 어두운 조명을 켜라

‥‥‥　　　　　　　　　신체의 균형을 정상으로 회복하는 비결 중 하나는 아침에는 밝은 빛을 쬐고, 저녁에는 조명을 어둡게 하는 것이다. 이미 챕터 1에서 살펴봤듯이 빛은 가장 강력한 차이트거버, 즉 시간 제공자이다. 빛은 생체 리듬에 가장 큰 영향을 주는 외부 요소이며, 이를 활용하면 인체의 자연스러운 리듬을 회복하는 데 큰 도움이 될 수도 있다. 뉴욕주 트로이에 자리한 조명연구센터Lighting Research Center의 과학자들은 조명 사용에 관한 연구를 하면서, 한 그룹은 아침에 2시간 동안 밝은 빛을 쬔 후 저녁에는 3시간 동안 오렌지색의 어두운 조명 아래 지내게 했고, 또 한 그룹은 각각 정반대의 조명 속에 지내게 했

다. 일주일 후, 첫 번째 그룹은 이전에 비해 2시간 일찍 졸음이 몰려오면서 잠에 빠질 준비를 마치게 되었다. 다른 한 그룹은 잠드는 시간이 1시간 늦어져 생체 리듬이 오히려 더 엉망이 되었다.

아침에 울리는 알람에는 쏟아지는 밝은 빛이 반드시 포함되어야 한다. 물론 낮에도 가능한 한 밝은 빛을 많이 쬘수록 좋다. 마찬가지로 밤에 잠들 때는 될 수 있는 대로 조명을 어둡게 하고 색깔은 오렌지에 가깝게 조절하는 편이 좋다. 침실에는 이미 어둡고 잔잔한 조명을 쓰고 있겠지만, 조절 기능이 있는 경우라면 사랑을 나눌 때는 자극적인 빨간색이었다가 잠들기 직전에는 좀 더 부드러운 오렌지로 바꾸는 편이 좋다. 조절할 수 없다면 따뜻한 빛깔의 어두운 조명을 설치하도록 한다.


## 45분 전: 편안한 음악

⦁⦁⦁⦁⦁ 나의 첫 프로젝트 중에 수면 치료용 음악을 작곡하는 일이 있었다. 최고 수준의 수면 유도 음악을 만드는 일은 거의 예술가 수준의 노력이 필요했다. 완벽한 수면에 필요한 멜로디의 수준과 화음 변화, 그리고 곡의 전반적인 성격을 파악하기 위해 노력했기 때문이다. 나는 천천히 길게 늘어지는 곡을 작곡하느라 오랜 시간을 바쳤고, 때로 친구들에게 잠이 드는 데 도움이 되는지 시험해보라고 들려주기도 했다. 우리가 만든 수면 치료곡은 큰 성과를 거두었고 전 세계적으로 큰 호평을 받았다.

잠을 청할 때 음악을 틀어두는 것은 도움이 된다. 이것은 창밖에서 자동차나 그 밖의 소음이 들려오는 환경이라면 특히 그렇다. 수면 음악은 최근 널리 이용되는 방법이지만, 이것은 잠들기 직전까지 가장 큰 효과를 발휘한다. 대만의 한 연구에 따르면 노년층일수록 부드럽고 느린 음악이 수면의 질을 높이는 데 도움이 된다고 한다. 60세에서 83세 사이의 피험자들에게 편안한 음악을 선택하게 한 후 매일 밤 잠들기 전에 45분 동안 들어보라고 했다. 그 결과 피험자들 모두 수면의 질이 향상되었고, 잠이 빨리 들었으며 수면 시간도 늘어났다. 헝가리에서도 비슷한 실험이 있었다. 대학생들을 세 그룹으로 나누어 45분 전부터 편안한 클래식 음악을 듣거나, 오디오북을 틀어두거나, 아무 소리도 듣지 않은 채 잠을 청해보라고 했다. 그 결과 클래식 음악을 들은 그룹은 수면의 질이 대폭 향상되고 스트레스와 우울증이 감소했지만, 오디오북을 들은 그룹과 아무 소리도 듣지 않은 그룹 사이에는 차이가 없었다. 따라서 오디오북을 듣는 것이 수면에 나쁜 영향을 미친다고 볼 수 없다. 물론 둘 다 도움이 되지도 않는다. 편안한 음악만 효과를 발휘했다.

잠들기 전에 듣는 음악은 꼭 잔잔한 수면 유도 음악이 아니어도 된다. 특별히 잔잔한 전자음악을 좋아하는 사람이라면 그런 곡도 선택할 수 있겠지만, 그렇지 않다면 조용하고 부드럽고 달콤한 음악이 하루를 마무리하는 곡으로는 가장 무난하다.

## 30분 전: 라벤더와 캐모마일

····· 임상 실험에 따르면 전통적인 아로마테라피 치료가 수면에 긍정적인 효과가 있다는 것이 증명된다. 불면증으로 입원한 환자에게 캐모마일과 라벤더 혼합물을 썼을 때 다른 진정제의 투여량이 64퍼센트 감소한 것으로 나타났다. 또 다른 연구에서는 수면 직전 라벤더유 냄새를 맡은 사람은 깊은 잠에 빠졌을 뿐만 아니라, 인체에 유익한 '서파 수면 slow-wave sleep' 시간이 큰 폭으로 증가했다고 한다. 그들은 다음 날 아침에 일어나서도 원기 왕성한 기분이 들었고, 연구자들은 그것을 전날 밤에 숙면을 누린 덕분으로 해석했다. 흥미로운 것은 아로마테라피 효과가 남녀 간에 다소 차이를 보였다는 사실이다. 라벤더 향을 맡았을 때 남녀 모두 깊은 잠이 들었지만, 여성은 렘REM 수면이 줄어들고 선잠은 많아졌던 반면, 남성은 렘수면이 늘어나고 선잠은 줄어들었다.

두 연구에 참여한 피험자들은 모두 졸음이 오는 순간이 아니라 잠을 청하기 전에 미리 향기를 맡았다. 따라서 우리도 잠자리에 들기 전에 라벤더와 캐모마일 향을 맡는 습관을 들이는 것이 좋다. 살갗이나 이부자리에 향을 살짝 묻혀두면 이것저것 준비하다가 침대에 몸을 파묻을 때까지 냄새가 남아있을 것이다. 혹은 침실로 가기 전에 마지막으로 휴식을 취하는 방이 따로 있다면 그 방에 향초나 분무기, 또는 정유를 사용해서 향을 피워두면 된다.

## 20분 전: 편안한 활동

잠자리에 들기 전에 감각을 자극하는 주변 환경을 잠시 피하는 활동을 해보면 좋다. 이와 관련해 수면치료 전문가들은 마음을 진정시키고 근심을 덜어주며 원치 않는 호르몬이나 좋지 않은 뇌파 발생을 자극하지 않아 결국 잠을 청하는 데 도움이 되는 몇 가지 활동을 제시한다. 지금쯤이면 이미 텔레비전을 끄고 휴대 전화도 멀찌감치 치워두었겠지만, 이것 말고도 해볼 수 있는 것들이 있다. 편안한 음악과 어두운 조명, 그리고 은은한 냄새가 방 안에 떠도는 가운데 다음에 예로 든 일 중 하나를 자기 전에 해보는 것이다.

**독서** 서섹스대학교 연구진은 단 몇 분만 독서에 투자해도 스트레스와 근심을 68퍼센트까지 줄일 수 있다는 연구 결과를 발표했다. 이 연구에서는 먼저 피험자들에게 다양한 테스트와 과제를 부여하여 스트레스 지수를 높인 다음, 다시 이를 낮추기 위해 차 마시기, 산책, 음악 감상, 독서 등의 방법을 시도해보도록 했다. 그 중에서 가장 효과가 컸던 방법이 바로 독서였고, 그것도 불과 6분 만에 바로 효과가 나타났다. 음악 감상이 근소한 차로 2위를 차지했으며 스트레스 감소율은 61퍼센트였다. 신경심리학자 데이비드 루이스David Lewis가 이끈 이 연구팀은 독서를 통해 걱정스러운 감정이나 생각을 마음속에서 떨쳐버릴 수 있기 때문이라고 결론지었다. 아울러 독서는 긴장을 완화하고 호흡과 심박 속도를 늦추는 효과도 있다. 단, LED 화면보다는 종이에 인쇄된 책을 볼 것을 추천한다.

**목록 작성**　　　잠들기 몇 분 전에 일기를 쓰는 것은 오래전부터 널리 사용되어온 방법이다. 머릿속에 든 생각을 종이에 써두면 밤새 그 생각에 사로잡혀있지 않아도 된다는 의미다. 최근 텍사스대학교와 애틀랜타대학교의 심리학자들은 이럴 때 어떤 글을 쓰는 것이 가장 좋은지를 조사해보았다. 결론은 바로 내일 할 일을 계획하는 목록이나 오늘 있었던 일을 정리하는 글이었다. 50명의 조사 대상자에게 잠들기 전에 5분짜리 과제를 수행하도록 했다. 즉, 내일 '할 일'이나 이미 '한 일'을 목록으로 작성해보라는 것이었다. 그 결과 '할 일' 목록을 작성한 사람이 이미 '한 일' 목록을 작성한 사람보다 더 빨리 잠에 빠졌고, 할 일 목록을 작성한 사람 중에도 세부 내용을 더 꼼꼼하게 작성한 사람일수록 더 빨리 잠이 들었다. 하루나 주간별로 과제와 목표를 계획하는 행동은 근심과 걱정을 덜 수 있는 강력한 치료책이다. 마음의 부담을 내려놓을 수 있기 때문이다.

**목욕**　　　목욕은 그 자체로도 편안하고 느긋한 일이지만, 심리적으로도 수면에 긍정적인 영향을 미칠 만한 이유가 있다. 언뜻 생각하기와는 달리 뜨거운 목욕은 피부를 식히는 효과가 있어 오랜 시간 깊은 수면에 빠지는 데 도움이 된다. 생체 리듬상 인간의 체온은 밤이 되면 떨어져서 몸이 쉴 때가 되었음을 알려준다. 목욕한 뒤에는 혈류가 피부와 가까운 곳으로 이동하여 열이 공중에 방사되므로 체온이 떨어지게 된다. 욕조에 몸을 담근 후 이런 현상이 일어나기까지는 불과 10분이면 충분하다. 과학자들은 잠들기 전에

90분 정도 욕조에 몸을 담그면 좋다고 하지만, 그보다 짧은 시간이라도 충분히 효과가 있는 것이 사실이다. 그 시간에 편인한 음악을 듣거나 정유를 한두 방울 몸에 뿌리며 긴장을 풀 수도 있다.

**명상**　　　　단 몇 분만이라도 명상을 하면 수면에 도움이 된다는 연구 결과가 있다. 1970년대의 한 연구에 따르면 만성 불면증에 시달리던 사람이 초월 명상법을 익힌 후에 극적으로 질환을 극복했고, 그 효과는 이후로도 오랫동안 지속되었다고 한다. 수년 전 LA에서는 불면증을 안고 있던 성인 그룹이 6주간 잠자리에 들기 전에 정신수련법을 익혔다. 명상 수련에서는 호흡에 집중하면서 마음을 한곳에 모아 머리에 떠오르는 잡념과 심상을 그대로 흘려보내는 법을 훈련한다. 이는 이른바 '이완반응'을 일으킬 때 쓰는 것과 같은 방법으로, 생리적으로는 이를 통해 우리 몸이 고요한 상태로 깊이 들어가게 된다. 불과 5분에서 10분 정도의 명상 호흡으로 편안한 잠을 이룰 수 있고, 다음 날 일어나서도 상쾌한 기분을 맛볼 수 있다.

**따뜻한 우유 한잔**　　우유에는 수면을 유도하는 트립토판이라는 아미노산이 들어있다. 이 성분은 인체에 흡수된 후에 '수면 호르몬'이라 불리는 세로토닌과 멜라토닌으로 바뀐다. 체내에 트립토판 수치를 일정하게 유지하는 것은 수면과 상관없이 중요한 의미가 있다. 연구 결과 스트레스와 불안에 시달리는 사람들은 대개 체내에 트립토판 수치가 정상 수준을 밑돌았다고 한다. 트립토판 성분을 섭취하면 즉각 마음이 차분해지고 스트레스가 가시는 듯한 기분이 드는 것도 이것이 세로토닌을 생산하는 역할을 하기 때문이다. 이것은 달걀과 닭고기, 생선, 일부 씨앗류와 아침 식사용 시리얼 등의 고단백 음식에 함유되어있다. 수면장애가 있는 성인들에게 아침과 저녁 식사 대용으로 트립토판이 풍부한 시리얼을 섭취하게 한 연구가 있었다. 그 결과 수면 시간이 길어졌고 밤에 일어나는 빈도가 줄었으며 아침에도 피곤을 느끼는 정도가 훨씬 덜해졌다고 한다.

물론 트립토판 섭취를 꼭 따뜻한 우유 한잔에 의존할 필요는 없다. 트립토판이 풍부한 음식은 우유 외에도 얼마든지 있지만, 여기서 요점은 잠을 청하는 데 도움이 된다는 음료에 단순히 따뜻하고 편안하다는 점 외에도 충분한 과학적 근거가 있다는 사실이다. 수면 치료사들이 권하는 음료는 이것 말고도 캐모마일 차와 바나나 차 등이 있다. 끓이는 방법은 바나나를 껍질째 반으로 잘라 냄비에 넣고 10분간 끓인 다음 꿀을 추가하면 된다. 트립토판은 바나나와 꿀에 모두 들어있으며 멜라토닌 생성을 돕기까지 한다. 따뜻한 음료를 마시는 것 자체는 수면 촉진 활동이 아니지만, 독서나 목록 작성에 도움이 되는 것은 분명하다.

## 5분 전: 온도

· · · · ·　　　　　　　침실 온도는 수면에 큰 영향을 미친다. 앞에서

설명했듯이 밤에는 체온이 내려가므로 지나치게 높은 실내 온도는 인체의 균형과 어긋나 수면에 방해가 된다. 일반적으로 수면에 가장 직합한 기온은 16도에서 19도 사이라고 알려져 있다. 너무 낮은 온도라고 생각하는 사람도 있겠지만 인체가 유지해야 하는 적정 온도를 생각하면 수면을 통한 휴식과 회복에는 이 정도가 가장 좋은 기온이라고볼 수 있다. 잠자리에 들기 전에 실내 온도가 최적에 맞춰져 있는지 다시 한번 확인하는 습관을 들이자.

## 이제 잘 시간

····· 눈을 감고 잠을 청한다. 하루 일을 모두 마치고 숙면에 필요한 준비도 다 끝냈으면 곧바로 꿈나라로 빠져들어야 한다. 아무리 훌륭한 습관이라도 꼬박꼬박 지킬 때 가장 효과가 크다는 점을 명심하라. 매일 밤 정해진 시간에 잠자리에 드는 것은 그중에서도 가장 중요한 요소다.

---

### 질 좋은 수면을 위한 감각 처방

✦ 2~3시간 전: 전자기기를 모두 끈다. 밝은 청색광을 모두 차단한다.
✦ 2시간 전: 조명을 어둡게 한다. 따뜻한 오렌지 빛이 좋다.

---

- ✦ 90분 전: 욕조에 오래 몸을 담그는 것을 좋아한다면 이것보다 좋은 것이 없다.
- ✦ 45분 전: 부드럽고 잔잔하며 편안한 음악을 틀어둔다.
- ✦ 30분 전: 라벤더와 캐모마일 향을 피부와 방 안에, 또 욕조에 뿌려본다.
- ✦ 20분 전: 편안한 활동을 한다. 독서, 목록 작성, 명상, 간단한 목욕 등이 포함되고 여기에 따뜻한 음료를 곁들인다.
- ✦ 5분 전: 잠잘 때 실내 온도는 너무 덥지 않은 16도에서 19도 사이가 가장 좋다.
- ✦ 눈을 감는다.

# 자는 동안에

아직 끝이 아니다. 우리가 자느라 깨닫지 못할 뿐, 수면 중에도 인체에 유익한 감각 요소들이 있다.

## 백색소음과 파도 소리

••••• 요즘 들어 이른바 수면 음악을 밤새 켜두는 사람이 많아졌다. 수면 음악이라는 이름으로 나오는 소리 중에는 '백색소

음'이 포함되어있다. 그런 소리를 어느 구간만 따로 들어보면 마치 고장 난 라디오 소리처럼 들리기도 한다. 바다 파도 소리를 녹음해둔 것도 있는데, 실제 파도와 비슷하지만 조금 부드러운 소리가 난다. 이런 음향기기를 병실에서 사용하면 매우 도움이 된다고 알려져 있다. 테헤란의 연구진이 중환자들에게 백색소음을 들려주기 전후에 수면의 질을 측정한 결과, 개선 효과를 관찰했다는 결과가 있었다. 앨라배마주 헌츠빌의 한 병원은 파도 소리를 틀어준 이후 환자들의 수면의 질이 크게 개선되었다고 한다. 브라운대학교 수면 연구실은 이와 관련한 후속 연구를 진행하면서 중환자실 환자들에게 전화기와 대화, 간헐적 움직임 등을 모두 배제한 채 미리 녹음된 음악을 들려주었고, 다음 날 밤에는 똑같은 음악에 백색소음을 함께 틀어주었다. 그 결과 환자들은 병동 음악과 백색소음을 함께 들었을 때 훨씬 더 깊이 잠들었다고 한다.

우리는 주변이 시끄러울 때보다 갑자기 들리는 소리에 더 잠을 이루지 못하거나 깨어나곤 한다. 갑작스러운 소음을 꾸준히 막아주는 수단이 있을 때 수면의 질이 향상된다. 따라서 경찰차 사이렌 소리나 동물 울음소리, 또는 옆집에서 아기 우는 소리 등에 시달린다면 오히려 침실을 더 시끄럽게 해보면 도움이 될 수도 있다. 침대 머리맡에 백색소음이나 파도 소리 등을 켜두면 확실히 나머지 소음이 들리지 않는 효과가 있다. 우리 귀는 시끄러운 소리에 금방 적응해서 자는 동안에는 그 소리가 백색소음의 '기준'이 된다.

수면 중에는 이미 편안하게 자고 있는데 무슨 감각 환경이 우리에게 작용할까 의아하게 여길 수도 있을 것이다. 깨어있는 동안에야 공감각을 활용하여 삶의 질을 개선할 수 있다지만 과연 수면 중에도 그럴 수 있을까? 대답은 그렇다는 것이다. 우선, 감각을 활용하여 재미있는 꿈을 꿀 수 있다. 두 번째로는, 자는 동안 하루에 필요한 감각 처방을 준비할 수 있다.

## 감각적인 꿈

••••• 소리가 꿈에 미치는 영향에 처음으로 관심을 기울인 사람은 드림온Dream:ON(영국에서 출시된 모바일용 수면 음악 앱-옮긴이)의 창립자 리처드 와이즈먼Richard Wiseman 교수다. 잠들기 전에 머리맡에 휴대 전화를 놔두면 드림온 앱이 내가 꿈꿀 때쯤에 맞춰 미리 설정해둔 해변이나 도심, 또는 숲속의 소리 등을 들려준다. 와이즈먼 교수팀은 사용자들에게 매일 어떤 꿈을 꿨는지 앱에 등록하도록 요청한다. 그들이 약 2년에 걸쳐 무려 1,300만 명이 등록한 꿈 기록을 분석한 결과는 실로 놀라웠다. 사람들의 꿈에는 밤새 들었던 소리의 영향이 고스란히 반영되었다. 자연에서 나는 소리를 들으며 잤을 때는 푸른 나무와 꽃들이 나오는 꿈을 꿨다. 꿈에 해가 나왔다면 어김없이 밤새 해변의 소리나 심지어 '풀 파티' 소리를 들었다. 자연의 소리를 들으며 잘 때는 대체로 꿈자리가 평화로웠고, 도심의 소리를 들을 때는 좀 더 이상한 꿈을 꿨다.

향기도 똑같은 효과를 보였다. 1988년에 있었던 한 선행 연구에서는 렘수면 상태에 있는 사람들에게 몇 가지 냄새를 맡게 한 다음, 깨어난 후에 냄새가 그들의 무의식에 들어갔는지를 알아보았다. 그 결과 실제로 그렇게 된 비율은 약 20퍼센트로 소사뇌었다. 그중 한 사람은 자는 동안 레몬 향기를 맡았는데, 꿈속에서 샌프란시스코 골든게이트 공원을 거닐다가 꽃냄새를 맡았더니 레몬 향기가 나더라고 했다. 현실에 존재하는 냄새가 자는 사람의 꿈에 나타나는 현상이 어느 정도 사실로 판명된 것이다. 또 다른 연구에서는 좋은 냄새와 나쁜 냄새가 정서에 어떤 영향을 미치는지를 조사했다. 과연 나쁜 냄새를 맡으면 나쁜 꿈을, 좋은 냄새를 맡으면 좋은 꿈을 꿀까? 연구 결과, 실제로 상당한 상관관계가 있는 것으로 드러났다. 연구진은 피험자들에게 장미 향기와 썩은 달걀 냄새를 맡게 했고, 장미 향기를 맡은 사람들은 기분 좋은 꿈을 꾸는 경우가 더 많았다고 한다.

이 연구팀은 나중에 냄새가 피험자들에게 특정 장소에 대한 점화 효과를 발휘하는지 시험해보기도 했다. 피험자 중 일부에게는 시골 지역의 사진을 보여주면서 장미 향기와 썩은 달걀 냄새를 각각 맡게 했고, 다른 그룹에는 도시 경관이 담긴 사진을 보여주며 그 두 가지 냄새를 맡게 했다. 그런 다음 피험자들이 잠이 들었을 때 다시 냄새를 풍겼다. 그 결과 거의 모든 사람의 꿈에는 시골 지역이 나왔고, 도시는 나오지 않았다.

이상의 결과를 종합하면 우리는 냄새 및 소리와 강한 연관성을 지닌 장소를 자신에게 점화 각인할 수 있다. 예컨대 여름철의 목초지와 갓 깎은 잔디, 또는 해변과 선크림 등을 말이다. 잠들기 전에 어떤 소리를 듣거나 냄새를 맡으면서 특정 사진을 바라보거나, 읽고 있던 책의 내용과 어울리는 소리와 향기로 감각적 분위기를 연출할 수 있다. 앞에서 영화나 텔레비전 프로그램을 보면서도 그랬듯이 말이다. 그다음에 이 두 가지 자극이 계속 방출되는 상태에서 잠이 들면, 바로 그 장면이 나오는 꿈을 꿀 수 있다. 예컨대 타이머 기능이 있는 향기 분무기를 사용하거나 드림온 앱의 소리 효과를 이용하면 이것은 충분히 가능한 일이다. 와이즈먼 교수에 따르면 잠에서 깨기 직전에 마지막으로 꿈에 나온 장면은 이후의 감정과 행동에 영향을 미친다고 한다. 즉, 감각적 장치로 연출한 꿈은 하루를 상쾌하게 시작하는 방법이 될 수 있다.

## 수면을 통한 조건화

•••••  하버드 경영대학원의 한 연구진은 수면 중에 이른바 '과업 활성화task reactivation' 현상이 일어난다는 사실을 관찰했다. 감각 자극을 이용하면 낮에 수행하던 다양한 활동을 꿈속에서 재현할 수 있다. 하버드 연구진은 네덜란드의 한 행동과학자 그룹과 함께 창조적 사고를 강화하는 데 이 개념을 활용할 수 있다는 사실을 증명했다. 피험자들은 잠이 들기 직전에 한 자선단체 홍보 영상을 보고, 더 많은 봉사자를 모을 수 있는 방법에 대해 생각해볼 것을 요청받았다. 그들은 다음 날 아침 눈을 뜨자마자, 이 자선단체가 봉사자를 모집할 수 있는 새로운 아이디어를 떠올렸다. 또 한 그룹에는 똑같은 영상을 보여주며 방 안에 오렌지와 바닐라 냄새가 난다고 상상해보라고 했다. 다음 날, 피험자들은 같은 연구에 참여한 다른 준거집단에 비해 새

로운 아이디어를 훨씬 더 많이 내놓으며 창조적 사고력이 눈에 띄게 향상된 모습을 보였다. 독일에서도 비슷한 실험이 있었나. 피험자들은 잠들기 전에 어떤 향기를 맡으며 기억력 테스트를 했고, 자는 동안에도 같은 향기를 피워두었다. 다음 날 아침에 똑같은 테스트를 받았을 때, 그들의 기억력은 비약적으로 증가해있었다.

이런 결과는 지금까지 공감각의 세계를 배워온 우리에게 크나큰 희소식일 수밖에 없다. '과업 활성화' 개념을 이용하여 감각 처방의 효과를 가시화할 수 있다는 말이기 때문이다. 우리는 이미 기억과 연상 작용의 활용법을 배웠고, 소리나 냄새를 특정 과업과 연결하는 법도 익혔다. 자는 동안 이런 훈련을 한 번 더 반복할 수 있다면, 두뇌가 그런 정보를 처리하고 몸이 미리 채비를 갖춰 다음 날 똑같은 소리와 냄새를 접했을 때 그대로 행동할 수 있게 된다. 예를 들어 계피 냄새와 카페의 웅성거리는 소리를 배경으로 일한 다음, 밤에도 같은 냄새와 소리와 함께 잠들 수 있을 것이다. 이 경우, 자는 동안에도 업무처리 능력이 차곡차곡 쌓여 다음 날 계피차 냄새가 풍기거나 주변에서 북적이는 소리가 날 때 저절로 집중력과 생산성을 발휘할 수 있다. 이 원리는 일과 중에 마주치는 거의 모든 분야에 적용할 수 있다. 점토 장난감을 만지며 창의적인 사고를 발휘하거나, 차임벨 소리를 듣고 재스민 차가 좋아지거나 단맛을 느끼는 등, 실로 무궁무진하다. 내가 원하는 능력을 마음대로 선택해서 밤에 자는 동안 이른바 연관성 강화 훈련 프로그램을 실행할 수 있게 된 것이다.

그렇게 보면 일상에서 공감각을 활용하는 방법은 끝이 없다. 감각적 접근법을 생활에 실천하는 범위를 늘릴수록 기억은 더욱 강력하게 형성되고 연상 작용은 더욱 깊이 뿌리내릴 것이다. 우리는 이제 막 공감각이라는 새로운 세계에 눈을 뜨기 시작했다. 앞으로도 감각적 지식을 활용하여 업무 성과를 증진하고 일상에서 마주치는 좋은 일들을 더욱 마음껏 즐겨보자.

# 감사의 글

언제나 나를 믿어주는 파트너 조에게 특별한 감사를 드린다. 아울러 센서리 익스피리언스(전 콘디먼트 정키) 사의 모든 동료와 친구, 특히 린지와 이오나, 루에게 감사의 뜻을 전한다.

오래전 팻덕사의 익스페리멘탈 키친에서부터 시작해서 이 모든 지식을 쌓아온 과정은 실로 놀라운 발견의 연속이었다. 당시 나는 조키 패트리, 스테판 코서와 함께 탄탄한 아이디어로 무장한 채 소리와 음식에 관한 연구를 시작했다. 우리는 옥스퍼드대학교 공감각 연구실에서 진행 중이던 신기한 일들에 열정을 품게 되었다. 그곳에서 만난 찰스 스펜스 교수와 그의 연구팀은 옛날 만화에서나 볼 법한 후각 감지 장치와 구식 컴퓨터가 차려진 괴상한 방에서 공감각이라는 새롭고 놀라운 세계를 탐구하고 있었다. 그 연구팀과 몇 편의 논문을 함께 작성한 이후 나의 관심 분야는 소리와 맛뿐만 아니라 질감, 색상, 냄새 등으로 확장되었고, 그 결과 우리가 창안한 여러 참신한 아이디어를 옥스퍼드대학교뿐만 아니라 고풍스러운 건물에 자리 잡고 있던 런던 감각 연구소 측과도 나눌 기회를 얻었다. 감각 연구소의 배리 스미스 교수도 공감각이라는 기이한 분야를 통해 마음의 극한을 탐구하는 분이었다.

나는 이 분야를 알아갈수록 더 깊은 호기심을 느꼈다. 그러면서 세계 유수 기업체에서 영향력을 발휘하는 용감하고 개방적인 분들의 도움으로, 내가 가진 혁신과 정보에 대한 갈망을 과학 연구와 기술 발전을 향한 노력으로 채울 소중한 기회를 얻었다. 나는 실험과 학습을 직업으로 삼는 엄청난 행운을 얻었으며, 그 기회를 통해 실제로 많은 발견을 이룩했다. 감각을 실험하는 화려한 행사를 치렀고, 뛰어난 과학자들과 함께 음료, 샴푸, 자동차 등의 모양과 질감, 소리 등을 섬세하게 다듬어 고객의 반응과 인지도를 바꾸는 작업도 해봤다. 이 모든 일을 함께 해왔던 분들에게 그동안의 기회에 대해 감사드리고, 앞으로도 더 많은 감각적 경험을 함께 나눌 수 있기를 소망한다.

2019년쯤, 내가 가진 지식과 경험을 일상생활에 적용하는 책을 써봐야겠다는 생각이 들었다. 책을 쓴다는 생각은 늘 가지고 있었지만, 이제는 비로소 해볼 때가 되었다고 생각했다. 나를 과감하게 믿어주었고, 엉망진창에 가까운 초고를 보면서도 책이 될 만하다고 생각해주었으며, 이후 책의 거의 모든 형식과 체계를 잡아준 존 우드 에이전시에 큰 감사를 드린다. 이 책의 출판을 위해 나를 굳게 믿어준 웨인 데이비스에게 무한한 감사를 드리고 존에게 응원을 보낸다. 여러분의 신뢰가 그만한 결실로 돌아오기를 간절히 희망한다.

나는 우리가 더욱 풍부한 공감각을 누리며 살아야 한다고 굳게 믿는다. 우리의 감각과 주변 환경을 더 많이 활용할수록 삶이 더욱 풍부해질 수 있다. 이 책이 단 몇 명에게라도 더 도움이 될 수 있다면 그 목적을 달성한 것이며, 필자로서는 더할 나위 없는 보람이자 행복으로 여길 것이다.

## 건강한 식사를 위한 감각 처방

자연 그대로의 신선하고 순수한 물건을 주변에 두면 그에 어울리는 행동이 따라 나온다.

자연광과 밝은 빛을 많이 쬐라.

신선한 허브 향, 건강을 위해 소리는 조용하게.

고음의 종소리는 설탕도 필요 없는 달콤한 음악이다.

빨간색 접시를 사용하면 식사량을 줄일 수 있다.

식료품을 사러 갈 때는 가방을 메지 않는다.

맛있는 냄새를 2분간 맡으면 식욕을 억제할 수 있다.

## 운동 감각 처방

삘긴색 옷을 입으면 이길 확률이 높아진다.

좋아하는 음악을 듣는다.

다른 사람과 함께 운동하면 더 큰 효과가 난다.

밝은 색상에 뾰족한 모양의 무늬가 들어간 옷을 입는다.

자연 속에서 운동하는 것이 좋다. 혹은 자연경관이나 그림만 봐도 된다.

각진 모양의 물건을 사용하면 활동적인 느낌을 얻을 수 있다.

박하 향은 시원한 느낌을 주고 기운이 나게 한다.

## 생산성 향상을 위한 감각 처방

빨간색 방에서 일하면 인지 능력이 향상된다.

밝은 청백색 광은 생산성 향상에 도움이 된다.

계피의 향이나 맛은 문제 해결 능력과 정확도를 강화한다.

생산성이나 조직 체계를 연상시키는 물건을 주변에 놔둔다.

줄이 그어진 빨간색 노트를 사용한다.

허리를 편 자세로 일하면 자신감이 생긴다. 자세가 중요하다.
밝은 음악을 듣는다.

## 아이디어 설명에 도움이 되는 감각 처방

실내에 식물을 가득 들여놓는다.
깔끔한 라임 향을 맡으면 마음이 너그러워진다.
녹색 수첩을 사용한다.
의사결정권자가 앉을 자리는 부드럽고 푹신한 의자가 좋다.
아이디어를 떠올리는 데 도움이 되는 향수를 뿌린다.
검은색 옷을 입으면 자신감 있게 보인다.
튼튼한 재질의 서류철을 건네면 능력 있는 사람으로 보인다.
실내에서 나는 소리는 부드럽고 조용해야 한다. 울림이나 잡소리가 나지 않도록 한다.

## 협력을 위한 감각 처방

노란색 수첩이나 서류철을 제공한다.
둥근 테이블에 앉으면 서로 마음을 여는 데 도움이 된다.
부드러운 식감의 간식을 내놓는다. 바삭거리는 것은 피한다.
잔잔한 배경 음악을 틀어놓는다.
부드러운 재질은 협력과 관용의 분위기를 조성한다.
꽃을 꽂아둔다. 꽃향기를 맡으면 말이 많아진다.
다른 방법이 모두 소용없을 때는 소속감 증대를 위해 클럽에 가서 한바탕 놀 수도 있다.

## 창의성에 도움이 되는 감각 처방

파란색은 마음을 가라앉히고 창의력을 고양한다.

파란색 수첩과 연필을 사용한다.

천장이 높으면 영감이 잘 떠오른다.

어릴 때 가지고 놀던 점토 장난감 냄새를 맡고, 가지고 놀면서 감각을 되살린다.

어두운 조명에서는 수줍음이 덜해진다.

주변이 어지러우면 창의적인 사고에 도움이 된다.

업무와 관련된 장면을 떠올리는 소리를 듣는다.

## 섹스에 도움이 되는 감각 처방

빨간색 옷을 입는다. 빨간색에는 남녀 모두 좋은 반응을 보인다.

부드러운 소재를 보면 만지고 싶은 마음이 생기고 감각이 깨어난다.

사람은 배우자의 체취에 끌린다.

따뜻한 느낌의 붉은 오렌지 빛이 좋다.

주변의 사물을 모두 유연한 곡선으로 처리한다.

부드럽게 속삭이는 목소리는 친밀감을 안겨준다.

따뜻하고 달콤하며 맛있는 냄새가 좋다.

## 수면의 질을 높이는 감각 처방

잠들기 전 최소 2시간 전에는 모든 전자기기를 끈다!

따뜻한 빛깔의 어두운 조명을 켠다.

가능하면 잠들기 전 90분 동안 욕조에 몸을 담근다.

잠들기 전에 45분 정도 긴장을 푸는 음악을 듣는다.

독서나 그 밖의 긴장을 푸는 활동을 한다.

내일 계획을 세워보는 것도 좋다.

캐모마일이나 라벤더 향을 맡으며 잔다.

수면에 적당한 실내기온은 섭씨 16도에서 19도 사이이다.

더 나은 나를 위한
# 하루 감각 사용법

초판 1쇄 발행 2022년 4월 11일
   2쇄 발행 2022년 5월 9일

지은이 러셀 존스 | 옮긴이 김동규
펴낸이 오세인 | 펴낸곳 세종서적(주)

주간 정소연 | 편집 박수민
표지디자인 정은경디자인 | 본문디자인 김미령
마케팅 임종호 | 경영지원 홍성우
인쇄 천광인쇄 | 종이 화인페이퍼

출판등록    1992년 3월 4일 제4-172호
주소       서울시 광진구 천호대로132길 15, 세종 SMS 빌딩 3층
전화       마케팅 (02)778-4179, 편집 (02)775-7011
팩스       (02)776-4013
홈페이지     www.sejongbooks.co.kr
네이버포스트   post.naver.com/sejongbook
페이스북     www.facebook.com/sejongbooks
원고모집     sejong.edit@gmail.com

ISBN 978-89-8407-980-9    03190